Friendship between Refugees and Us

The Politics of Refugee Protection

難民との友情

難民保護という規範を問い直す

山岡健次郎

YAMAOKA Kenjiro

明石書店

本書は、令和元年度科学研究費助成事業（研究成果公開促進費）
「学術図書」（課題番号：19HP5236）の助成を受けて刊行された。

目次

はじめに

難民に関するアカデミックな著作や論文を読むときに、まず最初に戸惑うのは、人の移動がカテゴリー化されるその煩雑さだ。たとえば、難民研究・難民支援への初歩的なガイドを目的として編まれたと思われる『難民を知るための基礎知識』という本の冒頭に国連難民高等弁務官フィリッポ・グランディが、「本書の刊行に寄せて」という短い文章を寄稿している。その書き出し――

武力紛争、暴力、迫害によって住む家を失い、国内避難民としてまた国境を越えた難民として移動を強いられた人々（強制移動者）の数は今日6500万人に上る。（滝澤・山田編 2017：3）

この一文の中だけでもすでに、「国内避難民」「難民」「強制移動者」という三種類の人の移動にまつわるカテゴリーが登場してくる。難民研究や難民支援に携わる者にとっては、こうしたカテゴリーの使い分けは日常化しているのかもしれないが、それは一般の読者に簡単に共有できるものではないはずだ。

通常、「難民」という用語は、もっと広い意味を含んでさまざまな文脈で用いられる。たとえば日本社会においても近年、「ネットカフェ難民」や「原発難民」といった言葉で特定の社会状況が表象されたりする。そこでは、「難民」という言葉に含まれる複雑な意味合いのある側面に光が当てられている。「ネットカフェ難民」の場合であれば、就職難や非正規労働の立場におかれた人々が居住所を持つことができずに漂流する様子を表現しているのであろうし、他方、「原発難民」の場合には、二〇一一年三月一一日の東京電力福島第一原発事故をきっかけとして故郷を追われ移住を強いられている人々の様子を表現している。つまり、「難民」という言葉が含んでいる、居場所をもたない、という側面と、移動を強いられる、という側面とがそれぞれに強調されているのであろう。

しかし、難民研究や難民支援の現場において、「ネットカフェ難民」や「原発難民」が「難民」カテゴリーに含まれるとは考えにくい。「原発難民」を「国内避難民」というカテゴリーに含めることはできるかもしれないが、「ネットカフェ難民」となると、完全にレトリックのレベルの話と受け止められる。

なぜ、カテゴリー化が必要となるのか。それはカテゴリー化の本来の目的である、複雑な現実を整序し正確に認識するため、では必ずしもない（孔子曰く、「必ずや名を正さんか」）。むしろ、カテゴリー化が進むにつれて、かえって現実は抽象化され認識は曇っていく。不正確な認識につながる危険があるにもかかわらず難民支援の現場においてカテゴリー化が止まらないのは、それが支配的な権力の要請としてあるからだ。人の移動を人為的に区別することで、特定の秩序形成のあり方が維持されることになる。[*1]

支配的な権力は人の移動をカテゴリー化することで、現実を曖昧化するとともに、さらに悪いことには、私たちの想像力や思考を鈍らせる。難民研究や難民支援の現場もまた、そうした支配権力の働きに深く侵されている。冒頭に引用した国連難民高等弁務官の何気ない文章の書き出しにも、支配権力が深く浸透している様が読み取れる。カテゴリー思考が自然化してしまっている。そしてその思考様式は、一般の人々の現実感覚とはかけ離れてしまっている。

本書では、その懸隔を問題化したい。どのような力学がそうした距離を生み出したのか。ここで言う支配権力の正体とは何か。カテゴリー化によって目指される秩序とはどのようなものか。そうした問いを追究していく。

上記のような問いからも明らかなように、議論の中核には、政治がある。難民とは、すぐれて政治的な存在であると言える。その意味についても掘り下げていきたい。

難民という存在には、支配的な権力が深く浸透している。それによって、「難民」は他の人の移動から区別されカテゴリー化される。難民について研究・調査したり、難民を保護し支援する場面においても、そうしたカテゴリー化から自由ではいられない。そのようにして繰り返し知識が生産され、支援が実践されることによって、ますます「難民」というカテゴリーは実体的なものへと固定化されていく。たしかに、そのようなカテゴリー化の結果、「難民」の法的地位が確立し実質的な保護が可能となった、

＊1　政策上のカテゴリーに縛られない研究の必要性を主張する議論として、たとえば、Bakewell（2008）がある。また、カテゴリー化からこぼれ落ちる難民移動のあり様に注意を促す議論として、Polzer（2008）、Polzer and Hammond（2008）を参照。加えて、人類学の立場から難民移動の調査研究を行っているデヴィッド・タートンは、近年の難民研究が政策上のカテゴリーに従属してきている点を問題視し、難民も私たちと同様に「ふつうの人々」であって、「目的意識を持った行為者」であるという視点を強調している（Turton 2003）。

と言えるかもしれない。

しかしそのとき同時に、重要な政治的次元が見落とされてしまっているのではないか。カテゴリーが実体化することで見えにくくなっているそうした政治的次元こそが、「難民との友情」であると本書は考える。

冒頭で触れた『難民を知るための基礎知識』という本の中には、日本に難民としてやって来た当事者の声も紹介されている。一九九〇年にミャンマーから日本へ亡命し、二〇一五年に条約難民として認められたミュウ・ミン・スウェ氏の言葉は、「難民」というカテゴリーが阻害する関係性を浮き彫りにしている。

> 私は「難民」という言葉に非常に違和感を抱く。できれば別の表現にしたい。と言うのは、母国から出国を余儀なくされるも、亡命する難民はタフであり、精神的にも強い人が多くいるからだ。自分の置かれた状況を深く理解し、自分の人生の再チャレンジをいつも探って、日々頑張っている人が多いのだ。そこで、難民自身が自らの人生をもっと輝かせるために、難民受入国の手厚い支援が必要不可欠になる。（前掲書：48–49）

平易な言葉で語られているが、ここで言われていることの意味は深い。「難民」というカテゴリー化は、難民自身の自己認識とはズレている。しかもそのズレは、難民自身の自尊心を傷つけている。もう少し突っ込んで言うならば、難民自身は、自分が同じ人間と見なされていないことに憤っている。受け入れ社会に半人前扱いされていると感じている。私の人生の主人公は私自身であるはずなのに、「難民」という脇役を演じさせられていると訴えている。

本書では、難民が抱えるこの苛立ちを共有したい。難民は、助けを必要とするだけの弱く可哀相な人たちではない。また、受け入れ社会に負担をもたらすだけの厄介なお荷物でもない。受け入れ社会に生きる「国民」たちと同様に、「自らの人生をもっと輝かせ」たいと願っている。それだけでなく、安穏と暮らしているそうした「国民」たちとは違って、苦境を潜り抜けてきた自分たちは「タフ」であって、「精神的に強い」し、「自分の置かれた状況を深く理解する」ことができている。すなわち、受け入れ社会の「国民」と対等以上の関係で付き合うことができるはず、という強い自負が難民にはある。

しかし、そうした対等な関係性を「難民」というカテゴリーが挫いてしまう。自分の外側から押し付けられたそのレッテルにアイデンティファイするようにと強要されている（Zetter 1988a, 1991）。こうして、「国民」と「難民」という立場が固定化されてしまう。そこでは、「国民」の側が「難民」を助けるという一方向の関係性が前提になっている。「難民」が「国民」を助けるという反対方向の関係性は想定されていない。対等な人間同士であれば当然に認められる双方向の関係性が、「国民」と「難民」との間には最初から疎外されている。それがいかに異常な事態であるかを、まずは思い起こしておきたい。

「難民」というカテゴリー化をめぐってもう一つ、難民に関する研究や支援の現場において当たり前に通用しているが、きわめて不自然な状況がある。それは、難民保護のあり方が南北でまったく異なる、という状況である。南北とは、南側の発展途上世界と北側の先進世界を指す。

北側の先進世界において難民保護というとき、それは、各国が難民条約に基づいた審査をへて難民認定を行い、認定されたならばさまざまなシチズンシップを付与していく、そうしたプロセスを意味している。たとえば日本であれば、難民認定されることで難民旅行証明書が発行され、自由な就労や社会保障などへのアクセスも可能となり、さらには日本語教育などの定住援助策の受給資格も手にできる。

他方、南側の発展途上世界における難民保護の場合、隣国の国内紛争の結果発生した大量の難民移動に直面した各国政府は、その難民一人ひとりの審査などできるはずもなく、結果として国連難民高等弁務官事務所（ＵＮＨＣＲ）など国際社会の介入によって難民キャンプを設置し、そこに難民を収容することで衣食住を含めた生存維持のための人道援助が実施されることになる。

同じ「難民」であるにもかかわらず、その境遇はかけ離れてしまっている。そしてもし、そうした現実を正確に言葉に反映したいのであれば、それこそ両者は別々のカテゴリーで呼ばれるべきではないのか。しかし、そうはならない。というのも、両者を同じ「難民」と呼ぶことを、ここでも支配的な権力が求めているからだ。秩序形成を行う権力の側から見るならば、どちらも「難民」として位置づけられる（さらに言えば、「難民」であることに利用価値がある）。

つまり、難民問題という問題構成において真に問われなければならないのは、難民を「難民」ならしめている秩序形成のあり方である。現在盛んに議論されている難民問題においては、既存の秩序形成のあり方を動かしがたい現実とみなした上で、その秩序を壊さない、あるいはさらなる秩序形成を促す方向での解決を目指そうとする。その延長線上にたとえば、難民という存在が国家の安全保障を脅かすという議論へと発展していくこともある（墓田 2016）。しかし、そうするとどうしても、先に述べたように人の移動の不自然なカテゴリー化と分断は不可避のものとなる。

本書では、難民を法制度上のカテゴリーとしての「難民」に閉じ込めないで議論を展開していきたい。つまり、「　」を取り外したい。難民を閉じ込めている「　」とは、主権的な圏域で展開される保護や支援を表象している。難民保護や難民支援の現場は支配的な権力に取り囲まれていて（典型的には難民キャンプのような閉鎖空間として区切られていることで）、その中で「難民」は権力に守られながら大人しく援助を与えられる。「　」をはみ出すような行動は許されていない。「　」からはみ出した途端、「不法移民」といった不名誉なレッテルを貼られてしまう。

では、どうすれば「　」を外すことができるだろうか？

本書では、二つの方向からそれを試みる。まず、本書の前半部分（第一〜四章）において、私たちの難民に関する認識を問い直し変革することを目指す。難民を「　」の中に閉じ込めている原因は、私たちの難民認識にある。歴史的に見れば、難民はいつも「難民」であったわけではない。長い間、難民は他の人の移動と区別されることなく認識されてきた。というのも、二〇世紀に至るまで、支配的な権力は難民を特別視する必要がなかったからである。しかし、二〇世紀の後半以降、事情がまったく変わってしまった。難民はその他の人の移動と明確に区別されなければならなくなっていった（Long 2013a）。そうした支配権力側の事情の変化が、私たちの現在の難民認識を形作っていったのである。本書では、難民認識の形成過程を描きだすことで、実体化した「　」を機能へと分解していく。

さらにもう一つの方向として、本書の後半部分（六〜七章）において、「　」からはみ出す難民自身の主体的行為に着目したい。すなわち、カテゴリー化から逃れ多様な人の移動の中に紛れ込む、そうした難民自身の戦略にフォーカスを当てたい。そのような行為主体としての難民にとっては、集団性・共同性をいかに形成するかがカギとなる。支配権力によるカテゴリー化は難民を無力化するが、難民自身による新たな集団性・共同性の形成は、そうしたカテゴリー化そのものを無効化していく。

そして、本書の前半部と後半部をつなぐ議論として、第五章において「難民との友情」というヴィジョンが提起されることになる。

本書では、そのように二方向から「　」を問題化し、難民を解放したい。それによって、難民が解放されるばかりではない。「　」に閉じ込められているのは、難民だけではない。難民を保護し支援する側もまた、そこに閉じ込められている。ゆえに、本書の議論を通じて、保護や支援のあり方も解放されるはずである。そのための展望もまた、開かれることを願う。

第一章　国民国家システムと難民[*1]

難民であることの憂鬱

二〇世紀以後の難民は、余分な負担を背負っている。難民となる、という経験に、二〇世紀以前の避難民たちにとっては無縁であったはずの過分な負荷がかかっている。

人々が住む場所を追われるのには、いろいろな事情がありうるであろう。一九五一年の「難民の地位に関する条約」（以下、難民条約）が想定するように、自らの出自や政治的信念を理由に迫害され居場所を追われる、ということもあるであろうし、紛争や災害や環境破壊などの理由からその場所ではもはや生活できなくなるといった事態もありうる。あるいは、それらのいくつかの要因が複合的に作用した結果、避難を余儀なくされることもあるだろう。そうした出来事はそれ自体として、避難民にとって大きな苦難となるし、さらには避難先での生活再建も容易でない。三・一一の東日本大震災とそれに伴う東京電力福島第一原発事故が多くの避難民を生み出し、被災地で住む場所を追われた人々がいまだに避難

＊1　本章の議論は、山岡（2007）を大幅に加筆修正した。

生活を強いられている様子を思い起こせば、避難民の苦難の大きさが想像できるであろう。
しかし、二〇世紀以後の難民という存在は、そうした避難民にとって普遍的な災難に加えて、きわめて特異な苦難を背負い込むことになった。現代世界では難民移動自体がその範囲においても量においても拡大したために、われわれはその特異さに気がつかないままでいる。それほどまでに難民という存在がわれわれの想像力の中で自然化している、ということでもあるだろう。

現代の難民が余分に背負い込んでいる困難を、一言で比喩的に表現するならば、「壁」が邪魔をする、という事態である。すでに十分に傷つき疲弊しやっと安全な場所に逃れてきたと思った難民たちの前に壁が立ち塞がる。ときに、その壁はあまりにも高く強固で、しかも恐ろしく不合理であるため、難民たちは壁の前に立ち尽くし絶望してしまう。

はるばる日本にまでやって来て難民申請するも、難民認定されないばかりか「不法滞在者」として収容施設に長期間収監されてしまう。収容所の巨大で頑丈な壁は、難民たちのどんな叫び声もかき消してしまう。長期にわたって収監されている理由もよくわからないし、収監がいつまで続くのかもさだかではない。出口の見えない状況に絶望し自らの命を絶つまでに追い詰められる[*2]。

この収容所の壁が象徴しているものこそ、先に述べた現代の難民に特有の余分な困難である。それが〝余分〟である、というのは、そうした苦難が必要以上であり不自然であって、かつ、それに苦しまねばならない理由がよくわからない、ということを含意している。むろん、避難を強いる直接の原因となった迫害や紛争や災害も、当事者にとっては不合理な災難に感じられていることだろう。しかし彼ら・彼女らが避難先で直面する壁の不合理さというのは、それ以上に不可解な性質のものであるはずだ。避難先で当たり前に寄せられるはずの人間的な交わりや同情が、あらかじめ壁によって阻害されている。迫害や紛争や災害といった不運だけでは不十分だとでも言うのであろうか。難民たちが避難先で人間的なぬくもりを期待するのは、贅沢すぎる願いであろうか。壁の冷たさが、疲弊した難民の心を凍らせる。現代の難民たちは、避難にまつわる災難に加えて、壁にまつわる不可解な困難までをも背負わねばならない。その原理的な理由を本章では追求していく。

国家が難民を追い詰める

上に述べた現代の難民に特有の余分な困難は、現在の国家のあり様に由来している。そのことを以下、論じていく。すなわち、もしも国家が現在のようなあり方をしていなければ、難民も現在のような余分な困難に見舞われることもなかったであろうと考えられる。

それでは現在、国家はどのようなあり方をしているであろうか。ここで念頭に置かれている国家とは、一九世紀以降に発展してきた国民国家にほかならない。本論では、その国民国家における国家と国民との関係性に着目する。国家と国民との関係性は、近代において決定的に変容し、まったく新しいものとなった。その変容過程については後段で詳しく論じていくこととし、ここでは簡単にその結論だけを述べておく。

国民国家という国家形態は、理念的には、自国民の一人一人を同定しようとする。その者が何者であ

＊2　現在の日本の入管施設の実態に関する報告として、平野（2019）を参照のこと。

るのかを国家の側は把握し名づけようとする（できることなら、国民に「背番号」のようなものを割り振り管理しようとする）。そうすることによって国家は、国民全体を把握し政府の責任において国民の面倒を見る。そして国民の側は、そうした国家による保護への見返りとして、国家に対して納税などの義務を負うという関係にある。そのように国家と国民とが蜜月の親密な関係性を築き上げることこそが、国民国家という国家形態の理想となる。

このとき、物事の順序を取り違えないことが肝心である。国家との関係においては、まずはじめに、よそ者（＝外国人）が同定されたのではない。だれがよそ者であるのか、ということに関心が向けられるよりも先に、だれが保護すべき自国民であるのかを国家は同定する必要がある。この順序を忘れてはならない。というのも、国民国家を当然のものと観念している現代の私たちにとっては、国民が国民であるという事態よりも、国民以外の他者との差異に関心が集まりやすいからだ。

そして難民をめぐる議論においても、たいていの場合、難民はよそ者であるから受け入れが難しい、ということが当たり前の前提となっている。しかし、そうした議論はすでに物事の順序を取り違えている。難民がよそ者と同定され、その受け入れが難民問題として問題化するよりも先に、国民が国民として名指しされ保護されるという事態が起こっている。自国民の同定なしに、難民という存在がよそ者として現象することは、原理的にはできない。その意味で、難民問題を構成している認識はすでに、国民の国民化を規範として自然化してしまっている。

つまりは、国民というあり方が前提とされてはじめて、難民というあり方は例外的なものとして認識されるということを意味している。国民の国民化という事態が起こる以前に、難民が異常事態として認識されることはなかった。すなわち、「壁」が存在する余地はなかった。

ある共同体で居場所を失った結果、その他の共同体に庇護を求めて人々が移動するといった事態は、人類の歴史にとっては古今東西普遍的な出来事であった。その意味では、難民移動とは、例外ではなく常態であったとさえ言えそうだ。難民を歴史的に例外的な存在としているのは、近代以降の国民国家に特有の事情である。国民国家の国家‐国民関係から押し出されるようにして、難民は難民となった。言い換えれば、国民を国民ならしめている原理が通用しているからこそ、難民を難民として受け入れる（あるいは拒否する）という原理もまた通用するのである。

国民国家システムにおいては、国家は国民に対して責務を負っている。自国民が国内にいるときはもちろんのこと、海外に滞在中においても国家はその国民に対して保護を約束する。そうしたことは人類の長い歴史の中で、けっして当たり前のことではなかった。自国を長期間離れて生活している者が、それでも変わらず出身国の国民であるなどという保証はどこにもなかったし、まして他国にいる自国民に対して出身国が保護を提供するなどということはありえなかった。というよりも、そもそも自国民の中でだれが他国に住んでいるだとか、だれが出国したかなどということを国家は把握していなかったし、把握する必要もなかった。

それとは対照的に国民国家という国家形態では、自国民の居場所をつねに突き止めようとする。自国の領域外であっても執拗に追跡する。そして国民の側もそうした追跡を甘受することで、いつでもどこでも国家からの保護を享受できる。歴史家のジョン・トーピーが近代主権国家の国家‐国民関係を「掌握・抱擁 embracing」と表現したのは、つまりはそういう意味である（トーピー 2008）。近代以降の主権国家システムとは、そのような国家―国民関係が隙間なく相互に成立している国際関係にほかならない。難民が難民として受け入れられる（あるいは拒否される）理由は、そうした国民国家レジームに特有の国家―国民関係に由来している。

上に論じたような国民国家レジームの中で難民という存在は、出身国も含めていかなる国家もその存在を保護したがらなくなったことによって、その受け入れが「問題」となっている。責任の押し付け合いの様相を呈する。難民問題の解決がときに〝国際社会〟というきわめて責任の曖昧な匿名的主体に委ねられるのは、国民国家レジームに特殊的なお家事情だと言える。

カナダにおいて多文化主義政策の立案にも関わった政治理論家のウィル・キムリッカは、配分的正義を自由主義の理念に基づいて実現するために、ネイションという単位（本論に即して言えば、国家―国民関係）を擁護しようとする。キムリッカによれば、難民が被った（被っている）不正義を補償する義務は、難民受入国には発生しないことになる（キムリッカ 1998：149）。国家には全自国民を保護する義務があるとする国民国家レジームの建前を固持するかぎりにおいて、それは正しい。難民が被った（被っている）不正義を補償する義務は本来、難民の出身国に課されることとなる。しかし、難民の出身国がそうした義務を果たすのを拒んだり、あるいはそうした義務を履行する能力を出身国がもたないとき、難民は他国に庇護を求めざるをえなくなる。

ここで、おなじみのジレンマが登場する。難民が被った（被っている）不正義は、いったい誰が補償すべきなのか。この問いがつねに、難民という存在にはつきまとうことになる。そして言うまでもなく、こうした問いの構造を支えているのが、国民国家レジームに特有の国家―国民関係（すなわち、ネイション）である。その構造においては、正義とはつねに、国家と国民との蜜月の関係性の中で実現されるべきものとして観念される。

そこでは、困っている人々がいるときは、その場で助けられる人間が手を差し伸べればよい、という当たり前のヒューマニティーの原理は阻害されてしまう。自分の仲間以外が助けを求めてきたとしても、仲間が第一であって、よそ者は二の次とされる。よそ者は本来、自身の仲間に助けてもらうべき存在であって、それでもどうしても助けてほしければ余程の理由が示されなければならない。それこそが、国民国家レジームにおける正義のかたちである。

それゆえ、国家―国民という関係性を断ち切られた存在である難民にとっては、正義を回復するための手がかりはほとんど残されていない。難民条約をはじめとする難民保護のための国際法の枠組みは、難民受入国に対して難民を保護する法的な義務を課そうとするが、所詮は国民国家レジームに無理やり接木されたルールであるために、国家―国民関係が優先され、難民は辛うじてその〝おこぼれ〟にあずかる、といった実態に陥りがちとなる。人権保障の仕組みとしては心もとないものとなっている。

かつて自らもユダヤ人としてナチス・ドイツに追われ難民となった政治思想家のハンナ・アーレントがあけすけに言い放ったように、ある国で「人間の屑」として放り出された人間は、どこの国に行ったとしてもやはり、「人間の屑」としてしか扱われない（アーレント 1981(2)：239）。それが、国民国家レジームの本音であろう。

外国人の素性を明らかにしようとする国家の意図とは、その者に対する自らの責務を限定し、責任を負いきれないと判断したならすぐにでも出身国へと送り返すことができるように備えておくことにある。

すなわち、いつでも移送可能な状態にしておくために、自らの監視下に置こうとする。ところが、そんな中にあって難民とは、移送不可能な存在である。出身国から追い出されてきたわけだから、そこに送り返すこともできない。難民条約をはじめとする国際的な難民保護レジームはそれゆえ、難民が逃げ込んだ国家に受け入れの義務を課そうとするし、そうした国家が無理やり難民を出身国に送り返すことがないようにと「ノン・ルフールマンの原則」（強制退去の禁止：難民条約三三条、拷問禁止条約三条）を打ち立てた。

　そのとき国家は、工夫をこらすようになる。移送不可能であるはずの難民を、いかにして移送可能な状態とするのか。各国の難民政策が恣意的であると非難されるのは、そのような意図に基づいた政府のやり口に対してである。庇護申請者が難民でないことが証明されれば、その者は再び移送可能となる。つまりは、保護の責務はすべて出身国に押し付けることができる。けれども、それが証明されない間は、移送不可能な存在として国内に滞留することになる。そうした庇護申請者の施設への収容が行われる。[*3]そこでは、いかなる国家―国民関係も成立していないために、法そのものが曖昧で無効化することもある。難民キャンプや難民収容所といった施設は、緊密な国家―国民関係から成り立つ国民国家システムの中で、そうした存在の受け渡しがうまくいっていないがために仮設（常設!?）された空間としてある。

　すべての人間はどこかの国の国民でなければならないとする原理が貫徹する現代世界にあって、難民となってしまった者は、勝手に自由に生きることは許されない。保護されて生かされるか、収容されて消え去るか、どちらかしかない。それは、かつてミシェル・フーコーが看破した近代の権力のあり方そのものではないか。「死なせるか生きるままにしておくという古い権利に代わって、生きさせるか死の中へ廃棄するという権力が現われた」（フーコー 1986：175 強調は原文のとおり）。

国民が国民であることと、難民が難民であることとは、けっして無関係ではない。密接に関連している。そうした意味において、国家が存在しなければ、難民も存在しない。

以下、本章では、難民が難民であること、すなわち難民の存在論的起源について、「国家と難民」、「国家と国民」、「国民と難民」という三様の関係性から考察していく。

国家と難民

国家形成（あるいは崩壊）の過程と難民発生との関係性を実証的かつ説得的に論じたのが、政治学者のアリスティド・ゾルバーグである。ここではまず、ゾルバーグの議論を検証してみたい。

ゾルバーグが意識的に乗り越えようとしたのは、いわゆる〝ヨーロッパ〟難民研究であった。二度の世界大戦の結果、ヨーロッパ全土は大規模な人の移動と大量の難民化に見舞われる。その原因と結果、さらには対処法について多くの議論と実践が積み重ねられてきた。その大きな成果として、一九五一年の難民条約の成立やＵＮＨＣＲといった難民問題の解決を目的とした国際機関の設立があった。ヨーロッパにおける難民問題は、ドイツのナチズムにもっとも鋭く象徴されるように、民族迫害やノショナリ

＊3 日本の法務省入国管理局は、移送不能となった難民に対して「原則、送還が可能となるまで収容を継続」するという方針を打ち出し、「仮放免」の「厳格な運用」を全国の収容施設に求めている。――「外国人の長期収容、容認」（朝日新聞、二〇一八年一二月三一日付）

ズムの問題として危機的となっていった。そうした問題性は、その起源を第一次世界大戦期にまで遡ることができる。第一次大戦の引き金となった「サラエボ事件」が、セルビア・ナショナリズムを主張する者たちの犯行であったことに象徴されているように、古い帝国的枠組みが崩壊しヨーロッパ各国が国民国家化していく過程こそが、決定的な転機となっている。

一定範囲の領域に関しては、ただ一つの民族・国民だけが政治的・社会的に正統な支配権を確立しうるのだとする国民国家原理は、その内部に必然的に少数民族や無国籍者という自らの原理に包摂しきれない存在を抱え込んでしまう。第一次世界大戦後の東・中央ヨーロッパにおいて、ロシア帝国、ハプスブルク帝国、オスマン帝国が立て続けに崩壊し、国民国家原理を貫徹しようとするナショナリズムの機運が台頭してくる過程で、少数民族や無国籍者の多くが難民化していった。そうした東・中央ヨーロッパの国民国家化という現象は、第一次大戦後のヴェルサイユ講和会議においてウィルソン米大統領の打ち出した「民族自決の原則」によって正当化され勢いを得た。そこには、国民国家化によって帝国崩壊後の空隙を埋め合わせることで、同時期のロシア革命の影響が西側に伝播しないよう押さえ込むという自由主義陣営の思惑が働いていた（ホブズボーム 1996（上）：46）。

そうした歴史過程から発生したヨーロッパでの難民問題においては、ナショナリズムの勃興による国民国家化が難民移動を引き起こす、という因果関係が成り立つ。しかしながらゾルバーグは、そうした因果関係に異議を唱えた。ナショナリズムの台頭や民族的な迫害といった問題は、難民発生にまつわるより広い問題系からするなら、その一変種にすぎないとゾルバーグは主張した（Zolberg 1983：27）。

このときゾルバーグが強い関心を寄せていたのは、一九七〇年代以降に発生してきていた新しい難民危機状況であった。それは、ヨーロッパ外の、第三世界において引き起こされた。もちろんそれ以前にも、ヨーロッパ以外の地域で大規模な難民移動は起こっていた。パレスチナや、インド―パキスタンの難民の姿がすぐにも思い浮かぶであろうし、あるいは中国やベトナム、キューバといった革命の動乱が生み出した難民の流れが想起されるかもしれない。しかしそういった一連の難民移動は、戦後ヨーロッパの難民問題を処理する枠組みの延長として対処されてきた。

ところが一九六〇年代後半頃から、おもにアフリカ大陸を舞台として脱植民地化そして新興国家形成の動きにともなって、それまでとは異なる新しい形態の難民発生状況が顕著となってくる。ゾルバーグは、そうした新しい難民移動を分析することによって、難民が現在置かれている危機的状況と難民が生み出す数々の危機を現代的な諸相として切り取ろうとする。

ゾルバーグによれば、難民を発生させる原因となるのは、ナショナリズムだけではない。というよりも、ナショナリズムは、難民発生のより広い意味での要因の一要素にすぎない（ibid. 30）。ゾルバーグが難民発生の主原因として着目するのは、国家形成（あるいは崩壊）過程にほかならない。ここで注意しなければならないのは、それは国家形成であって、必ずしも国民国家形成ではない、という点である。アフリカをはじめとする第三世界において新しく誕生しつつあった国家は、フランス革命以降の北西ヨーロッパにおいて特徴的であった国民国家とは似て非なるものであった。しかしにもかかわらず、すでに国民国家という枠組みは国際社会における規範として機能していたため、そうした新興国家群も、誕生と同時に国民国家システムへと巻き込まれていくこととなる。

ここで言われている国民国家においては、国家の構成員は国民であることによって同時に政治的市民としての役割を担う存在としてである。そしてそうした政治的市民としての地位と権利とが法制度によって形式上保障されているような国家体制を、ここでは国民国家と呼ぶことにする。それゆえ国民国家においては、「市民」という資格（シチズンシップ）が権利付与の決定的な境界を画することになる。他方、そのような厳密な国家―国民関係は（いまだ）確立されていないが、国境線によって一応の領域確定が行われ、領域主権を有するアクターとして国際社会への参画が認められている国家も現実には多く存在している。

そのような国家と国民国家とは、形式的には区別できるであろう。しかしすぐにも付け加えなければならないことは、それがどこまでも形式的な区別にとどまる、という事実である。というのも、法制度的に政治市民としての地位が認められているからといって、それがすなわち実質的な地位と権利の保障につながっているとは限らないし、また反対に、法制度が十分に確立していない社会であっても、人々が実質的な政治性を発揮するという場合も当然にありうるからである。その意味では、〝国家としての完成度〟という尺度も、難民移動に関して多くの論者たちが重視するほどの重要性はもたない（滝澤・山田編 2017：「第一章」参照）。より完成度の高いと思われている西洋における国民国家であっても、ときに国家形成に「失敗」したとみなされている第三世界における新興国家であっても、どちらも国民国家システムの中で存立していることに変わりはない。

難民研究においてはしばしば、そうした形式的な区別が実体的な区別と混同されてしまうために、あえてゾルバーグは、〝国民国家〟形成ではなく、国家形成（あるいは崩壊）の過程に着目したのであろう。難民研究において多くの場合暗黙のうちに前提とされてきた、国民国家形成を規範とする議論への偏重や、第一次世界大戦を難民発生の決定的な転機とみなす歴史認識を相対化するために、ゾルバーグは、一六・七世紀にヨーロッパを覆った宗教迫害によって生み出された難民移動を取り上げている（Zolberg et al.（ed.）1989：5-8）。人々が難民化するのは、民族的な迫害によるばかりではない。国家が特定の宗教によって統一的に組織化されている場合には、宗教的な背景ゆえに難民化することもありうるであろう。すなわち、民族的な国民国家形成ではなく、いわば宗教的な国家形成によっても難民移動が発生することをゾルバーグは指摘しようとした。

ただしその際注意しなければならないことは、そうした迫害が一国内的な事情にとどまるかぎりは、たとえそうした迫害が顕著なものであったとしても、人々は難民化しないという点である。人々が難民化するためには、少なくともその周辺国もまた同じような組織化原理の下で統一されていなければならない。ユグノーをユグノーとして迫害する一国家が存在するだけでは十分ではない。ユグノーをユグノーとして受け入れる（あるいは拒否する）別の国家群が存在してはじめて、ユグノーは難民化する。

カルバン派が庇護を受けることができたのは、出身国において彼らを受け入れがたいものとしていた要素がなんであれ、それらが逆にどこか別の政治的に強力な何らかの集団に支持されていたからであった。プロテスタンティズムの一派を公定の宗教として掲げている国家や同類のカルバン派が大きな権力を握る国家において、彼らカルバン派は最も確実に庇護された。困窮した同胞のプロテスタントに対する義務感というのが、そこでの疑いようのない主要な動機であった。こうした行為は人道主義的であると評されるかもしれないが、その人道主義はまちがいなく党派的であったことを忘れてはならない。一六・七世紀の紛争に満ちた国際的な政治舞台においては、外国人カルバン派に対する庇護の供与もまた、国家による権謀術数ゲームにおける抜け目ない一手であった。（ibid：7）

ここで注目すべきは、一六・七世紀の宗教改革期において、すでに難民の運命が現代と同様に国家のイデオロギー的政策に左右されていたという事実ではない。難民研究ではしばしば、そうした恣意的な政治手法に眼を奪われて真の問題の所在を見逃してしまう。そして、ここでのゾルバーグもまた、そうした当時の指導者たちの政治手法の抜け目なさを強調しているようにも思われる。しかしむしろここで着目しなければならないのは、一六・七世紀に絶対主義的な国家が成立しつつあり、そうした国家原理が広く浸透し西欧全体がそのような絶対主義国家によって領域的に区分され隙間なく結合してきたという事態の方であろう。

都市国家などさまざまな形態の政治的共同体が入り乱れている状況では、必然的に領域性は曖昧となり、人々は難民化しにくい。つまり、本章の最初の部分で論じたような、難民にとっての余分な負担としての「壁」は存在しない。それに対して、各国が同様の原理の下で組織化されているような場合には、相互に共約可能性が生じてくる。すなわち、ある国家において迫害された者たちが他の国家においても迫害される場合、それは同じ原理に基づいているのであるし、それとは反対に他国において受け入れられているような場合には、対抗原理に基づいて受け入れられている。いずれにしても、世界は一貫している。

難民発生の条件として、ここから指摘できるのは、まず第一に、国内がある原理に基づいて統治されている、あるいはそのような統治が意図されているということであり、第二に、そうした原理に基づいた関係性が他国との間で国際関係として成立している必要があるということである。ここで言う関係性とは、相互承認にほかならない。互いに原理を認め合うという関係が成立していなくてはならない。一方のみが原理を言い立てていて他方がそれを取るに足らないとみなしているかぎりは、主権国家関係は成立しない。

つまりは、国内統一を成し遂げた（成し遂げようとする）複数の主権国家からなる国際関係の成立こそが、難民発生の前提条件を形成している。モザイク状の世界では、難民は顕在化せずに色彩の中に埋もれていく。色面によって明確に区分された世界地図こそが、難民登場の舞台装置となる。[*4]

そして歴史上、ゾルバーグの着目した宗教改革こそ、ヨーロッパ世界地図を塗り替える決定的な契機となった。近代的な国際関係の発生と宗教改革との関連に関して、国際政治学者のデヴィッド・ヘルドは次のように論じている。

近代のステイト・システムは、宗教改革の開始時点からヨーロッパを支配していた分裂と激烈な対

＊4　東アジアにおける国民国家化と難民移動について考える上で、中国・香港の関係性は重要な示唆を与えてくれる。一九四九年の中華人民共和国建国以後、中国と植民地香港との境界は変質した。そのように境界線のあり様が変化したことによって、難民移動に対する認識も変化していった。境界線と人の移動の相関を論じたものとして、Madokoro（2012）を参照。

立というコンテクストの中から発展したのである。宗教改革は、重層的な権威構造と対立する忠誠システムであり、近代国家が勃興する背景として決定的な条件の一つであった。近代国家はある意味では、宗教改革によって生み出された闘争と混乱を、概念的にも制度的にも収拾するものとして登場したのである。（ヘルド 2002：163-164）

この点において、ゾルバーグはミスリーディングをしている。ゾルバーグは、先述したような難民発生の前提条件については触れていない。あくまでもゾルバーグとその共同研究者たちが着目しているのは、国家形成過程における紛争の形態である。紛争形態を独立変数とし、従属変数としての難民発生パターンの分析が行われる。どのような形態の紛争がどれくらいの規模の難民移動を発生させるのかを明らかにすることで、各国の難民政策を予測可能なより合理的なものへと改革する必要性が主張される(ibid.：vi)。つまり、なぜ難民移動が発生するのか、という問いに対して、ゾルバーグたちはどこまでも現象的なレベルで答えを求めようとした。

しかしもちろん、ゾルバーグたちが、国内統一そして国際関係の成立という難民発生の前提条件について言及しなかったことには、それなりの理由がある。ゾルバーグたちにとっては、そうした前提条件は彼らが共通して関心を寄せていた一九七〇年代以降の第三世界における難民発生状況には必ずしも当てはまらないと考えていたのに違いない。すなわち、ゾルバーグたちも、さきに論じた〝国家としての完成度〟の違いを強く意識していたと考えられる。しかしここでは結論を急がない。そうした問題については後段であらためて論じることにして、さしあたってはゾルバーグたちが見落としている点を指摘するにとどめておこう。

二度の世界大戦によって生じたヨーロッパ難民の前後に、つまりはそれ以前の歴史的事象として一六・七世紀の宗教迫害による難民移動を、そしてそれ以後の歴史的事象としては、一九七〇年代以降の第三世界における難民発生状況を配置することによって、ゾルバーグたちは〝ヨーロッパ〟難民問題の特権性を掘り崩そうとした。すなわち、一九五一年の難民条約に典型的にあらわれた戦後難民保護レジームのゆがみを矯正し、さらには、一九一四年を難民問題にとっての決定的な転機であるとみなす歴史認識を相対化し問い直そうとしたのであった。

しかしその結果としてゾルバーグたちは、難民発生の現象レベルでの原因追求にとどまることになった。紛争形態を分析することは難民発生状況を理解する手助けとなるかもしれないが、そのとき、紛争と難民発生を関数的に結びつけるロジックは隠されたままとなる。ある形態の紛争からあるパターンの難民移動が発生するという因果関係が成立するためには、その背後に難民を難民ならしめる論理が働いていなければならないはずである。そうした論理が貫徹しているからこそ、難民は難民となることができる。そうした論理のないところでどのような紛争が起ころうとも、そこに「壁」が存在しないかぎり、原理的には人々は難民化しない。

そしてこの隠された論理こそは、主権国家によって分割された地政学にほかならない。近代国家システム成立以前にも普遍的現象としての避難民移動は発生していたが、現代的な意味での〝難民〟は存在していなかったと言えるであろう。難民という存在の仕方は、近代以降の主権国家というあり様と不可分の関係にある。

とはいえ、以上論じてきた難民発生の前提条件というのはあくまでも前提にすぎないのであって、そこで発生した難民が無権利状態に陥るという二〇世紀的事態にまで追い込まれるには、さらなる情勢の変化を待たねばならない。そうした情勢の変化は、一九世紀以降のヨーロッパにおける国民国家化に特有の国家と国民との結びつきとしてあらわれた。国家―国民関係が再編成されたことによって、難民という存在の救いがたさがいよいよ顕著となっていったのである。その意味ではやはり、ゾルバーグたちの相対化の試みにもかかわらず、ヨーロッパ全体が国民国家化し、国民国家システムが広く規範化した一九一四年という契機は、難民移動の歴史において決定的な重要性を持つと言えるであろう。

国家と国民

次に、近代以降の主権国家における国家と国民との関係性の変容について考えていきたい。国家と国民との関係の編成を問うことなしに、難民が難民とされていることの根源的な意味を問い直すことはできない。以下、そのことについて論じていく。

人々が難民化するためには、まずは各国家が主権国家同士として国際関係を構成していなければならない、ということは前節において論じたとおりである。しかし、そうした難民化が、二〇世紀以降の難民がそうであるように、無権利状態を招来するようになるためには、すべての人間が（建前としてであれ）、特定の国の国民となっていなければならない。ここで、国民となる、という事態は、特定の国家との間に排他的な関係性を取り結ぶことを意味している。すべての人間がどこかの国の国民であるような世界にあって、なんらかの仕方で国家との絆が断ち切られてしまった者は難民となる。そしてそれは必然的に、無権利状態を招来する。

国家と国民との関係性は、単に想像上のものではない。そのことを歴史的に検証したのが、イギリスの歴史家ジョン・トーピーによるパスポートに関する研究である（トーピー 2008）。

トーピーによれば、国家と国民との関係性を論じてきた従来の議論の多くでは、国家が国民社会へと「浸透する penetrating」能力の分析を行ってきた。[*5] つまり、国家の側が国民を管理し統治していく過程を批判的に検証するという研究が、近代国民国家形成に関する議論の主旋律をなしてきたという。ミシェル・フーコーの生政治的な観点に影響を受けるかたちで、国民生活が国家権力によって浸透され規律化される様子が中心的に論じられてきた。巨大な国家権力にされるがままの受け身の国民という非対称の構図が、そこでは自然と想定されてきた。そのためそうした議論においては、国民を支配する国家の存在は自明視されており、国家の存立そのものが問い直されることは稀である。

そのような従来までの国家論に対してトーピーが提起しているのが、国家が国民社会を「掌握する・抱擁する embracing」能力に関して歴史的な分析を加えていくという方法である。近代以降の主権国家のもとでは、国家は国民を一方的に支配するばかりではない。支配を効果的に実行するためには、国家は国民を自らの支配下に置かなくてはならない。支配の外にいる者たちにまでその影響力を及ぼすこ

＊5　本書では一貫して、「市民社会」ではなく「国民社会」という概念を用いる。それによって、ナショナルな次元を分析の対象とする。自由民主主義体制における「市民社会」の機能を論じたものとしては、Cohen and Arato（1992）を参照。

とはできない。この、支配下に置く、という過程が、実質的な支配としての浸透 penetratingに先行している はず、とトーピーは考えた。

そして一方で国民は、支配下に置かれることによって、支配を受けると同時に権利を付与され国家からの保護を享受することができるようになっていった。つまりは、国家が強権的に国民生活に襲いかかったというよりも、歴史的な実態としてはむしろ、国民が国家の支配を自主的に迎え入れた側面があったことをトーピーは指摘している。そして、そのような国家 - 国民関係にまつわる歴史過程のことをトーピーは、性的なイメージを利用しながら、「浸透 penetrating」の前段階として、「掌握・抱擁 embracing」と表現する。

> 効果的に社会に浸透するためには、国家は社会を掌握しなければならない。国家による掌握の外側にとどまる個人たちは、必然的に浸透の限界となるのだ。いいかえると、国家が手の届く範囲は国家が把握できる範囲を超えることはない。(前掲書：18–19　強調は原文の通り)

そしてこの抱擁する過程、すなわち国民を支配下に置く過程において決定的に重要な機能を果たしたのが、国家による国民一人一人の同定作業であった。

さらに、そうした国民各人の同定作業を行うためにも必要となるのが、「国家による正当な移動手段の独占」である。それこそが、歴史的展開において重要な転換点となっている。マルクスやウェーバーの議論に倣うかたちでトーピーは、フランス革命以後の国家と国際関係システムの形成過程を「国家による正当な移動手段の独占」として特徴付けたのである（前掲書：11）。

国境間の移動だけではない国内移動もふくめたさまざまな人の移動手段を個人や集団から奪い取ることで、西欧の国々は近代国家としての「国家らしさ」を確立していった。しかし当面のところ、資本主義と国民国家とが西欧において最終的な勝利を収める一九世紀頃までは、そうした移動に対する制限は、あくまでも国内移動に限定されていた。黎明期の近代国家では、国家の領域内における経済的利益の再配分の問題や国家防衛の責務を誰が果たすべきであるのかといった問題が、火急の課題として持ち上がっていた。そうした課税や徴兵の対象が誰であるのか、という問題と関連するかたちで、国内パスポートなどの文書による国内移動の制限が導入されていった。その後、民主化と資本主義の進展に伴って、国民の国内移動に対する制限は徐々に緩和されていくことになるが、かといって国家が国民を手放したわけではけっしてなかった。移動に対する国家規制の緩和と同時進行するかたちで、国民一人一人を同定する手段が発達してくる。「自由放任」とはいってもやはり、国家は遠くから見守っている。このとき、各人を同定するために重要な役割を果たしたのが、身分証明であった（前掲書：32-35）。

一九世紀の北ドイツ連邦において国内的な移動に対する規制が緩和され、その後身分証明が広く普及していくようになっていった過程を、トーピーは次のように描き出す。

結果的に、北ドイツ連邦は旅行を非犯罪化し、旅行という行為にはこれまでつきものであった、とくに下層階級に対する疑惑と警察による監視が解消された。パスポートによる規制を廃止すると同時に、旅行者であってもなくても、あらゆる人びとを掌握できる国家の権限を再確認することによって、いまや移動それ自体は法律上、日常生活の通常の一面だとみなされるようになった。この法律は、移動に対する書類による規制から、書類による身元の立証への転換を強力に推進した。書類による身元の立証はまもなくヨーロッパ全域で広まるが、この種の規制の対象としては、国民ではない人びとよりも国民を優遇することはなかった。（前掲書：142）

移動の制限から身分証明へというこうした流れは、国家にとっての統治対象である「臣民」が「市民」となっていく過程と重なっているとも言えるだろう（ハンマー 1999：75-76）。国家主権が人民主権というかたちでその正当性を表明しはじめたのである。

その後、文書による身分証明というインフラがさまざまな場面で整備されることによって、一定領域を有する国家の運命に関して共通の利害関心をもつ住民の集団が「国民」として形成されることになる。そのようにして形成された各国民同士は、互いに排他的な利害関係に置かれる場面が増えるであろう。そして、国家による身分証明がくまなく達成されたところに再びパスポートによる移動制限を導入することによって、「身分証明革命」は成就する。

第一次世界大戦中、西ヨーロッパの多数の国と合衆国でパスポートを用いた規制の（再）導入がおこなわれ、戦後もそれが続けられたことは、あの「身元確認の革命」のきわめて重要な一面であった。これによって、国民を特定し、国民と国民でない者を区別し、「国民国家（ネーション・ステート）」として国家を構築する政府の能力が拡大したのである。（前掲書：193　強調は原文の通り）

すべての国民を抱擁し、国民国家は完成した。その結果として、それ以前は国家内部において存在していたさまざまな地方レベルの境界は消滅し、国境線が厳然と現れることとなった。国民全体の把握という事態が達成されなければ、国内移動の自由は認められなかったであろうし、国境の壁がこれほど高く他国民を隔てることもなかったであろう。このことはすなわち、人々が移動するさいに伴う主要な困難が、それ以前のように領域的空間から退出するときに生じるのではなく、領域的空間へと入場しようとするときに生じてくるようになったことを意味している（前掲書：34）。

（再）導入を契機に、パスポートの役割が変質したのである。入国を制限する国家の権限というのは、現代のわれわれにとっては馴染みのあるものだが、歴史的には比較的最近の成り行きにすぎないことをトーピーは確認する。パスポートは、国境を越えて他国へと入国するさいの必要条件ではあるが、けっして十分条件ではない。パスポートが保証しているのは、ある国が他の国の国民の入国を拒否したとしても、その者を確実に受け入れてくれる（その者が帰国することのできる）出身国が存在している、ということでしかない。それは、帰国できる「権利」とも呼びがたいようなケチな代物である。

個人の立場からみれば、いっそう広く認識されるようになった自国に帰還する権利は、個人に本来備わる権利ではなく、国際国家系における統治権の差し迫った必要性から生じたものである。パスポートは、目的地の国への入国を拒否されたり、あるいはそこから追放されたりした所持者を、発行国が受け入れることの明白な証明にちょうどなるように、発行国に帰還する権利の明白な証明に

もなるのである。（前掲書：261）

それゆえ、出入国を審査する権限を国家が独占しているこの世界にあってパスポートを紛失してしまった者は、命綱が断ち切られ、行き場を失うことになる。

国家によって抱擁された結果として国民は、自らのアイデンティティを国家に依存するようになっていく。国家システムの中に取り込まれた個人が、国家が正当なものとして公認したアイデンティティ（すなわち、身分証明書が証明するアイデンティティ）以外のアイデンティティをあえて選択するということには、非常に大きな困難が伴うことであろう。というのもいまや、何らかの公的な身分証明書なしに、政治・経済・社会的なさまざまな便益にアクセスすることは許されなくなったからである。近年、世界各国において性的少数者が公的な身分として自らのアイデンティティを認めるよう国家に求めているのも、国家と個人とのそうした関係性の表れであると言える。そのような意味において、現代の人間は、「アイデンティティの囚人」となってしまっている（前掲書：266）。

このような国家―国民関係は、グローバル化が進展する現代世界にあっても決して消滅していない。それどころか、国民国家化の原理は、二〇世紀後半以降、国際社会の共通システムとして規範化していった。国民国家レジームが国民である各人に要求するアイデンティティの所持は、脱植民地化の過程で新興国家形成を行う発展途上世界にとっては桎梏となった。欧米をはじめとする先進世界は、新興国家の国民に対してもグローバルな基準に基づいたアイデンティティの保持を要求できる立場にある。グローバルな国民国家レジームにおいては、それが主権国家であるかぎりにおいて、国家は自国民をしっかりと抱擁していなければならない。抱擁する手段も能力も欠いた発展途上世界の新興国家にも、そうした規範原理だけは押し付けられることになる。しっかりと抱擁されていない人間たちが豊かな国々の抱擁を求めて逃げ出してくる。[*6] 先進国の、そして国際社会の愛情不足の結果、誰からも抱擁されない人々が難民として行き場を失い無力にさまよう。難民問題の現場は、殺伐としている。

ヨーロッパにおける政治的共同性のあり様が近代以降、主権国家というかたちに再編されたことによって、避難民は国境線に阻まれ難民として浮き上がってくることとなった。さらに、国家による移動規制が行き渡るにつれて、囲い込まれた住人が国民化していく。そのようにして国家と国民とが排他的な関係性を取り結んだ結果、国境線で立ちすくむ難民は無権利状態へと陥っていく。近代以前は避難民と

＊6　ブルガリア出身の政治学者イワン・クラステフが論じているように、二一世紀のグローバルな人の移動は、「新たな革命」の様相を呈している。

「二〇世紀の大衆の革命ではなく、個人と家族が外部への脱出を余儀なくされることによる革命である。それは、イデオロギーが刻み込まれた輝かしい未来の描写によってではなく、グーグルマップ上の（国境の）向こう側にある生活の画像により引き起こされている。この新しい革命の成功には、イデオロギーも、政治運動も、政治リーダーも必要ない。非常に多くの、地上の呪われし者たちにとって、EUの境界を超えることは、人間として生きるための必要性の問題であって、実際にはユートピア的な将来の問題ではない。」（クラステフ 2018：15-16）

自国政府を変革する手間を、国家間移動によって省くことができるというわけだ。

「ますます多くの人々にとって、変化という概念は、自分が居住する国を変えるということであって、自分の国の政府を変えるということではなくなっている。」（前掲書：34）

しての苦しみを背負えば十分であったはずの存在がいまや、無権利状態という前代未聞の咎をも背負わされるまでに追い込まれていった。そうした事態の変容過程こそが、二〇世紀以後の難民の存在論的起源を物語っている。

苦難に陥り不運な仕方で庇護を求めて逃れてきた人々に対して助けの手を差し伸べるという最も基本的なヒューマニズム的行為が、難民と国民との間では阻害され困難なものとなっている。それは必ずしも、人間が本質的に利己的であるといった性悪説的な問題として発生してきているのではないだろう。難民という存在が置かれている窮状と、近代が達成した自由や豊かさとを切り離すことはできない。

自由や豊かさを手にするために、人々は国家との間に国民としての結びつきを求めた。それによって、人々は民主的な解放の喜びも得た。しかしこのことは同時に他方で、避難民を同じ人間同胞として遇するという当たり前の行為を、国家の主権領域へと委譲する結果となった。国家を経由せずに人々が勝手に善意を発揮し庇護することは、脱法行為を意味することにさえなった。国民社会内部での国民同士の間であれば日常的に取り交わされる善意に満ちた慈善行為も、国民と難民との間では厳密な取締りの対象となってしまう[*7]。

こうした矛盾は、第二世界大戦後に難民保護がこれほど拡張した現代世界にあっても、相変わらず解消されないままである。難民問題が人間の善意のみによっては解決しないという、一般によく指摘される事実は、現実政治の身勝手さというそれこそ人間くさい理由によるのではなくて、あるいはヒューマニズムの限界というような悲観的な話でももちろんなく、本論が論じてきたように、国民と難民との存在論的な関係性にこそ起因している。

国民と難民

現在、難民に関する研究は二極化した状況にある。一方において、北側の先進各国における難民受け入れに関する研究が行われている。そこでは、各国の庇護政策や法制度に関する比較研究などが多く行われてきた。他方で、発展途上世界で発生する大規模な難民移動に関する研究も盛んに行われてきた。そこでは、紛争解決や開発といった研究分野との密接な関係が見受けられる。すなわち、まるで世界の分断を反映するかのように、難民研究もまた南北に分極化している。

そうした二極化の結果、難民の地位にも大きな違いが生じてきている。豊かな北側にまで到達することのできた難民たちは、人権を保障されるべき存在として論じられ扱われることになる。またそれゆえに、多くの場合、北側先進各国へと庇護を求めてやってきた難民は、諸権利を剝奪された一個人として認識される。それとは対照的に、南側の発展途上世界にとどまっている難民たちは、たいていの場合、諸権利の保障以前の、生存維持というより緊急性の高い問題に直面している人間集団として論じられ扱

＊7　イタリアの南部カラブリア州リアーチェ村のドメニコ・ルカーノ村長は、二〇一四年以降中東やアフリカからやって来る移民・難民たちに対して、村の空き部屋を開放したり職業訓練を提供するなどして積極的に受け入れを行ってきた。村長は、「国に頼らない受け入れ政策を立ち上げる」と表明していた。それに対しイタリアの裁判所は、そのような政策が「不法移民」を助長したとして、村長に村外追放を命じ村への立ち入りを禁止した。――「移民・難民支援　村長が捜査対象」（朝日新聞二〇一八年一〇月四日付）、「難民受け入れ村長　追放」（朝日新聞二〇一八年一〇月一八日付）

われる（Keely 2001）。難民キャンプへと収容された大勢の難民のイメージがそれに当てはまる。食料、医療、住居、衛生など、人間にとっての基本的なニーズを満たすことが第一目標となる。

こうした分岐を国際的な法分野で区分けするなら、北側先進世界にまでやって来た難民たちには国際人権法が適用され、南側発展途上世界にとどまっている難民たちには国際人道法が適用されることとなる（島田編、2005年）。同じ難民であると言っても、その存在のあり方が大きく異なっているように思われる。そのため、難民に関する研究も、先進国の難民受け入れに関する研究と発展途上世界での難民移動に関する研究とに分岐していくこととなる。

しかし本論では、そうした分断された状況を認識しつつも、南北問題に回収されない存在論的議論を展開していきたい。

二度の世界大戦により危機的となったヨーロッパ難民危機において難民は、国民国家原理が貫徹する世界にあって、民族的少数者あるいは無国籍者として析出され居場所を失っていった。さらにナショナリズムの猛威が状況を急進化させ、難民は無権利状態に陥った。そうした状況に対処するために、戦後の難民保護レジームは〝急場の神〟として整備され、難民を国家—国民関係の原理へと形式的に回収していった。その後、東西冷戦体制という新しい国際秩序のもとで難民は、東側の共産圏から西側の自由主義圏への移動として、「鉄のカーテン」越しに顕在化してくることになった。そこでは、かつてのように民族性ではなく、イデオロギーが難民性の徴表となっていく。こうして、ヨーロッパにおける難民危機は、冷戦期の各国の政治的関心を色濃く反映するかたちで一九七〇年代半ばにはほぼ終息に向かっていった（Marrus 2002：370）。

一方でちょうど同じ頃、南側の発展途上世界において新しい難民危機が発生していた。それが現在に続く終わりの見えない危機となってしまっているのは、明らかに戦後の難民保護レジームの限界を意味しているだろう。

一九五〇年代頃から激化した反植民地闘争、そしてその後の独立戦争、国家形成という一連の流れの中で、アフリカ大陸は数々の紛争に明け暮れることとなった。植民地主義の遺産として残された人為的な国境線や、植民地統治に都合よく利用された民族・部族ヒエラルキー、さらには暴力や汚職に染まった官僚主義などの影響によって、アフリカ諸国の船出は前途多難なものとなった。そうした渦中から生み出される避難民は膨大な数にのぼり、逃れ出た隣国の安定をも脅かすほどになっている。

こうした現状に対処すべく国際社会は、一九八〇年代頃から国連を中心として、難民問題の「根本原因」の解決に乗り出すことになる。アフリカにおいて発生した難民移動は、それ以前の二つの世界大戦がヨーロッパにおいて引き起こした難民移動とは違い、人種・民族的な迫害の対象として難民化したというよりも、国家形成に失敗した結果として国外に流出してしまった人々であると見なされた（Deng et al. 1996）。それゆえ、きちんとした（北側先進各国のような）国家形成に成功していれば、難民流出という事態は避けられたはず、と考えられてきた。開発や紛争解決といった分野と難民支援とが密接に関わりはじめるのは、このあたりからである。そのようにして、一九八〇年代以降とくに、アフリカの国家形成に積極的に関与し、紛争管理を指導するアクターとして、〝国際社会〟が前面に登場してくることになった。

前節で論じたトーピーの表現をここでも借りてくるならば、二つの世界大戦後のヨーロッパにおいて発生した難民移動とは、国家が抱擁したくない人々が無理やりに押し出されるようにして難民化した危機であるのに対して、一九七〇年代以降にアフリカ大陸において発生している難民移動とは、本来国家がしっかり抱擁しなくてはならないのに抱擁できていない人々が難民化した結果引き起こされた危機であると言う事ができるであろう。そしてこの新しい危機的状況において、不甲斐ない国家に代わって難民を抱擁し保護しようとしているのが、国際社会であると言える。

しかし先にも述べたように、膨大な数の素性の知れない難民という存在は、国際社会にとっては安定を脅かす脅威となる。内戦などさまざまな紛争状況から生み出された難民移動は、自国内か隣国に設置された難民キャンプで足止めにされる。自由に動き回られると戦火が拡大する恐れもあり、しかも野心的な若者たちであれば、豊かな北側世界へとさらなる移動をしてくる可能性も十分にある。キャンプに閉じ込め移動の機会を奪うことで、どうにか地域の安定を図ろうとする。国際社会にとって難民とは不安定の象徴にすぎず、紛争状態が終息したならすぐにでも出身国へと帰国させたい厄介な存在とみなされている。

他方、難民自身にとっての事態の成り行きはどうであろうか。難民たちは、出身国での生活がままならずに居場所を失い逃げ惑う。まるで投網で魚を漁るように、キャンプが難民たちの動きを封じ込めてしまう。援助物資で生命を養われつつも、この世界への難民による主体的関与は、安定を脅かすという理由から拒まれたままとなる。事態の終息をひたすら待つよりほかかない。それが明日なのか十年先なのか、誰も知らない。キャンプ生活では、何も始めることができないし、何も起こらない。ところがある日、突然告げられる。ここはもう、あなたたちの居場所ではない。帰り道は一本道。あてがわれた場所で生活を再建することになる。そうした一連のシナリオが、自分たちのあずかり知らない国際社会の〝善意〟によって設定されている。

世界への主体的な関与を拒まれた難民の姿というのは、今も昔も変わっていない。第一次世界大戦後に東・中央ヨーロッパで発生した難民移動の政治的次元に着目し、その出来事を自身の政治思想の出発点としたハンナ・アーレントもまた、次のように述べている。

迫害者によって人間の屑として国外に放逐された者は誰であろうと――ユダヤ人、トロツキスト、その他もろもろ――どこでもやはり人間の屑として扱われ、迫害者が望ましくない厄介者だと宣告した人間はどこに逃れようと厄介者の外国人と看做された。（アーレント 1981（2）：239）

アーレントの論じたように、国民国家システムの中で居場所を失った者は、居場所をもたないというまさにその理由から、不自然なほどにその存在が際立ち目立ってしまう。

居場所をもつ、ということは、アーレントによれば、政治的領域において市民として行為できるということを意味している。そして国民国家体制においては、すべての国民は国民であることによって同時に、そのような政治的市民となる資格をもつ。政治的市民であるとは、人間存在に固着した差異や不平等を超越した活動主体としてあることを意味している。すなわち、私的な領域ではさまざまな差異（たとえば、性差、障害の有無、貧富の格差など）を抱えていたとしても、公的な領域にあらわれ出ることで平等な存在として処遇され、互いが対等な存在として行為できるようになる。そのように居場所を持つことで、他の同胞たちの目の前で行う活動が、他の人々に有意味な行為であると受け止められるようになる。

こうして人民主権の原理により政治的市民となった国民は、公的な領域においては私的な素顔を隠す仮面を被ることができる（アーレント 1995：158-160）。そのとき、そのような仮面を被った諸国民に取り囲まれた難民たちは、醜悪な素顔を公にさらしている。個的な差異がそのまま露わとなっている。市民として政治的舞台に登場するには、あまりにも無作法に思われる。とても対等に処遇することなどできない。公共圏に現れてくるそのような存在は、「殺人の挑発に等しい」とアーレントは言う。というのも、この「世界に対して法的にも社会的にも政治的にも関係を持たない人間の死は、生き残った者にとっては何らの影響も残さない」からである（アーレント 1981(2)：289)。

難民自身は目立ちたいなどとは思っていないし、それどころかできることなら住民の中に溶け込み姿を暗ませたいと願っているのにもかかわらず、なにかと眼につき鼻につく存在となってしまっている。アーレントの論じた難民の姿とは、そのような目立つ存在であった。

では、現代の難民はどうであろうか。たしかに、アーレントの論じた時代状況とは違い、現在では難民保護レジームによって難民を保護する法制度的な仕組みが整備され、実際にも国家的アクターだけでなく国際NGOなども含めた形でさまざまな保護が実践されている。その意味では、アーレントが論じた難民状況に比べればずいぶん改善されたと言える。しかし、そうした手厚い保護によって、アーレントが問題化した難民の存在論的危機状況は救われたであろうか。実際には、難民保護レジームの働きによって、その存在論的起源は覆い隠され見えにくくなっただけであって、難民という存在の異質性は変わらないのではないか。アーレントが論じた二〇世紀前半の難民も、現代の難民も、「壁」に阻まれることで無力化され余計者扱いされていることに変わりはない。政治はいつも難民の外側で進行していて、難民がその当事者となることはほとんどない。国民国家システムの原理にとっては、難民は難民のままでは政治的行為者とみなすことができない。

難民という存在には、運命というメタファーがふさわしい。自分たちの意思とは関係のないところでつねに事態は進行している。それに左右され続ける。しかし、難民としての運命とは、いったいいつ始まったものなのか。迫害や紛争に巻き込まれたときなのか、あるいは逃亡先において「壁」に直面したときなのか。運命に引きずられていたはずが、いつの間にか運命を奪われてしまっている。というのも、運命とは本来、実現されるはずのものだからだ。再出発が許されないこと――難民であることが現代世界の人間の生に与える深刻な事実がそこにある。

第二章　難民の定義をめぐって

驚くべき存在としての難民

　難民という存在の受け入れがたさは、必ずしも難民そのものに由来しているのではない。そのことは、前章の議論からも明らかであろう。国民社会にとって難民が受け入れ困難な存在として想像されるのは、それ以前に、われわれの想像界の中で確固たるものとして国民社会が出来上がっているからであって、難民が本質的に異質な存在だからではない。前章で論じた国家―国民関係が自然なものとして観念されるかぎりにおいて、難民の受け入れはつねに国家にとっての課題となるだろう。その意味で、難民問題もまた、きわめて歴史的な現象であると言える。

　第一次世界大戦中にヨーロッパ世界に登場した難民は、それまでの人類が知らなかったような奇妙な地位に立たされていた。ただ単に、ある共同体において住む場所を追われ逃れてきた人々、というだけではなく、新たな居場所を見つけることができずにさまよう人々となっていた。それは、遊牧民やジプシーの暮らし方とも違う。難民たちは定住を求めているのにもかかわらず、地球上のどこにも住む場所が見つからない。そうした現象が大規模に発生したとき、ヨーロッパ世界は驚愕した。ハンナ・アーレントが表現したように、「文明世界の只中から、野蛮が生じた」のであった（アーレント 1981（2）：290）。

国家とそこに住む住人とをこれまでにないほど強い絆で結びつける国民国家という政治的共同性は、住人と国家との関係を劇的に変容させた。それまでのように封建的な仕組みに縛られてきた住人たちはいまや、国家への忠誠や献身と引き換えに、政治的市民へと格上げされ（女性の「市民」への格上げはさらに遅れるが）、自由と豊かさへの扉が開かれた。そのとき国家は、解放の象徴であった。封建的な支配を飛び越えて国家と結びつくことこそ、近代化の、そして文明への確実な道筋であると思われた。

しかし国民の解放は、国民以外の存在にとっては、「壁」が立ち塞がることを意味している。それまでは隣人同士であったはずが、いつの間にかその地位に劇的な変化が起きている。国民以外の存在がその国家内に住み続けようとすると、どうしても「よそ者」となってしまう。自分たちも、国民となれる国家を持ちたいと願う。その願いを、ナショナリズムと呼ぶ。

そして地図上のどこにも国家を持つことのできなかった人々は、行き場を失い、どこに住んだとしてもよそ者として生きていくより仕様がなくなった。しかもよそ者であるかぎり、いつそこから追い出されてもおかしくはない。ナショナリズムの願いは国家に対する過大な期待として膨れあがり、よそ者への敵意となっていく。各国のナショナリズム競争の狭間に立たされたよそ者たちが、小突き回され難民として漂流する。

そうした事態の成り行きからも明らかなように、難民を受け入れがたい存在にしているのは、難民の側ではなく、国民国家側の事情である。

本章のテーマである「難民の定義」というのも、そうした国民国家側の要請として出てくる。誰が保護を必要としている難民であって誰がそうではないのかを、国民国家は知らなくてはならない。随分余計な仕事を抱え込んだものだと思う。そしてその国家による余計な仕事が、難民たちに余計な負担となってのしかかる。自らが難民であることを証明せよ、と迫られる。難民たちは生き抜くために、自らを「定義」に当てはめる。現代国家の国境線付近では、そうした不条理劇がつねに演じられている。

以下に見るように、難民をめぐる研究や難民保護の実践現場ではこれまでも繰り返し、難民の定義がさかんに議論されてきた。しかし、そのとき議論を行っている者たちは、自分たちが行っていることの本当の意味を理解できているのだろうか。難民を定義しなければならないと考えている、その自己認識自体をきちんと対象化できているのだろうか。当人たちは、真の難民を保護するためにも「難民」というカテゴリーを正しく定義する必要があると考えているのだろうが、二〇世紀以前に難民の定義など必要なかったという事実は、そのとき忘れ去られている。

では、二〇世紀以前の難民たちが庇護されていなかったかと言えば、ハンナ・アーレントも論じていたように、国民国家システムが確立する以前においては、キリスト教的な互助の精神に基づいた「庇護権」がヨーロッパ世界には当たり前に通用していた（前掲書：256）。難民という存在は、とりわけ目立つこともなく、日常的な行為の延長として社会の中に受け入れられていた。そこでは、難民を他の存在から区別する定義など必要なかった。だからこそ、第一次世界大戦後に受け入れ不可能な存在が発生してきたとき、そうした未知なる存在のあり様にヨーロッパの人間は心底驚き、怖れたのであった。

二〇世紀の初頭、帝国という政治的枠組みが崩壊し国民国家化が進行しているヨーロッパ世界にあって、はじめて難民という存在の異質性に直面したヨーロッパ人のそうした驚きというのは、何度でも立ち帰るに値する。というのも、そこにこそ現代の難民の存在論的起源が現れているからである。

現代の難民とは、驚くべき存在である。にもかかわらず、第二次世界大戦後に発達した難民保護のための国際的なレジームは、その驚きを覆い隠してしまった。難民保護実践を主権的な圏域に委譲することによって、すなわちそこで正しく定義することによって、難民という存在を国民国家システムの中に位置づけることに成功した。[*1] しかし、言うまでもなく、言葉によって位置づけたからといって難民移動自体が消え去るわけではない。

国民国家システムにとって肝心なことは、難民状況を「アンダー・コントロール」できているという主権感覚が維持されることである。難民を定義するという営みは、そうした主権感覚の維持にとって不可欠の一機能となっている。事態の主導権を握っているという感覚があるからこそ、それが上手くいかなくなると、一転して、脅かされている、と感じることにもなる。こうした見方からするならば、難民問題とは、国民国家システムの自作自演のようにも見えてくる。

ともかくも、現在のわれわれは、国民国家システムとそれを補完する難民保護レジームにすっかり馴染んだことによって、難民という存在に対する原初的な驚きを忘却し、その存在を保護するためには正しく定義することが必要なのだと考えるようになった。いつの日か世界平和が実現されないかぎりは(ということは、永遠に⁉)、この世界から難民がいなくなることはないであろう、とわれわれは嘆息とともに諦めている。難民に対する驚きを忘れてしまった現代人は、難民移動を普遍現象であると観念している。

しかし本書のこれまでの議論からも明らかなように、難民とは、きわめて現代的な特殊現象である。

本章では以下、難民という存在への驚きが薄れ忘れ去られていくプロセスを追いかける。それは、第二次世界大戦後から東西冷戦期にかけての過程であると考えられる。

移行期の難民

難民に対する認識が変容した契機としては、第二次世界大戦後における東西冷戦体制の確立があった。冷戦という国際秩序の文脈の中で整備された難民保護レジームは、難民の存在論的起源を覆い隠すことによって、難民という存在が抱える原理的な困難は回避したままに、難民問題への対処を制度化していった。それによって、難民に対する原初的な驚きも徐々に薄れていった。

そうした認識の変容が訪れる前段階の移行期について、本節では考察していく。すなわち、第二次世界大戦末期から東西冷戦体制が確立されるまでの期間である一九四〇年代後半のヨーロッパの状況について考えてみたい。

終戦から一九五一年に難民条約が成立するまでのおよそ六年間、難民をめぐる状況は非常に流動的であった。難民という存在はいまだ未決の状態にあったが、同時にすでに固定化・実体化の方向性もあらわれはじめていた。

こうした事態をより具体的に論証していくために、ここではイギリス労働党政権が一九四六年の一〇

＊1　難民保護のあり方が「ボトムアップ型」から「トップダウン型」へと移行していった歴史過程を論じたものとしては、Easton-Calabria（2015）を参照。

月から一九四九年の一二月にかけて実施したEuropean Volunteer Workers（EVWs）scheme（以下、EVW計画とする）について取り上げてみたい。

第二次世界大戦末期にドイツやオーストリアに設置された難民キャンプには、東欧からの避難民が多く含まれていた。戦後、ナチス第三帝国の支配地域に居住していた多くのドイツ系住民は、行き場を失って大量にドイツ国内へと流入した。[*2] そのため、ドイツ国内の難民キャンプにとどまるドイツ系以外の避難民を受け入れる余裕など敗戦国のドイツにはなかった。代わりに、一九四三年に設立された連合国救済復興機関（UNRRA）が、難民キャンプにとどまる避難民の保護と出身国への帰還の支援を行うことになる。

ところが、そうした避難民の多くが先にも述べたとおり東欧の出身者であったため、出身国がソビエトの共産主義的支配の影響下に置かれており、自国への帰還を望まない者たちがキャンプに滞留しはじめていた。その数は、ドイツ国内だけでも百万人を超えていた。連合国によって分割占領されたドイツ国内のイギリス占領地域に設置された難民キャンプは、六〇万人以上という最大規模の避難民を抱えていた。また同時期にイギリス政府は、大戦によって壊滅的な打撃を受けた自国の経済を再建させるために膨大な労働力を必要としていた。そこで、行き場を失っていたヨーロッパ避難民の中から追加的な労働力を調達するという政策がとられていく。以降およそ三年間で、約八万人もの男女が、〝労働力〟としてイギリスへと入国することとなった。以上が、EVW計画の概略である。

人種主義と人の移動に関する歴史研究を行ってきたダイアナ・ケイとロバート・マイルズの共同研究によれば、EVW計画はイギリスにおける移民政策の転換点として位置づけることができる（Kay and

Miles 1992)。しかし彼女らの指摘するように、これまでのイギリス移民研究においては、EVW計画は周縁的に扱われるにすぎなかった。イギリスの戦後移民に関する研究の中では、カリブ海やインド大陸といった大英帝国領からのイギリス臣民の移動が主要な研究対象とされてきた。形式的には同じイギリス臣民であるにもかかわらず、有色人と白人との間には人種主義に関わる差別が存在している。そうしたレイシズムへの問題意識が、従来の研究の中心テーマとしてあった。そのため、ヨーロッパからやって来た同じ白人の比較的小規模で短期間の人の移動であったEVW計画は、いつしか忘れ去られてしまった。

ところが一九九〇年代に入って、再びそうした人の移動に注目が集まるようになってきた。一つには、EVW計画に関する公的文書の情報公開が進んだという事情があった。あるいはまた、イギリス国内において先の大戦における戦争犯罪に関する調査が行われたことで、EVWsとして入国した者たちの中にも戦争犯罪人が含まれていたのではないかという疑惑が持ち上がったことも関係していた。さらには、近年ではとくにジェンダーという観点から、あらためてEVWsの移動に注目が集まっている。[*3]

*2 「敗戦の結果ドイツは、戦前の領土の約四分の一にあたる東方領土（オーデナル＝ナイセ線以東の領土）を喪失し、東欧からは大量のドイツ人が強制移住させられた。一般に『追放Vertreibung』と呼ばれる強制移住は、最初はソ連軍の侵攻による避難民の発生に始まり、最終的には連合国のポツダム協定第一三条に基づく組織的大量移住へと発展した。結果的に、一九五〇年までに、東方領土からソ連、ユーゴスラビアにかけて広がる東欧一帯から、一二〇〇万人以上のドイツ人（国籍を持つ者も持たぬ者も含めて）がオーデル＝ナイセ以西の占領地区に移住することになる。また、その過程で約二〇〇万人が死亡したと言われている。」（佐藤 2007：26）

しかしケイとマイルズによれば、ＥＶＷ計画が周縁化されてきた理由には理論的な問題もあった。それは、ＥＶＷｓの移動が、資本主義世界経済における国際移動に関する主要な説明体系と必ずしも一致しないという理論上の問題である。従来の説明では、明示的にせよ暗示的にせよ、人の移動を政治的な要因によって決定される難民移動と、経済的な要因によって決定される移民移動とに二分化する傾向があった。しかしＥＶＷｓの移動は、そのどちらの要素をも併せ持っており、そうした従来からの二分法に疑問を投げかけるものであったため、移民研究が扱いあぐねた側面があったのではないか、と言うのである（ibid.：4）。

一九四五年の総選挙での勝利によってイギリス労働党は政権に就いた。労働党の掲げた完全雇用政策を戦後直後の情勢において一国内で達成しようとするならば、経済成長の足かせとなりかねない。というのも、資本の拡大は市場の需要に見合った賃金労働力を都合よく調達できることを前提条件としており、完全雇用の下ではつねに国内での余剰労働力は不足し、労働力コストも上昇する。結果として、必要なときに必要なだけの労働力を調達することは難しくなる。このことは別の角度から言えば、国内において完全雇用を実現しようとする政策は、国境の外側から余剰労働力を調達する政策を導く可能性があることを意味しているだろう（ibid.：22-23）。

とりわけ戦後の荒廃したイギリス経済においてはさまざまな産業において労働力需要は拡大していく一方であった。そのため、労働力市場も売り手市場となる。さらに戦後復興に欠かせないと考えられていた炭鉱・農業・繊維産業といった産業分野では、明らかな人手不足が続いていた。そうした産業分野では、慢性的な低賃金と労働条件の悪化によって国内の労働力を惹きつけることができずにいた。機械化などによって生産性を向上させるというシナリオは戦後直後の状況下では望むべくもなく、また短期的には労働力の増員が最も効果的と考えられていたため、イギリス政府は特定産業の労働力不足を補うために外国人労働者を調達しようとしたのであった。

外国人労働力を国内に導入することの国家にとっての最大の魅力の一つは、労働条件を統制することができるという点にある。自国民の労働者というのは、少なくとも国内法的には〝自由な賃金労働者〟であって、そのため、自らの労働力を市場において自由に処分する権利をもつとされる。つまり、労働条件や賃金が自らの労働力の価値に見合わないと判断したなら雇用契約を解消し、労働市場に自らの労働力を再び売りに出して新しい雇用主を探すこともできる。

戦時中であれば、緊急事態という理由で国内の労働力移動を国家が統制することも可能であったであろうが、平時においてまでそれを規制することはできない。それゆえ、戦後復興にどうしても必要な労働力をあくまでも国内だけで調達しようとする場合には、労働条件の改善と賃金の引き上げによって国内労働者にアピールするよりほかない。

しかし、それが外国人労働者の場合には、事情が違ってくる。入国の段階で就労ビザなどの何らかの規制を設けることが可能となる。すなわち、労働力を市場において自由に処分するという国内労働者には当たり前に認められている権利を制限することによって、特定の産業に外国人労働力を縛り付けることができる。賃金労働者でありながら自らの労働力を自らの意思では処分することのできない外国人労

＊3　たとえば、McDowell（2005）などがある。

働者という存在を、ロバート・マイルズは、「不自由な賃金労働者」として描き出している（Miles 1987）。

外国人労働者政策としてイギリス政府は手始めに、戦後イギリス社会に取り残されていた戦争捕虜やポーランド兵士を炭鉱や農業の労働力として徴用した。さらに、国境の外部からは西ヨーロッパ出身の女性労働者を病院での介護労働力として呼び込もうとした。そのような女性労働者であれば、労働組合やイギリス社会からの反発も少ないであろうと予想された。しかし同時期の西欧各国は、どこも同じような労働力不足に悩まされており、イギリス政府による労働力調達は思惑通りにはいかなかった。

この時点で押さえておくべき点は、当初イギリス政府は、ドイツやオーストリアの難民キャンプにいる東欧出身の避難民たちを労働力として呼び込むことは想定していなかったということである。イギリス外務省は、キャンプに滞留している避難民たちの受け入れは経済的な負担となると考えていた。

しかし国際社会は、キャンプの規模縮小を目指して第三国への再定住を推進しはじめていた。一九四六年の四月から六月にかけてロンドンで行われた国連経済社会理事会の難民・避難民に関する特別会議において、難民の帰国を支援してきたＵＮＲＲＡに加えて、難民の再定住を新たな目的として掲げる国際難民機関（ＩＲＯ）の設置が決定された。

このときイギリス政府は、一九三〇年代にドイツからのユダヤ人難民を受け入れてきた実績を口実に、国際社会からのさらなる避難民再定住の要請を拒もうとしていた。つまり、この時点ですでにイギリス政府は外国人労働者の導入を決定していたのにもかかわらず、難民キャンプに滞留する東欧の避難民たちはそうした労働力としてはカウントされておらず、むしろ財政的な負担であると認識されていた。

難民でありかつ無国籍者であるという避難民に対しては、その当時においても、いったん入国を認めてしまうと、永住とまではいかなくてもかなり長期間の滞在を覚悟しなければならなかった。それはつまり、強制送還はできないということを意味していた。イギリス政府が避難民を労働力として呼び込むことに二の足を踏んでいたのは、そうした強制送還という選択肢を手放したくなかったからでもあった。強制送還という選択肢には、労働力として望ましくない者を出身国に送り返すことができるだけでなく、契約期間中の労働者に対するある種の脅迫としても機能するという利点があった。[*4]

しかし、戦後復興のための主要産業における労働力不足がいよいよ顕著となってきたために、キャンプに滞留する避難民を労働力として活用すべきだという声がイギリス議会において高まってくる。イギリス政府はできるだけ良質な労働力を調達するために、難民キャンプの中で避難民を選別していった。その結果として、一九四六年に「バルトの白鳥計画」と呼ばれる労働力調達政策が実施されることと

＊4　現在の日本における入国管理政策においてもしばしば、そのような意味での強制送還が行われている。とくに近年、留学生として入国した外国人学生が当局によって突然強制送還されるケースが発生している。留学ビザにより日本に滞在している学生は週二八時間の労働が認められており、そうした労働力はコンビニや飲食業などでの低賃金労働力として活用されている。そして実態としては、ブローカーなどを通じて、学業目的ではなく就労目的で入国する学生も少なくなく、多額の借金を抱えて来日しているような場合には、週二八時間を超えて労働に従事することになる。結果として日本語学校などにおける学籍は、日本滞在のための隠れ蓑にすぎず学業としての実体は失われてしまう。そうした事態を憂慮する入管当局は、他の外国人留学生へ無言の圧力をかけるために、強制送還という手法を用いている。北九州におけるそうした現場の実態を報告したものとして、『新移民時代――外国人労働者と共に生きる社会へ』（西日本新聞社編 2017）がある。

なった。高度の教育を受け、見た目も麗しいバルト諸国出身の女性労働者たちであれば、イギリス社会にもすぐに溶け込むであろうと期待され、療養所などでの家事労働者として入国が認められていった。彼女たちの到着とその後の働きぶりは、メディアにおいても理想的な外国人労働者として好意的に報道されることになる。

これに味をしめたイギリス政府は、いよいよ本格的に避難民の労働力調達に打って出る。それが、「西を目指せ！ 計画」であった。この計画によって、炭鉱、農業、織物業などに男女の東欧出身の避難民たちがＥＶＷｓとして導入されることになった。そのとき労働組合との間で問題となったのが、ＥＶＷｓの雇用条件であった。入国するＥＶＷｓは難民や無国籍者であるため、当然のことながらやがては定住することが予想されていたのにもかかわらず、政府の公式見解ではあくまでも一二ヶ月だけの一時的な雇用プログラムということになっていた。また、ＥＶＷｓは政府の認めた業種にのみ就労が許された。そうした雇用条件を忠実に履行し、イギリス社会の成員としてふさわしい生活を営むならば、滞在期間の延長もありうるということが確認された。以上のような雇用契約の説明文がドイツやオーストリアの難民キャンプの避難民に配布され、労働者の募集が行われていった。[*5]

しかし、労働力移動を統制しようとするこうしたイギリス政府の意図は、省庁間での利害の不一致や国際社会からの人道主義的な圧力、さらにはＥＶＷｓ自身の抵抗などによって徐々に後退させられていった。それに加えて、避難民の再定住を促進するＩＲＯが設立されて以降は、避難民にとってもＥＶＷ計画のほかに、より魅力的な選択肢が出てきた。北アメリカやオーストラリアといった新世界への移住の可能性が開かれたのであった。しかもそうした国々においては、少なくとも公式には職業選択の自由が認められ、そのうえ市民としての定住までもが認められる可能性があった。こうした状況の変化によってイギリス政府は、さまざまな雇用条件を緩和し、定住を認める方向へと政策をシフトしていかざるをえなくなっていった。

以上、簡単にEVW計画の顚末を振り返った。ケイとマイルズは、この歴史的事象を資本主義と国際的な人の移動の関係性という観点から読み解いている。ケイとマイルズがとくに強調したのは、資本主義が経済発展のために必要とする余剰人口は、歴史的に見れば政治的な要因によって作り出される、という点であった（Kay and Miles 1992：185）。

戦後直後のヨーロッパにおいては、難民キャンプに滞留した避難民こそが最大の余剰人口プールを形成していた。避難民たちは、国民国家の形成と再形成の力学によって〝余剰〟とされていった。しかも自国民を最優先する国民国家システムにおいては、そのようにして生み出された余剰人口には差別的な制限を課すことができるであろう。すなわち、「不自由な賃金労働者」として雇用することができる。資本主義生産様式の原則から言えば明らかに矛盾している「不自由な賃金労働者」という存在はしかし、国民国家システムによる差異化の論理によって正当化されるのである（Ibid.：190）。

このようにして国民国家化によって生み出された余剰人口＝難民は、国民国家原理を口実とする資本の論理によって、「不自由労働者」として再び国民国家システムの内部へと統合されていく。しかしEVW計画に見られたように、こうした余剰人口問題を人道主義の観点からではなく経済合理主義的な観

＊5　Key and Miles（1992：56）また、同書のAppendixに載録されているイギリス労働省の配布文書を参照。

点から対処しようとすると、必然的に〝余剰の中のさらなる余剰〟が析出されてしまう。つまり、避難民の中でも病気や障害を抱えた人々や高齢者などは、生産性の低い人々として、選抜されることなく最後までキャンプに居残りさせられることになる（ibid.：165）。

次に、本論におけるＥＶＷ計画の位置づけを行う。先にも触れたように、ケイとマイルズは、ＥＶＷｓが移民と難民の両方の特徴を備えていたために従来の人の移動に関する研究枠組みに一致せず、結果としてその歴史が周縁化されてきたと論じていた。

しかしそうした評価は、東西冷戦体制確立以後の難民保護レジームの確立を先取りしてはじめて成り立つものではないだろうか。すなわち、人道主義的な保護の対象としての難民の地位が確立された現在から見たとき、ＥＶＷｓの移動に難民性を読み込むことができるのではないだろうか。そこには一種のアナクロニズムがあるだろう。

それに対して本論では、この一九四〇年代後半という時期においては、難民という存在は未決の存在であったという点にこだわりたい。つまり、ケイやマイルズにとってＥＶＷｓが移民と難民という二つの側面を持つように見えたという事実は、難民という地位がその時点では未決の存在であったという事実を逆に照らし出していると考えられる。

ＥＶＷ計画の歴史的な重要性とは、外国人労働力の調達に国家が積極的に関与しているという点にある。さらに、そうした調達が難民キャンプにおいて行われたという点も見逃せない。難民キャンプとは、行き場のない閉鎖空間としてある。それは政治権力の働きによって人為的に作り出された環境である。そうした環境に身をおく住人たちは、必然的に交渉力を奪われ相対的に弱い立場を強いられることとなる。ＥＶＷ計画は、政治的に作り出されたこうした関係性を搾取するところに成り立っていた。そのように権力（ここでは国家権力）に恣意的に利用されてしまうという立場の脆弱性こそが、現代の難民という存在の本質であって、そうであるからこそ、その存在は搾取の対象となるばかりでなく、人道的な保護の対象となることもできる。つまり、ＥＶＷ計画においては、難民という存在の真の脆弱さが明るみに出てしまっている。

本章の後段で詳しく論じていくが、戦後に確立した難民保護レジームというのは、そのような難民の脆弱性をできるだけ埋め合わせる機能を果たしてきた。より正確に言えば、脆弱さを特権的地位にまで高めることで、難民を他の移民と区別して保護することを可能にしてきた。しかし一九四〇年代後半のＥＶＷ計画の段階ではまだそうした保護枠組みは確立されておらず、難民の脆弱さは脆弱さのままに貪欲に利用されていた。

そしてそのことが同時に、国家権力の思惑を超えた逆説的な事態を生み出すことにもなった。労働力として調達するということは、さまざまな場面でいくら統制をしようとしても、国民社会との間に何らかの接触を生み出すこととなる。それは、難民キャンプに収容されていた間は無力であった存在に、思わぬ活力を与える。無力で脆弱な存在をその立場の弱さを維持しながら都合よく利用し続けようとした国家権力の意図は、そうした存在をキャンプから連れ出した時点ですでに頓挫するしかなかった。

とくにＥＶＷ計画においては、入国後の寄宿舎の管理やＥＶＷｓに対する生活支援などは民間のボランティア団体などに委託されていたため、イギリス社会との間に軋轢も含めたさまざまな関係性が生まれることとなった（ibid.：131–135）。もはやＥＶＷｓは、単に脆弱なだけの存在ではなくなった。イギリス国民社会との間に交渉可能性の開かれた政治的行為者となっていく。もちろん、イギリス国民と完全に対等というわけにはいかないであろう。にもかかわらず、現代の難民のように自らの脆弱性を国家に対してアピールすることで保護を引き出す、という存在のあり方とは違い、脆弱性を克服し主体性を獲得しようとする姿勢がそこには現れてくる。

現代の難民とＥＶＷｓとのこうした姿勢の違いは、難民保護レジームの有無に関連している。現代の難民もＥＶＷｓも、避難民として置かれている境遇に大きな違いはない。自分ではどうすることもできない何らかの外的な事情から住む場所を奪われて途方に暮れている。結果として、非常に脆弱な立場を強いられる。

しかし、そこからのシナリオが両者の間では違ってくる。現代の難民が、たとえば同じようにイギリスに庇護を求めてやって来た場合、自らの脆弱な立場をイギリス政府に訴え出ることで手厚い保護を受けようとする（少なくともその可能性が法制度として保障されている）。難民としての地位を申請することで国家と緊密な関係性で結びつくことになる。イギリス国家から保護を受けているかぎり、難民に勝手な真似は許されない。イギリス社会への感謝を忘れずに、つねに模範的な外国人としてイギリス社会で振る舞うことが暗黙のうちに求められている。保護されていることの負い目から、現代の難民が自由であることは難しい。

それに対してＥＶＷｓの場合は、その脆弱な立場を権力によって利用されてしまう。すなわち、不自由な低賃金労働力としての利用価値が搾取される。ＥＶＷｓは保護を必要とする人々だとは見なされていない。ＥＶＷｓ自身にもそのような認識はない。自らの脆弱性は自らの力で克服するよりほかかない。

ＥＶＷｓを難民キャンプから連れ出したのは国家権力かもしれないが、イギリス国内で労働者として働き始めてからは、国家との関わりは薄れイギリスの国民社会との関係性が色濃くなる。国家の手を離れることでＥＶＷｓは、勝手にイギリス国民社会との交渉関係へと入り込んでいく。そうなると徐々に、国家がそこに介入できる余地は減っていく。

ＥＶＷｓの自己認識としては、イギリスという国に助けられたという意識よりも、自らもイギリス社会の戦後復興のための一員として貢献してきたという自負の方が強まるだろう。現代の難民が抱え込んでいるような負い目とは、最初から無縁であったと言える。逆境に負けることなく自らの脆弱性を克服したその歩みを、誇りをもって後年振り返ったことであろう。

あえて対照的に描き出した両者の立場の違いから、難民にとってのエンパワーメントという重要な課題が提起される。難民に対する保護など必要ない、ということをここで主張したいのではない。保護の実践が国家主権の領分へと委譲され、難民が国家（あるいは国際社会）に依存せざるをえなくなるという現代に特有の難民状況をここでは問題化しようとしている。

一方において国家主権との関係性が深まれば深まるほど、他方において難民と受け入れ社会との関係性は自他関係として固定化されてしまう。すなわち、難民はいつまでたってもよそ者でしかなくなる。反対に、国家主権との関係性が希薄になるほどに、難民と受け入れ社会との交渉関係は濃密になる。難民はそこで暮らしを再建していかなくてはならなくなる。そのとき、両者の関係性は自他として固定化できず、流動的なものとなっていく。

難民が享受する権利や福祉といった配分的正義の観点から見るならば、現代の難民とＥＶＷｓとでは比べものにならない。難民保護レジームは、脆弱な難民に権利と福祉を提供してきたと言える（けっして十分に、というわけではないが）。しかし配分的正義という観点からは必ずしも測ることのできない難民の主体性という観点からするならば、現代の難民とＥＶＷｓとどちらがより主体的に自らの人生にコミットできているかは、必ずしもそれほど明瞭な話ではないだろう。

難民キャンプの中で何十年にもわたって支援物資を提供されながら生存を維持されている現代の難民や、あるいは北側の先進国にまでやって来て難民として保護されながらも、庇護国の国民社会からその難民性に疑いをかけられ、福祉を食いつぶし財政を圧迫するお荷物とみなされ、必死に自らの難民性を証明し善良な外国人として社会の負担とならないように奮闘する現代の難民の姿がある。それに対して、政府に利用される形でイギリスに連れてこられ低賃金の労働を強いられながらも、国家からの特別の保護なしに自力でイギリス社会の中に自らの居場所を作り出したＥＶＷｓ。ＥＶＷｓにとっては、イギリス社会に対して貸しはあっても借りはない。少なくとも、貸し借りはゼロだ。

難民と受け入れ社会との間のそうした意識の上でのバランスシートは、通常の難民受け入れに関する議論においてはあまり注目されていないが、じつのところ難民の主体性にとっては重要な意味をもつ。「お世話になっている」「世話をしてあげている」という相互意識は、それが一方向の関係性として固定化している場合には、お互いの言動を特定の枠組みの中に閉じ込めてしまう。そして少しでもそうした枠組みからはみ出した言動は、不作法なものとして忌み嫌われる。しかも、言動を制限されるのは難民の側だけではない。それが相互意識である限り、難民を受け入れている国民社会の側も保護者意識に縛られ、難民に対する監督者を演ずるようになる。両者の間に自由な交歓は生じてこない。

現代の難民に助けの手を差し伸べているのは、国家というどこまでも抽象的な主体である。そして国家は、国民社会全体を代表しているとされる。すなわち、現代の難民は国家に保護されることによって、国民社会全体に対して負い目を抱えることになるし、しかも相手が目に見えない抽象的な存在であるだけに、いつまで感謝の気持ちを表明し恭順な姿勢を示し続ければよいのかわからない。

国家に対する忠誠がつねに終わりなくエスカレートしてしまうことを、われわれは戦時中の歴史からよく知っている。顔の見える隣人によって支援されるのであれば相手に感謝を示すことも恩返しすることも比較的容易だろうが、目に見えない国家や顔のない国民社会全体に対する感謝や恩返しの場合は、その対象が曖昧であるだけにつねにあらゆる場面で「難民らしい」振る舞いが求められる、その関係性に終わりがないように思われる。そしてしばしば、受け入れ社会で生まれた「二世」までもが、そうした関係に縛られ続けることになる。

ＥＶＷ計画は一見したところ、現代の難民問題においても解決策として用いられる「第三国への再定住」と共通しているように思われるかもしれない。しかし両者の間には、本論の視座からするならば、決定的な断絶がある。日本政府も二〇〇九年からタイのメーラ難民キャンプに滞留するミャンマー難民の受け入れを開始しているが、そのようにして「第三国定住難民」として選別され日本にやって来た難民たちは、日本政府から格別の保護を提供されている。[*6] 他方、ＥＶＷ計画においては、たしかに難民は

＊6　日本における第三国定住政策を論じたものとしては、難民研究フォーラム編『難民研究ジャーナル』（2011 No.1）「特集：第三国定住」を参照。

同じように第三国へと移住しているが、国家による保護など望むべくもなく、むしろその脆弱性の利用を目的として国民社会の只中へ無造作に投げ込まれている。すなわち、一九四〇年代後半ごろには、難民という存在は保護すべき規範的な存在とはまだ見なされておらず、どちらかと言えば、「送還不能となった移民」という消極的位置づけであったと考えられる。

それでは、保護すべき規範的存在としての難民とは、いつ・どのようにして生まれてきたのか。それは冷戦期の産物であったと本論では考える。そのことを次節で論じていく。

難民の定義あれこれ

一九五一年の難民条約における難民の定義が冷戦構造の利害を反映していることは、これまでにも繰り返し指摘されてきた。難民条約においては、東側の共産主義世界から西側の自由主義世界に逃れてくる人々が「難民」であると想定されている。

ここでは、難民条約から始めて、それに対する批判的な議論を検討し、そうした批判の中から提起されてきた新しいより包括的な難民の定義について考察していく。

一九五一年七月にスイスのジュネーヴで開催された「難民と無国籍者の地位に関する国連全権委員会議」において、「難民の地位に関する条約」(いわゆる難民条約)は採択された。その第一条は、難民を次のように定義している。

人種、宗教、国籍もしくは特定の社会集団の構成員であることまたは政治的意見を理由に迫害を受けるおそれがあるという十分に理由のある恐怖を有するために、国籍国の外にいる者であって、その国籍国の保護を受けることができない者またはそのような恐怖を有するためにその国の保護を受けることを望まない者及び、常居所を有していた国の外にいる無国籍者であって、当該常居所を有していた国に帰ることができない者またはそのような恐怖を有するために当該常居所を有していた国に帰ることを望まない者。

国際法学者のジェームス・ハサウェイによれば、上記の難民条約における難民の定義は、次の五つの要素からなっている（ハサウェイ 2008：5–6）。

①国籍国を離れていること
②身の危険が本物であること。主観的にそう思うだけでなく、客観的にも証明可能であること。
③迫害のおそれ。ただし、出身国がそうした迫害に対して保護を提供することができないか、あるいは保護を提供しようとしない場合にかぎる。
④直面している危険が、人種、宗教、国籍、特定の社会的集団への帰属、あるいは政治的意見のうちのいずれか、すなわち市民的・政治的地位に関わる危険であること。
⑤保護を本当に必要としていて、正当な要求であること。

以上の五つの要素を見てもわかるように、難民条約における難民の定義はかなり限定的なものである。

一九五一年当時の国際政治の現実をはっきりと反映している。第二次世界大戦直後までにヨーロッパ世界において人々が日常の具体的な接触を通じて培ってきた難民に対するイメージと、難民条約が定義する難民像との間には大きな懸隔がある。

二〇世紀初頭、第一次世界大戦後に発生した最初の現代的難民とはいわば、無国籍者のことであった（ロシア革命の結果生み出された難民、あるいはアルメニア難民など）。国籍の剝奪などによって出身国による法的 de jure な保護を失い、他国も庇護を提供しようとしないために行き場を失った人々が難民となった。ところが、一九三五年以降になると、ファシズムの脅威にさらされたヨーロッパ世界では、従来のような国家からの法的保護を失った無国籍者ばかりでなく、ファシズムの標的にされ国家からの社会的・政治的保護を事実上 de facto 失ってしまった犠牲者たちも難民として処遇されるようになる。すなわち、国家なき人々 statelessこそが、難民となった。

第二次世界大戦終結後、ファシズムの脅威が過ぎ去ってみると、枢軸国 vs. 反枢軸国というイデオロギーの対立構図は、共産主義陣営 vs. 自由主義陣営という古くて新しいイデオロギーの対立構図に取って代わられた。法的あるいは事実上、国家からの保護を失った人々を難民と捉えてきた従来からの理解は、この新しい図式によって変更を迫られることとなった。

冷戦構造の中から発生してくる難民は、法的な意味でも事実上も国家からの保護を失ったわけではなかった。むしろソ連をはじめとする東側諸国は、西側の避難民キャンプに残された自国民たちの帰国を繰り返し求めていた。にもかかわらず、避難民たちは出身国への帰国を拒んでいた。結果として東西冷戦構造に縛られた国際社会は、共産主義的な国家体制からの保護を拒否し、自由主義的な国家体制からの保護を求める人々を、新たに「難民」と捉えるようになっていった。

二一世紀の現在では、自国の保護は受けたくないからあなたの国で保護してほしい、という要求が容易に受け入れられるとは考えにくい。すぐにも自国へと送り返されてしまうだろう。しかし、東西対立が激しいイデオロギー衝突を起こしていた一九五〇年代当時においては、そうした主張は「難民」であることを証明する十分な条件となっていた。つまりは、国籍国が共産主義の国家体制であるだけで「難民」となることができた。

そこでの難民像は明瞭である。共産主義の全体主義的な政治社会体制に耐えきれなくなった個人が自由を求めて自由主義世界へと逃亡してくる。そうした自由の戦士こそ、「難民」であった。それゆえ上述のハサウェイが挙げていた要素④でも指摘されているように、難民条約には、「難民」であることの条件として、西側自由主義世界が重視していた市民的・政治的権利の迫害に関する規定しか含まれていない。東側共産主義世界が重視していた社会的・経済的権利に関する規定は、「難民」の定義からは除外されている。人権についての立場がイデオロギー的に明らかに偏向している。

このことは難民条約ばかりでなく、一九六六年に採択された国際人権規約に関しても同様の指摘ができる。市民的及び政治的な諸権利を定めた自由権規約（B規約）に関しては、締約国に対して法的な履行義務が課されるが、経済的・社会的及び文化的な諸権利を定めた社会権規約（A規約）については、締約国に最低限の義務しか課していない。そのような社会権は、国内において差別的に配分されてはならないと消極的に規定されているだけで、そうした権利が無差別的に剥奪されている状況はそれ自体としては規約違反とはされていない。すなわち、どこまでも努力目標にすぎないということであった。[*7]

難民の保護とも関わるこうした規約の内容は、人間の尊厳ある暮らしにとって必要不可欠であるはずの社会・経済・文化に関わる諸権利の正当性を認めているにすぎず、必ずしもそうした諸権利は〝善き生〟を実現する手段とはなっていない。難民条約の定義によるならば、社会的・経済的な諸権利を国籍国において無差別的に剝奪され、その国で生きていくのが難しくなってしまった人々が他国に庇護を求めたとしても、彼・彼女らは条約上の「難民」ではなく「経済移民」として処遇されることになる。

条約難民の定義の特徴について、もう一つ別の側面からも指摘しておこう。戦前・戦中までは無国籍であることは難民であることの十分条件であったが、戦後、難民と無国籍者、両者の立場は分岐しはじめる。[*8]

一九五四年に難民条約とは別に「無国籍者の地位に関する議定書」が国連において採択されている。さらに一九六一年には「無国籍者削減に向けた議定書」がそれに続いた。そこでは無国籍者とは、法的 de jure な意味で、すなわち国家の法の枠組みの埒外に置かれた結果国籍を失った人々として定義されている。しかしそのように法的事実として定義されたことによって、国籍を保持することが果たしてどれほどのシチズンシップとしての実効性を伴っているかという、国籍に関する質的な属性は定義から抜け落ちることとなった。

第二次世界大戦中のドイツのユダヤ人の歴史が物語るように、国籍の問題とは法的地位の問題にとどまらない。国民として登録されているかどうかという単純な法的事実には還元できない。現にドイツのユダヤ人たちはドイツ国民として登録されていたが、ドイツ市民としての実質的な権利は剝奪されていた。すなわち、事実上の de facto 無国籍者であった。そこで問われるべきは国籍の中身である。国籍の登録という行政手続き上の問題と、国民として実質的な保護を受けているかという問題との間には隔たりがある。

第一次世界大戦以前には、ヨーロッパにおいて無国籍者という現象はそれほど大きな問題ではなかった。というのも、それまでは、ある土地に居住しているという事実それ自体が、自動的にその居住者と領域との結びつきを保障してくれていた。つまり国家の領域内に居住してさえいれば、誰もがその国の臣民であるとみなされていた。

ところが第一次世界大戦後には、そうした個人と領域との結びつきはもはや自明のものではなくなっていた。領域内に居住しているのにもかかわらず、特定の集団が国籍との結びつきから切り離されるという事態が発生してくる。人民主権の原理が浸透するにつれて、土地への居住という条件に代わって、民族や人種さらには言語といった要素が国籍との結びつきにおいて重要な意味を持ちはじめた。こうして無国籍者は、国籍を奪われた（stateless）ことによって、同時に居場所も失う（displaced）こととなった。すなわち、誰からも保護されることのない難民となった。

しかしながら、第二次世界大戦後に難民の定義が東西冷戦という文脈に位置づけられたことにより、国籍国の国外において実質的な保護を失っているという事実だけでは、もはや「難民」とはみなされな

＊7　現在では、社会権の最低限の保障は国家の「中核的な義務」であり、国家には社会権の充実に向けた「斬新的義務」が課されていると考えられるようになってきた。

＊8　無国籍者の地位の変遷については、Batchelor（1995）を参照。

くなった。そこでは逃避行の理由こそが、難民性の基準となる。つまりは先にも述べたように、東側の共産主義体制から逃れる避難民こそが「難民」となるのであって、ただ単に保護してくれる国家主体が失われているという事実だけでは「難民」とはなれない。無国籍であることはもはや、難民性を審査する上での判断材料の一つにすぎない。結果として、難民条約の定義に当てはまらない無国籍者たちを保護するために無国籍者議定書が必要となったのである。そのようにして、無国籍者であってかつ難民である者と、無国籍者ではあるが難民ではない者との間で地位の違いが生じてくる。

それだけではない。実際にはその両者の間に裂け目が開いていて、そこに落ち込む者たちが多く存在している。つまり、法的な意味での無国籍者ではないが、国民としての実質的な保護が剥奪されている事実上の無国籍者であってしかも条約難民の定義に含まれない人々は、難民条約によってもあるいは無国籍者議定書によっても把捉されず保護されない。そうした存在が、一九六〇年代以降とくに発展途上世界において新しい難民危機を生み出していくことになる。

難民条約における難民の定義は、西側自由主義諸国にとっては都合のよいものであった。東西の人の移動は「鉄のカーテン」によって妨げられていたため、難民移動が大規模な現象となることはなかった。移動してきた個々人の難民性を審査するという条約の建前も機能していた。しかも、東側から逃れてくる避難民を「難民」として処遇することで、東側共産圏を全体主義体制として非難することができた。そのとき難民自身は、迫害の有無をいちいち証立てる必要もない。冷戦イデオロギーが、それを事前に証明してくれている。

ところが発展途上世界では、事情がまったく異なっていた。イデオロギーによってデザインされた条約難民という衣装は、発展途上世界の難民たちにとってはあまりに華美で窮屈であった。国際的に影響力の強い少数の国々の都合に合わせて起草されたルールは、当然のことながら大多数のその他の国々の事情には不釣り合いとなる。にもかかわらず一度正式に採択されると、そのルールは国際的な規範として全締約国を拘束するという、国際政治の矛盾がここにもあらわれた。発展途上地域で発生した難民移動を冷戦イデオロギーに基づいて保護することはできない。そのため、発展途上世界自身による地域的な保護の取り組みが発展していった。[*9]

一九六七年に「難民の地位に関する議定書」が採択されたことによって、難民条約に課されていた地理的・時間的制約は取り除かれ、法的にはヨーロッパ以外の地域で発生した難民も条約難民の範疇に含まれることとなった。[*10] しかし難民の定義自体に変化はないため、発展途上世界における脱植民地化、そして新興国家形成の過程で新たに発生してきた大量の避難民たちは事実上、条約難民の定義からは排除されたままであった。というのも、発展途上世界における避難民の大部分は、冷戦体制によってはっきりと線引きされたヨーロッパ世界のように「迫害のおそれ」から難民移動が引き起こされたというのではなく、戦争、貧困、飢餓、開発、自然災害といったようなより広範な政治・社会的な混乱要因によって難民化しているからである。

＊9　発展途上世界における地域的取り組みについては、Arbcleda（1991）を参照。
＊10　一九五一年の難民条約の難民の定義に付されていた「一九五一年一月一日以前の事件」という限定が取り除かれたことを指す。

それゆえ発展途上世界では、そのような自らの直面する難民危機に対処するために一九六〇年代以降、地域的な取り組みを模索しはじめた。そうした模索は、一九六九年のOAU（アフリカ統一機構）議定書や、中央アメリカでの難民移動に対処する枠組みとしてのカルタヘナ宣言（一九八四年）として結実している。

OAU議定書では、外部からの侵略、占領、外国による支配、さらには秩序の混乱によって国籍国を離れ庇護を求める人々をも難民として認めている。そのためそうした状況にあっては、難民条約で要求されるような「迫害のおそれ」を、庇護申請者自身が証明し正当化する必要はない。つまり、OAU議定書では、迫害だけでなく状況性が難民移動を引き起こすことを認めている。

また中央アメリカにおいても、一九八〇年代にそれまでとは異なる大規模な難民移動が発生した。ラテンアメリカには政治的亡命者に対する庇護の慣習が長らく存続してきたが、八〇年代頃から農村などの地方出身者で民族的にもバラバラの人々が集団で難民化するという、それ以前にはまったく経験したことのなかった新しい事態に見舞われ、地域的な対応を迫られていた。そこでカルタヘナ宣言では、全般的な暴力、内紛、大規模な人権侵害といった表現にまで踏み込んでより広い難民の定義が採用されている。

こうして見てくると確かに、先進自由主義世界と発展途上世界とでは難民の定義がまったく異なっているようにも見える。そして現に、一九八〇年代以降に興隆してきた難民研究という研究分野においても、先進自由主義世界における難民受け入れに関する研究と、発展途上世界における難民危機に関する研究とははっきり分断されている。前者は個々人の人権に関わる問題として論じられるのに対して、後者は人々の生存に関わる人道の問題として開発・援助との関わりの中で論じられてきた。

そのように分岐された状況にもかかわらず両者を同じ「難民」という言葉で表現するためには、難民という存在の再定義が必要となってくるであろう。その結果必然的に、従来の難民条約における定義が批判的に検討されることになる。新しい難民の定義を提唱する論者たちは共通して、難民条約の定義がいかに難民移動の現実とズレているか、いかにしてその定義を脱政治化するか、といった点を再定義の焦点としている。すなわち、東西冷戦の文脈に縛られない形でのより包括的な難民の定義が目指される。

第一章でも触れた、発展途上世界での難民危機を意識してより包括的な難民政策を提唱しているアリスティド・ゾルバーグたちの議論によれば、現代の難民は次の三類型に分類できる（Zolberg, et al. 1989 : 30）。

第一に、「活動家としての難民」がいる。彼ら・彼女らは、反政府的な政治活動に従事してきたがために難民化した。こうした政治的亡命者の場合、大規模な難民移動とはならない。第二に分類されるのが、「標的とされる難民」である。彼ら・彼女らはその不運な出自により迫害の標的とされ難民化した。ある民族の生まれであるとか、ある宗教集団の一員として生まれついたなどという本人の意思ではどうすることもできない理由で迫害を受ける人々である。そして第三に分類されるのが、「単なる犠牲者としての難民」である。彼ら・彼女らは、第二の「標的としての難民」のように特定の出自の下にある個人として狙われ迫害されているわけではない。にもかかわらず、紛争や飢餓や開発などさまざまな理由により自国での生活が不可能になってしまった人々である。

こうした三類型の難民たちを現代の難民危機に照らして道義的に適切に選別するためにゾルバーグた

ちは、従来の難民条約の難民の定義に縛られることなく、「暴力」を指標として難民を定義し直すべきであると主張する。

移動というのは、それが強制されているとき、すなわち何者かによって行使されたか、あるいは状況の副作用によって生じた生命を脅かすような暴力に対する反応として引き起こされる場合に、その移動は、もっとも明らかに非自発的であると言える。*暴力*とは、あからさまで直接的な物理的暴力と、それと同様な脅しの効果を発揮する強制的な状況の両方を含んでいる。*生命*とは、生物学的存在と社会的な存在、さらにはそれらを維持するために必要な基本的な物質的・組織的条件をも含んでいる。生命を脅かすような暴力が眼前に差し迫っていればいるほど、その人は、移民というよりむしろ、より難民に近づく。こうした捉え方は、切迫の度合いという尺度を持ち込むことになる。そのためこうした理解に基づく分類法では、二分法的な分類とはならない。分類は連続的なものとなる。(ibid.: 31 強調は原文ではイタリック)

つまり、暴力を指標として捉えるならば、その移動が非自発的であって本質的に政治的なものかどうかを問うだけでは十分でないことになる。犠牲者の切迫した事情が、自国内において緩和可能であるのか、それとも国外での庇護を必要としているのかどうなのかを視野に入れて考える必要が出てくる。それゆえ難民とは、その者が「国外にいることが、暴力に対する恐怖によって十分に根拠づけられているような人々」のことを指す(ibid.: 33)。

このような難民の定義は発展途上世界の難民が置かれている状況を反映しているばかりでなく、そこには条約難民に染みついた冷戦イデオロギーを脱色するねらいが込められている。難民性をイデオロギー的立場によって明暗として判定するのではなく、どのような政治体制（西側自由主義体制をも含む）であったとしても、暴力の存在するかぎりあらゆる場所に難民性は潜在しているものとみなす。

しかしこうした定義では、暴力と国外への難民移動との関係性は必ずしも明らかではない。暴力が人々を国内に足止めすることも当然に考えられるであろう。つまりこの定義に従うならば、難民性の指標である暴力の切迫の度合いは、安全な国外で測られることになる。安全な環境において身の危険を証し立てるという、移動にまつわる逆説が生まれる。その点、冷戦イデオロギーはわかりやすかった。東側共産主義圏の出身者であれば、それだけで難民として認められる。移動そのものが難民性を立証してくれていた。

ゾルバーグたちの定義が抱える困難はむしろ、冷戦体制崩壊以後の現在、難民条約が直面している運用上の困難に近い。冷戦イデオロギーの政治的な利用価値が失われていくにつれて、西側先進諸国は難民条約の運用を厳格化していくことになる。すなわち、難民認定に際して迫害の有無を精査するようになっていった。庇護申請者たちは、安全な逃亡先で自分の生命に関わるような迫害が存在していることを証明しなくてはならない。もはや国境移動それ自体は何の証拠にもならない。それどころか、そうした移動は疑惑の眼で監視されている。

こうした運用上の実際的な困難を回避するためには、たとえばアンドリュー・シャックノフによる難民の定義が参考になる。シャックノフは、「出身国外にいること」は難民であることの不可欠の要素ではないと主張する。シャックノフは、難民と移動との関係性を次のように概念化している。

> 概念の上では、難民性と国境をまたぐ移動との間には関連性はない。難民性とは、国民とその国土との領域的な関係性ではなく、もっぱら市民と国家との政治的な関係性のことである。難民性とは、保護されていない無国籍の一形態である。(Shacknove 1985：283)

つまりここでのシャックノフの議論を敷衍するならば、難民性を構成している移動というのは、物理的な移動というよりむしろ政治的な次元での移動ということになる。国家による保護が失われるという政治的次元で起こる追放こそが、すべての難民にとっての共通経験となっている。

シャックノフによれば、誰が難民であるかは資格付与の問題ではなく、客観的条件によって決定されるべき性質のものであるとされる。すなわち、そうした地位が与えられたから難民であるというような唯名論的理解ではなく、政治的な次元での追放という客観的な条件によって誰が難民であるかを決定すべきという立場をとる。その上でシャックノフは、難民を次のように定義している。

> 難民とは本質的に、その者の基本的なニーズが出身国によっては保護されておらず、そうしたニーズの補償を国際社会に求めるよりほかによすががなく、しかも国際的な援助が可能な立場に置かれている人々である。(ibid.：277)

ここでのシャックノフの議論においてとくに重要なポイントは、国家との政治的な紐帯を失った者はそれだけで難民となるわけではなく、あくまでも「国際社会の手の届くところにいる」ことではじめてその者は難民となる、という指摘であろう（ibid.：282）。シャックノフはこの興味深い論点についてはこれ以上展開していない。この点に関しては後段であらためて触れることにして、ここではシャックノフの議論のねらいを確認しておこう。

ここでシャックノフが強調しようとしているのは、ＯＡＵ議定書が想定しているような難民移動をめぐる客観的な情勢の変化であろう。難民条約において難民は、出身国の全体主義的な政治体制から逃れるようにして難民化したものと想定されているが、発展途上世界では出身国が自国民を十分に保護できず、その結果難民移動が引き起こされている。つまり、国家の〝強さ〟ではなく、〝弱さ〟が難民を発生させているという認識である。

出身国の統治能力の脆弱さによって人々が大規模に難民化するという新しい事態に直面したことによって、難民の定義はより包括的なものへと拡張されていった。しかしそのような定義の拡張は、それまでの難民条約の定義の狭隘さへの批判という観点からだけでは説明し尽くせない。たしかに難民条約に対する批判によって、難民の定義に染みついたイデオロギー的色彩は脱色されたであろう。しかし、イデオロギー対立以上に根源的な難民に対する実体的な認識は、そうした批判の中にも生き続けている。すなわち、本章の最初に論じた難民存在に対する驚きは隠されたままとなっている。コーロッパ以外にも当然難民はいるし、だからこそ難民保護を拡張していかなくてはならない、とほとんど無反省に観念されている。

本論では、難民存在に対する原初的な驚きを再生させたい。そのためには、難民条約へと原理的な仕方で立ち返る必要がある。国家の〝強さ〟が難民移動を発生させるとはどういった事態であったのか、を再考する必要がある。

ヴァルネラブルな存在としての難民

難民条約における難民の定義は、冷戦のイデオロギー対立から単純に演繹されるものではない。より根源的な問題として、二度の世界大戦という未曾有の経験がなければ、あのような定義が受け入れられることはなかったであろう。〝強さ〟が難民を生み出すという心理は、戦争体験に直接的に根ざしている。

戦前と戦後の間に見られる心理的な断絶は、たとえば戦後を代表する自由主義者であるアイザィア・バーリンの思想によくあらわれている。バーリンによれば、西洋における自由の概念は近代以降、合理主義的な啓蒙プロジェクトと結びつくことによって、自由の名のもとに精神に服従を強制する倒錯した理性至上主義へと行きついた。理性の命令に従うことこそがすなわち自由の実現であるという、カントの「定言命法」に基づく自由観は、国家権力が肥大化した二〇世紀以降の西洋世界にあっては、国家主義やナショナリズムと一体化することによって個々人のリベラルな権利に対する明白な脅威となっていった。そうした「積極的」な自由観は、最終的には、人民と権威との不可分な結合を強調するファシズムや共産主義といった全体主義的政治体制を生み出し、自由の観念そのものを消滅させてしまった（バーリン 1997）。

こうした経験から、戦後のリベラリズムは防衛的な性格へと変質していった。共産主義との対決という局面においてそうであったばかりではない。自由という価値はもはや、往年の力強さを失ってしまった。総力戦として戦われた二つの世界大戦は、国家による国民の総動員を体制化していった。その過程で人々はいとも容易く個人の自由を手放し、国家が与えてくれるより壮大な解放の物語に自己を埋没させていった。国家と一体化することこそが自己実現の道であるとされ、一九世紀的な自由を主張する個人は「非国民」扱いを受けるまでになった。

こうしてバーリンは、公的な領域で自由の実現を図ろうとする「積極的自由」の危険性を言い立て、それに対して個人の私的な自由の領域を擁護する「消極的自由」の重要性を強調したのであった。自由主義者たちの心理にも、戦争体験が暗い影を投げかけていた。

バーリンに代表されるような戦後のリベラリズムが擁護しようとした自由とは、他者による干渉からの自由であった。そこには、自由な人間主体の力強さへの確信はなく、むしろ自由を持て余し強大な他者の意思に自己を簡単に委ねてしまう人間存在の弱さへの強い警戒が見られる。それゆえそこでは、自ら統治主体となるべく主体的に働きかける自由な行為者などは幻想であって、せいぜいのところ、外から干渉されることなくプライベートな世界に閉じこもる自由が保障されているにすぎない。それは、自由と呼ぶにはあまりにも孤独で貧相な内容に思われる。こうした事態の成り行きを反対から見るならば、戦後直後における人間的価値一般の低落、歴史に対する失望、人間性を脅かす極端な暴力の存在を思い知らされる。

すなわち、戦後のリベラリズムが想定する個人というのは、これまでにないほどヴァルネラブルな存在であると言える。ヴァルネラブルな身体とは、暴力を誘発しやすい身体である。それは、人間性を根こそぎ破壊するような暴力を潜り抜けた歴史的身体である。戦後リベラリズムの身体とは、国家に全人格を徴用される身体であり、また同時に、絶滅収容所に送り込まれ無差別爆撃にさらされ放射能に染色体を貫かれる身体でもある。そして東西冷戦構造とは、そのような身体の位置の延長としてあった。

現代の難民が象徴しているのも、そうしたヴァルネラブルな個人のあり様であろう。一個人という存在は、かつてフランス人権宣言が謳い上げたような自律した主体ではありえない。中央集権化を進める近代国家が誕生し資本主義経済が台頭してきて以降、一個人は、絶えず強大な暴力に取り囲まれ脅かされている。それゆえ、保護が必要となる。この世界において保護を失った難民は当然、剝き出しの危険に直面させられる。

そうした寄る辺ない個人の姿というのは、二つの世界大戦を経験した人類にとっての生の実感として共有されていた。戦後の西側自由主義世界が高度経済成長を果たす過程で軒並み福祉国家化していったのも、共産主義陣営への対抗という戦略的理由ばかりではない。むしろ、戦争で剝き出しとなったヴァルネラブルな人間の生存を実質化するという人類共通の課題への対応であったと考えられる。

さらに冷戦体制下においては、軍事力において突出した米ソの二大勢力によって各国の安全保障体制は規定されていたため、日本をはじめとする西側自由主義各国は外交上の政策オプションをほとんど持っていなかった。結果として各国は、内政重視の国家運営を余儀なくされた。安全保障関連の予算を国内問題へと割り当てることにより、国内の資本主義的階級問題は先鋭化することなく高成長が維持され、福祉国家化に拍車がかかっていった。戦時中は国家総動員体制によって国民の全生活を根こそぎ駆り出した国家権力が、戦後は逆に、ヴァルネラブルな身体を保護するための総動員体制として再編されていった（山之内 2015）。

こうした歴史的文脈の中に戦後の難民も位置づけられることになる。東側の全体主義体制の暴力的な支配によって剝き出しにされたヴァルネラブルな身体は、豊かな西側自由主義世界で保護されることで人間的な暮らしを回復していく。多分にイデオロギー的に粉飾されたそうした難民イメージはしかし、戦後の人々の生活実感を反映したものでもあった。

そのようにして戦後の難民は、驚くべき存在であることを止め、人々の想像の中に安定的なイメージとして定着していった。

さらに、一九七〇年代以降に今度は、出身国の統治能力の〝弱さ〟から発生した発展途上世界における新たな難民移動においても、難民という存在のヴァルネラブルなあり様に変わりはなかった。つまり、難民の定義がどれほど包括的に拡張されたとしても、戦後リベラリズムに基づいた人間観は一貫しているということである。そうした人間観が根底にあるからこそ、シャックノフが論じていたように、難民であるか否かを客観的諸条件によって判定可能であると前提できる。保護なしに人間は生きられない。それゆえ、保護のための諸条件を欠いた存在が難民となる。すなわち難民とは、何よりも先に、そのようなリベラリスト的想像力の中で実在しているということであろう。[*11]

＊11　学術研究分野としての「難民研究」においても前提とされている「リベラルな難民観」の問題点を論じたものとしては、山岡（2018）を参照。

それが人間の全生活を脅かす強力な全体主義的政治体制であろうと、あるいは国民に保護を提供することのできない脆弱な国家体制であろうと、そのような状況に置かれた人間存在はヴァルネラブルな存在として暴力を誘発している。その意味で、かつてハンナ・アーレントが洞察していたように、難民という存在は「殺人の挑発に等しい」（アーレント 1981(2)：289）。難民に対する驚きとは、人間存在がここまで脆弱なものとされてしまったことに対する驚きである。

だからこそ二〇世紀の初頭の段階では、難民たちは、自身の脆弱性が目につかないように他の移動の中に紛れ込もうとした。そして第二次世界大戦直後のＥＶＷ計画においては、その脆弱性をイギリス政府によって利用されているが、実質的には労働移民としての移動であったことで脆弱性を克服する可能性が逆説的に開かれることにもなった。

しかし東西冷戦体制の下で制度化された難民保護レジームにおいては、難民は自身の脆弱性をもはや隠す必要はない。むしろ、それこそが保護への道を切り開いてくれる。難民支援に携わる組織や団体も、難民キャンプに滞留する無力な難民のイメージを繰り返し振りまくことで、国際社会からの支援を引き出そうとする。そして保護実践の範囲がヨーロッパ世界からグローバルに拡大していくに従って、難民の脆弱性も自明のものとなり保護すべき対象の範囲も広がっていく。従来の難民研究において難民条約の狭隘さが批判され定義の拡張が主張されるのも、そうした流れの中で起きてくる。

難民とは無力で保護を必要とした存在である、という難民保護レジームの中で固定化した難民イメージは、いくつもの重要な問いを封じ込めてしまう。難民とは歴史上つねに無力な存在であったのか、難民をここまで無力な存在としている根本原因とは何か、そもそも難民は本当に無力なのか、等々。

本章で論じてきたように、難民の定義をめぐる議論というのは、難民条約に染みついた冷戦イデオロギーを批判しながらも、結局のところ、難民とは保護を必要とした脆弱な存在であるとする難民イメージを引き継ぎ、そのイメージを実体化している。現代世界に生きるわれわれにとって難民という存在は、もはや驚くべきものでも何でもない。歴史的普遍現象であるかのようにそれを観念している。その上で、保護の必要性やその限界が声高に議論される。

先に触れたシャックノフによる難民の定義にあったように、難民は国際社会の保護の手が届くところまで逃れてこなければならない。そして難民保護レジームは、その保護の手をできるだけ遠くまで伸ばそうとしてきたと言える。それと同時にシャックノフの定義は、まだまだそうした保護の手が届かない場所に保護を必要とする難民が潜在していることを暗示している。保護を待つ無力な難民は、この世界に偏在している。それは、難民支援の現場に関わる支援者や研究者が共通して抱えている思いでもあるだろう。

しかしまずは、われわれ自身のそうした難民に対する認識を問い直す必要があるのではないか。二〇世紀初頭にはあれほど驚くべき存在であった難民が、現代世界では当たり前の現象として受け入れられてしまっている。そうしたわれわれ自身の認識の変容こそが、難民問題の核心には隠されている。

第一次世界大戦後に生じてきた難民という前代未聞の存在に、その当時のヨーロッパの人々が感じた戸惑いとは、自己に対する戸惑いであったとも言える。昨日まで隣人であったはずの人々が、今日は無国籍者とされてしまった。そして明日には長年住み慣れた家を追われてここを立ち去っていく。彼ら・彼女らの存在は、私たちの世界から失われてしまった。そのとき、自分自身の一部分が切り離されたような戸惑いや痛みを覚えるのではないだろうか。彼ら・彼女らと私たちとの間に実体的な違いがあるなどとは考えたこともなかった。ところがいまや、彼ら・彼女らは難民で、私たちは国民。彼我の立場の隔たりは想像を絶するものとなった。

この「難民創世記」こそは、私たちと難民とのつながりを物語るものであろう。しかしそれから半世紀あまりで、そのつながりは忘れ去られ、私たちは難民を保護する立場にすっかりなじんでしまった。両者の隔たりは自然化されてしまった。変わったのは難民の側ではない。難民を見る私たちの側の眼差しが変化したのである。

次章では、そうしたわれわれ自身の認識の変容を「移民」と「難民」の区別という観点から考察していく。

第三章 「移民状況」／「難民状況」

移動の余地を分け合う

移民と違って難民に保護が必要であるのは、難民が出身国による保護を失っているからである。移民に特別な保護が必要でないのは、移民には保護してくれる出身国が存在しているからである。

ここにおいて、両者の立場が分岐している、ように見える。

つまりは、移民と難民との区別は、その出身国との関係性の違いに由来しているように見える。しかし、そうした理由づけは後づけにすぎない。じつのところ、移民と難民との区別を生み出しているのは、移民・難民とその受け入れ国との関係性の方である。どういうことか。

受け入れ国における国家‐国民関係が、移民・難民という存在に押し付けられている。すべての人間はどこかの国の国民でなければならず、国家は自国民の面倒を見なければならないとされている。そうした規範を国境を越えて移動する人々に当てはめたとき、保護を必要とする人々とそうではない人々、という区別が生まれる。

そして、難民に対する保護は、国民に対する保護の〝余力〟として行われることになるし、移民に対する扱いはぞんざいでかまわないことになる。両者を区別する理由を出身国に求めることで、受け入れ国は自分たちのそのような倫理的に疑わしい行為を正当化している。

しかし、国際的な人の移動の歴史を振り返ればすぐにも気がつくように、移民・難民の区別は列強国の都合から作り出されてきた。たとえば、第二次世界大戦後までのアメリカ合衆国は、移民と難民という区別を必要としていなかった。というよりも、米国の建国の理念そのものが「ピルグリム・ファーザーズ」の物語に遡るように、亡命者たちが自由を求めて大西洋を渡ってきたことで米国が誕生したのだとされる。その意味では、難民アイデンティティこそが米国を作り上げたと言える。それゆえ当然、難民も移民も区別なく同一の枠組みで受け入れを行っていた。一九世紀末以降、反移民感情が高まってきたことにより徐々に連邦政府による移民の受け入れ制限が強まっていくが、一九二一年と一九二四年の移民法（後者の移民法が、いわゆる「排日移民法」）においては出身国別に移民枠があらかじめ割り当てられていて、その枠内にあるかぎり移民・難民を問わず受け入れていく方針がとられていた。第二次世界大戦中に多くのユダヤ人亡命者が米国を目指したのは、そのような受け入れ枠が存在していたからである。[*1]

ヨーロッパ各国が第一次世界大戦以後に国民国家化していった結果、国民以外の存在を受け入れる余地がヨーロッパ大陸に失われていった。そのとき、移民による国家形成を行っていたアメリカ大陸にはまだ移民を受け入れる余地が残っていた。そうした余地があるかぎり、移民であるか難民であるかは問題とはならないであろう。

こうした歴史からもわかるように、移民と難民との区別の必要が生じてくるのは、移住先の受け入れ国の側に限界が訪れるそのときである。

帝国主義的な植民地拡大が可能であった時代には、過剰人口は植民地へと送り込むことができた。送り出す過剰人口はどのような人間であってもかまわない。経済的成功を求める移民であろうと、民族的な少数者であろうと、世界の広さを夢見る冒険家であろうと、重罪を犯した犯罪者であろうと、帝国主義の世界は誰かれの区別なく飲み込んでいった。しかし地球上に新たなフロンティアが尽きてしまい、球体として閉じてしまったとき、人の移動は制限されなくてはならなくなった。制限されるということは、移動に優先順位がつけられるということを意味した。難民に象徴されるような帰る場所のない退路を断たれた移動は、その他の移動と区別されて優先されなければならない。こうして移動の余地はいまや、人類皆で分け合わなくてはならない貴重な財となっていった。

しかし不公平なことに、そうした財を再配分する権限の多くは、旧宗主国の手に握られてしまった。世界を帝国主義によって窒息させた張本人が、旧植民地であった国々に対して難民発生の責任を説教して回っている。

＊1　そのとき受け入れられた人々のほとんどが、芸術、建築、数学、物理学、心理学、精神医学、政治哲学、文学といった分野の知識人亡命者たちであった。そのような亡命者によって受け入れの定員が満たされてしまったため、逃亡先を求めるユダヤ人の中には、遠く上海への移動を試みる者たちもいた。というのも、その当時の上海は、ユダヤ人がビザなしで入国できる場所であり、しかも多国籍化した租界にはユダヤ人にとっても生存のチャンスが残されていたからである（榎本 2009）。しかし、その他の大勢の一般のユダヤ人たちは絶滅収容所以外の行き先を失ってしまった。

移民と難民を区別して真の難民を保護すべきだ、という一見したところ非難すべきところのないヒューマニズム的表明も、受け入れ国である先進各国のご都合主義的なスローガンに聞こえてくる。

ここで言いたいのは、移民・難民研究でしばしば指摘されるような、実態として移民と難民とを区別することなどできない、すなわち、人の移動の原因は複合的であって、移民の中にも難民性が含まれていることもあるであろうし、反対に難民の中にも移民のような経済的動機が含まれている場合もある、という類の話ではない。たしかに現実的に考えて、そのような実体的な区別などできないことは明らかである。

にもかかわらず、たとえば現在、移民・難民問題に揺れるヨーロッパにおいて、誰をどこの国がどの程度保護すべきなのかが盛んに議論されている。左右の政治的な立場によってその受け入れ規模に差はあるだろうが、保護すべき人々とそうでない人々の区別がある、という前提は共有されている。

ここで本書が問い直しているのは、そうした前提である。そうした前提が成り立つのは、国家による国民の保護という考え方が規範化している世界以外にはありえない。そのような考え方が通用していない世界では、移民と難民を区別する意味がない。そして、前章でも論じたように、国家による国民の保護は、東西冷戦期に確立した福祉国家というシステムの中で制度化されますます充実していった。その結果、国家にとって難民保護のハードルもいよいよ高くなっていった。難民への保護が手厚くなればなるほど、当然のことながら、難民認定への道は狭まっていく。結果として、移民と難民との区別の必要性が高まる。

だから、移民や難民を受け入れる国民国家の側の本音としては、移民と難民とが実際に実体的に区別できるかどうかは問題ではない。その必要性があるから区別するだけである。ゆえに、移民・難民研究者たちが国家の移民・難民政策に対してしばしば行っている批判は、じつは批判としては機能しない。というのも、現場の政策当局者や難民審査官などが一番よくそうした実態を知っているし、区別が便宜的なものにすぎないこともわかっているからだ。「国家理性」が区別を求めているかぎり、移民と難民とは線引きされざるをえない。

日本政府が行っているように難民の範囲を極端に限定的なものとしてしまって、残りを移民として区別できれば、移民には特別な保護も必要ないため、都合が悪ければ「不法」というレッテルを貼り付けて身柄を拘束して収監したり出身国へと強制送還することも自在となる。[*2]

前章で論じたように、誰が移民であって誰が難民であるか、を定義しようとする試みは、両義的な働きをするであろう。一方において、そのような定義を制度化することで人々の人権が守られるという側面がある。難民の定義を拡張することで、これまで保護されてこなかった人々にも保護を提供できるようになる。しかし他方で、定義することは線引きすることでもある。そして線引きを求めているのは、上述したように、移民や難民自身というよりは、受け入れ国家の側である。線引きの論理を認めてしま

＊2　日本政府の公式の立場としては、日本は「移民」の受け入れは行っていない。しかしそこで言う「移民」とは、低賃金の単純労働者のことであって、実質的には年々外国人の「永住者」は増え続けている。しかも、二〇一九年四月からは「特定技能」という新たな在留資格によって、多分野での外国人労働力受け入れがスタートした。今後、日本の「移民国家化」はますます加速化するであろう。

ったことで、そのとき同時にわれわれは、国民国家という政治体制を規範として承認することにもなる。この世界に難民が生み出されてくることは、驚くべきことでもなんでもなく、仕方のないことになる。

こうして、難民という存在と国民国家というシステムが規範的に受け入れられたところに、「難民研究」という学問分野も誕生してくる。次に、難民研究の成立と発展の過程を見ていく。難民研究は何を自らの学問的テーマとしてきたのか、そしてそれをどのように論じてきたのかを明らかにすることで、難民移動が学的対象となるという事態について考察していく。

難民研究の成立と発展

第二次世界大戦後、難民に関する学術研究は、戦後のヨーロッパにおける難民発生状況について個別具体的な調査研究として行われることはあったが、それが一つの学問分野を形成するということはなかった。というのも、戦後ヨーロッパにおける難民危機は、難民条約の成立やUNHCRなどの国際機関の働きによって一九六〇年代の後半には終息に向かっていったこともあって、難民移動が永続的な大きな問題であるとは国際的に認識されていなかったからである。もちろん、その時期に発生した難民はヨーロッパ難民だけではないし、すでに難民移動は世界的な現象となっていたのだが、ともかくも冷戦構造の枠組みに支えられて難民保護レジームが機能したことにより、難民問題が先鋭化し現在のように長期化することはなかった。

そうした状況に変化が訪れたのが、一九七〇年代頃である。アフリカをはじめとする発展途上地域において、これまでとは違う大規模な難民移動が次々と発生し、戦後に確立した〝ヨーロッパ仕様〟の難民保護レジームではそうした新しい事態に対処できないことが徐々に明らかとなってきた。ここにおいて、難民移動の原因を追究し何よりもそれを解決することを目指して、「難民研究」という学問分野が形成されてくる。[*3] そのような難民研究の出自からもわかるように、難民研究では問題解決を目的とした政策研究が中心的となっていく。

一九八一年の*International Migration Review* Vol.15において「現代の難民」という特集が組まれたことを皮切りにして、以後、難民研究は学問領域としての体系化の道を歩みはじめる。一九八三年にオックスフォード大学に難民研究プログラム（二〇〇〇年以降は、「難民研究所」となる）が開設され、一九八八年には難民研究の専門ジャーナルとして*Journal of Refugee Studies*が刊行されている。このようにして、難民支援という現場から自立した、研究のための制度的基盤が国際的に整備されていった。

一九八一年のＩＭＲ「現代の難民」特集号においては、難民研究の体系化の必要性がとくに強調されている。同持集号によれば、それ以前の難民に関する研究のほとんどは、体系的な分析や調査研究の積み重ねを行ってこなかったために、難民移動の個別的な危機が発生するたびに場当たり的な対応に終始してきた。難民に関する調査研究というのは、明確に分類できるわけではなく研究領域もあらかじめ設定することが難しい。そのため、難民問題に対してこれまであまり学問的な関心が寄せられることもなかった。難民研究のための入門的なテキストなど存在していないし、理論的な枠組みも出来上がっていない。データの収集も体系的なものではなく、対象や分野に関する明確な定義もなされていない。難民

＊3　難民研究の研究史を整理したものとしては、たとえば、墓田他編（2014：8–22）を参照。

支援の現場においても、経験全体から学び取り知識を集積するといった作業はほとんどなされてこなかった。難民移動に関する原因究明を行うこともできず、また行おうともされてこなかったために、せっかくの調査も現象の兆候を指摘するだけの一時的な緩和策の提示にとどまっていた。すなわち、IMR特集号では、難民研究の「未熟さ」以前の「不在」が問題視されている。

そうした現状にあってIMR特集号は、「難民体験といったものが存在するということ、そしてそうした体験が難民特有の行動といったものを生み出すということ」を難民研究にアプローチする基本的な視座としている。「そうした視点に立つならば、難民とは、ある社会心理学的な典型とみなされるであろう。その行動は、特定の要因に規定されて社会的にパターン化されている」(Stein and Tomasi 1981：6)。

同特集号においては、難民研究の量的な拡大が主張されているだけではない。むしろそこで強調されているのは、

新しい思考を喚起することであり、難民体験一般に見られる一貫性やパターンに焦点を当てた包括的、歴史的、学際的、かつ比較を伴った観点を推進することである。そして理想としては、そうした研究こそが、難民研究という新しい分野の基礎を打ち立て、概念を明確化し、問われるべき問いを正確に提起し、さらには調査研究のスケールと重要性を定義すべきである。そこでの最終的な目的は、新しい知の体系を発展させ、既存の計画を分類評価し、そしておそらく最も重要なこととして、政策立案者や政策実行者のための制度的な記憶を確立することでなければならない。(ibid.：

6-7)

ここでの目的にもあらわれているように、難民という存在はある特有な経験によって形づくられるものと考えられている。つまり、それ以外の人の移動から識別可能な特徴によって「難民体験」が形成される。だからこそ、難民という存在だけを取り出して対象化することもできる。

しかしここでは、原因と結果を取り違えてはいないだろうか。「難民体験」といった特定の経験パターンを対象化する必要を作り出しているのは、難民を取り囲む状況そのものであるという事実がそこでは等閑視されている。状況なしにそのような必要はそもそも生じてこない。体験ということで言うならば、ほとんどあらゆる体験は特殊であって、同時に他の体験との間に共通性を見い出すこともできるだろう。「難民体験」だけが特殊で注目に値するから学的対象となったのではない。「難民体験」といったかたちで経験パターンを取りだすことを可能とする状況が成立していてはじめて、「難民体験」は探求の対象たりえる。

もう一度、ＩＭＲ特集号の目的を見てみよう。難民という存在にばかり関心が集中していることがわかる。難民を難民として存在させている状況は問われることなく、難民の行動様式だけが取りだされている。しかし実際のところは、状況こそが、難民移動と他の移動との区別を促しているのである。同特集号では、その催促に従順に従っているように見える。その意味で、難民研究が「体制の学」として出発したことは明らかであろう。

それでは、「難民体験」への注目を、それと同時に難民研究を可能にした状況とは、どのような状況であったのか。それは、取りだされた難民像から遡って類推することができる。塑像された形から、そこに加えられた力のあり様を想像してみよう。

一九八〇年代以降の難民は、どのように描写されているだろうか。ＩＭＲ特集号では巻頭において、現代の難民を「地球規模」で「予測不可能な」かたちで発生しているが、「悲惨な境遇にある」ことは以前と変わらない、と表現している（ibid.：5）。ここでは、戦後ヨーロッパにおける難民危機との接続面と切断面とが同時に見てとれるであろう。

第二次世界大戦後の冷戦下のヨーロッパでの難民危機と、難民研究が認識する一九八〇年代以降の「地球規模」でのあたらしい難民危機は、難民の境遇ということに関して言うならば、どちらも危機的で「悲惨な境遇にある」。すなわち、前章で詳しく論じたように、難民という存在はつねにヴェルネラブルなものとして想像されているということである。難民は一切の権利と保護を奪われて生命の危機に直面している。それはつまり、乾いた大地が降り注ぐ雨を貪欲に吸い込むように、難民とは、あらゆる権利と保護を喜んで享受する存在であることを意味している。難民は、危険に対して脆弱でなければならない。

他方、「予測不可能な」という形容は、難民自身の感慨ではない。難民にとっては事態の成り行きはいつだって当然予測不可能なものに違いないが、ここで「予測不可能な」という不吉な思いに囚われているのは、難民を保護する側である。「鉄のカーテン」で仕切られた東西冷戦体制下のヨーロッパにおける難民移動とは違い、一九八〇年代以降の難民の動きは、一方向の自明のものではなくなった。難民がどこで発生しどちらの方向に向かって移動するのか見当がつかない。そのため、心の準備もできていない。すなわち、難民自身ではなく、難民を受け入れる側にとっての状況の変化が起こっていると言える。

また、「地球規模」で難民が発生しているという認識は、人の移動自体がグローバル化してきているという認識と重なっている。もちろん国際的な人の移動は、それ以前にもグローバルなものであった。とくに帝国主義列強による植民地拡大は多様な人の移動を促した。[*4] にもかかわらず、人の移動のグローバル化が人々に「問題」として認識されるようになるのは、移動先の限界が意識されるようになって以降である。移動がスムーズに行われているかぎり、移動そのものを意識化する必要はない。しかし移動先に限界が訪れ、それぞれの移動形態が差異化されるようになると、移動は問題化することになる。

一九七〇年代以降、発展途上世界においても次々と新たな主権国家が誕生し、地球全体が国民国家の原理によって分割されたことによって、多くの移動が主権を帯びた国境線を越える移動とならざるをえなくなっていった。結果としてそうした移動は、主権の眼によって監視されるようになる。つまりは、移動そのもののあり様が変化したというよりは、移動上の地図が書き変えられたことを意味する。それゆえ難民が「地球規模」で発生しているということを問題視する認識は、難民の移動に限界が訪れていることの証左となる。

紛争や迫害や災害や貧困を逃れて移動する避難民は、いつの時代でもどんな場所でも発生していたこ

＊4　帝国主義的な人の移動プロセスにおいては、近代日本もその渦中にあった。近現代の日本人の境界を越える移動が日本国家をめぐる政治秩序にいかなる影響を与えたのかを詳細に論じたものとして、塩出（2015）がある。

とであろう。つまりは、「地球規模」の現象である。しかしそうした当たり前の事実をことさらに言い立てるようになるのは、移動先に限界が生じたからにほかならない。ほぼ同時代的に「成長の限界」ということが科学者たちによって提起され、資源の枯渇、人口爆発、環境破壊が問題視されはじめたのと同様に、人類が宇宙空間へと飛び出したまさにそのとき、地球そのものの限界が意識されるようになっていった。いまや地球は、人類の住処としては狭すぎる一惑星と化してしまった。

現代の難民の特徴として、その量的な拡大がたびたび指摘されるが、それもまた、地球規模での移動先の限界と相関している。脱植民地化そして新興国家設立に伴う発展途上世界での難民発生によって難民移動の規模が拡大しているわけだが、それは避難民の多くが行き場を失っていることを意味している。すなわち、行き場があるかぎりは、それは「難民発生」とはならないはずである。それゆえ、量的な拡大といった論調も、額面通りに受け取ることはできない。なぜなら、それ以前には難民のいない世界であった発展途上地域に突然大量の難民が発生したなどという話は、どう考えても荒唐無稽であって、避難民はそれ以前にも当然のことながら地域の中で幾度も発生していたはずである。そうした脱植民地化以前の避難民には行き先があったから、難民化しなかったまでである。

つまり、難民の量的な拡大というのは、人の移動に関する地政学の変容を意味している。第一次世界大戦後のヨーロッパにおいて最初に現代的な意味での難民問題が発生したのは、難民発生の地政学的条件としての国家―国民関係がすでにヨーロッパ世界に成立していたからである。ヨーロッパ世界においてはもはや、避難民はその他の移民の中に紛れ込むことはできなくなっていた。差異化され難民として現象化せざるをえなくなっていた。そうした地政学的条件は、脱植民地化後の発展途上地域にも移植された。そのため正確に言うならば、難民の数が量的に拡大したというよりも、難民発生の存在論的根拠がグローバルに確立されたことによって、新たな難民が（ヨーロッパの外部で）析出されたということになる。

難民研究の必要性を促してきた難民危機という現象は、そのような歴史的文脈抜きには論ずることができないはずであろう。にもかかわらず、難民研究は難民危機だけを現象として取り出して議論を展開させていった。そしてその結果として形成される「政策立案者や政策実行者のための制度的な記憶」というのは、難民危機を実体化する働きをしてきたと考えられる。

難民と移民とを区別する必要性とは、じつのところ体制の要請にすぎないわけだが、難民研究はそうした区別を研究分野にとっての存在根拠として保持している。そして現代のわれわれは、そうした区別を簡単には廃棄できない状況に生きている。「制度的な記憶」が、それほどまでに積み重なり私たちの認識を拘束しているということであろう。

しかし大切なのは、そうした区別を無視するということではなく、区別そのものをいかにして思考の対象としていくのかという点にある。区別をナマのままに実体として受け取らないためには、区別が実体化されていった過程を分析するという方法が有効と考えられる。難民研究は、その出発点から以後、どのように展開していったのか。それを追跡してみる。

一九八三年に設立されたオックスフォード大学・クイーン・エリザベス校の難民研究プログラムが一九八八年以降、*Journal of Refugee Studies*という難民研究専門ジャーナルを刊行しはじめたことは先にも触れた。ＪＲＳは以後、難民研究の中心的なジャーナルへと成長していった。創刊にあたって初代編集長のロジャー・ゼッターは、難民研究の目的を新しく設定し直している。

まず特徴的なこととして、一九八一年のＩＭＲ特集号の時点では特殊な体験の束として取り出し可能であると考えられていた難民という存在が、一九八八年のゼッターの議論においては、一つの標識labelとして捉え返されている。「『難民』という標識は、一つの地位を定型化すると同時に制度化している」（Zetter 1988a : 1）。

難民とは標識であるという認識は、存在と名辞との複雑なすれ違いを含意している。難民という標識には人道主義的な響きが含まれており、実際にはしばしば制度的な依存を生み出すことにもなる。それによって、受け入れ国の主権や難民の自立が脅かされることもある。ゼッターの議論では、難民という標識が事態を強力に指導していく状況が認識されている。

さらに、難民を標識として捉え返すという視点は、新しい難民研究の方向性を示唆するものでもある。それは、研究の独立性・中立性を確保するという方向性である。政策分析や事業プログラムの評価といった政策当局サイドの要求に応えるかたちで発展してきた従来の難民研究においては、援助と研究との線引きがしばしば曖昧なものとなっていた。そのため難民研究者が調査研究を行う際にも、データ提供を政策当局者に依存するという関係性が当然に生じてくることとなった。研究調査、出版、研究発表などにおけるこうした依存関係からの脱却も、ＪＲＳ発刊の目的に掲げられている。

ＩＭＲ特集号が難民研究の体系化の必要性を主張した段階から、ＪＲＳ創刊号では研究の独立性・中立性の主張へと目的を進展させている。それと同時に、難民を標識として捉えるという視座にも表れているように、難民の存在そのものを実体的に取りだして論じるという志向は後退していき、むしろ体制の要求に研究が引きずられる危険性が意識されるようになっている。

ＩＭＲ特集号が「難民体験」というかたちで積極的に難民像を描き出そうとしたのとは対照的に、ゼッターは、難民研究が対象とする人の移動を消極的なかたちで限定するにとどめている。第一に、自発的な自由意思による移動パターンは難民研究の課題には含まれないということ、第二に、強制移動という文脈において言うならば、「難民」という標識には、条約難民には当てはまらないが住む場所を失った非追放者displaced personや、難民としての地位を申請しているがいまだその法的地位が認められていない庇護申請者asylum seekerも含まれていることが確認された（Ibid.：5）。そして「難民体験」という問題について言えば、ＪＲＳでは難民キャンプや受け入れ国先で生活する難民自身の声を取り入れることを重視している。それは、標識に左右されない難民像を保持するための試みであるとも言える。

こうしたゼッターの議論の背景には、一九八〇年代後半における難民をめぐる状況の変化があったと考えられる。ゼッターによれば八〇年代以降、相当規模の難民が自発的に出身国へと帰還するという可能性が現実味を帯びはじめた。従来の冷戦体制下での東側から西側への難民移動の場合、難民の帰国などはまったく想定されていなかった。そうであるからこそ、従来の議論では、難民発生の原因や難民のアイデンティティをめぐる議論などは低調であったと言える。というのも、難民が帰国することがないのであれば、難民発生以後の出身国の状況の変化を論じる必要もないし、帰国する者、庇護国に残った者、もともと出身国にとどまりつづけた者、といった選択の違いから生じるアイデンティティの差異に注目する必要もないことになる。しかしもし帰国が可能となるならば、一九八〇年代以降に出てきた難民発生の根本原因を明らかにする議論においても、発生以後の状況をも射程に含めた立論が求められるであろうし、難民のアイデンティティに関しても、従来のように「難民体験」といった粗雑な一般化は通用しないことになるであろう。

私たちは、初発の、継続的な、そして危機が生じる以前の諸原因と、同じく処理しがたい追放以後の諸結果とを慎重に区別する必要がある。こうした区別は、大規模な自発的帰還が可能であるような場合にはとりわけ重要であるように思われる。(Zetter 1988b：100)

国連を中心として一九八〇年代以降に顕著となってきた難民発生の根本原因を根絶するという議論は、難民移動を抑え込むことに重点が置かれていたため、難民発生以後、発生国の根本原因にどのような変化が起こるのかということについては、必ずしも十分な注意が払われてこなかった。しかしゼッターによれば、そうした変化のあり様は難民の自発的帰還という可能性を考慮に入れた場合には決定的な意味を持つことになる。というのも当然のことながら、難民が発生する以前と以後とでは当該コミュニティーの構成も変容しているはずだからだ。その意味で、「根本原因root causes」という用語は、「分析ツールとしてもまたは政策立案の基礎としても、不正確かつ不案内である。発生前か発生後か、すなわち危機以前か危機以後か、という因果関係の二段階モデルの方がより適切であるように思われる」(Ibid.：101)。

このように難民研究における議論は、難民そのものの分析から難民をめぐる情勢の分析へと方向をシフトしている。しかしそれでは、難民に関する認識にも大きな変化が起こっているかというと、必ずしもそうはなっていない。難民の存在は所与とした上で、すなわち難民に対する驚きは忘却されたままに、それを取り囲む状況が分析されている。

難民を標識として捉えるというゼッターの議論はたしかに、難民という存在を特異な体験の集積体と捉えるIMR特集号の認識とは違って、標識化の過程において難民が追い込まれていく様子を問題化している。しかしここで本当に問われなければならないのは、難民という標識ではなく、標識化を可能にしている社会・政治的な文脈の方であろう。その意味では、上記のようなゼッターの議論においても依然として難民は、区別された存在として研究対象に収まっている。

このようにして難民研究の地位が確立されていくにつれて、難民をめぐって特有の体制なりレジームなりが形成されていった。研究対象としての難民と政策対象としての難民は、分かちがたく結びついて実体化されていった。

一九九八年、JRSの創刊一〇周年を記念した特集号のタイトルが、そうした進展を象徴している。「変容する難民研究と難民レジーム」と題された一〇周年特集号では、難民研究の現状と難民レジームの現状という二つの分野の関連が問題化された。一九八八年のJRS創刊翌年の、一九八九年から一九九一年を分水嶺として、戦後体制における地政学的な大変動が起こる。東西冷戦体制の崩壊である。JRS一〇周年記念号では、冷戦体制崩壊以後の難民をめぐる事態の変容が主要な論点となっている。難民レジームの性質は、冷戦終結によってどのような変化を蒙ったであろうか。ここで言う難民レジームとは、「難民や強制移動に対処するために存在している制度、法、政策、実践からなる国内的・国際的な体系を意味している」（Van Hear 1998：342）。

難民レジームにおける主要アクターの一つであるＵＮＨＣＲの役割の変化が大きな議論を呼んでいる。事務所規定に定義されている難民保護というＵＮＨＣＲの伝統的な役割が、冷戦終結後の一九九〇年代に後退しつつあるのではないかという点がとくに議論の対象となっていった。九〇年代以降、ＵＮＨＣＲは積極的に紛争の現場に介入していくようになった。ＵＮＨＣＲが新たに介入しはじめたそうした領域もやはり強制移動や追放の現場には違いないのだが、そうした領域内での活動はＵＮＨＣＲの本来の理念からは逸脱しているのではないかと批判的に論じられる一方で、難民レジームはより広い領域に働きかけるべきだと論じられたりもする。難民レジームの広域化を支持する論者たちは、広範な強制追放という現状に対処するためには、帰国者のような以前難民であった人々だけでなく、難民的な状況に置かれている避難民、すなわち国内避難民やその他の人権侵害の被害者といった人たちまでをも対象としたより包括的な保護の必要性を説いている。そこでは、ＵＮＨＣＲは受け入れ国での難民保護という本来的な役割に忠実であるべきだと考える「伝統主義者・原理主義者」たちと、従来の役割分担にとらわれることなく新しい事態により柔軟に対応すべきだと考える「全体論者・救済論者」との間の論争という構図が出来上がっていった。

一九八一年のＩＭＲ特集号や一九八八年のＪＲＳ創刊号においては、難民研究のあり様が問題の焦点であったのに対して、一九九八年の一〇周年号においては、難民研究と区別されて難民レジームの発展が議論されるようになった。そうした論点の変化は、冷戦終結後の十年間で難民に関するレジームが変容してきたことを意味している。そして、レジームの発展と研究の進展がどのような関係性にあるのかを問うことが重要な論点となっている。

八八年の創刊号の段階では研究の独立性が主張されていたが、九八年の時点では、レジームとの絡まり合いが強調されている。研究は独立しているばかりでなく、レジーム形成を推進する影響力を持ちはじめたという認識がそこには見られる。状況が先行していて研究としてそれをなぞることから出発した難民研究は、独立性を打ち立てる過程において、それ自身が体制を形作るまでに影響力を強めていったことがわかる。研究が現実の政策的利害に取り込まれてしまうという懸念は必ずしも消えたわけではないが、この段階において、研究自体が現実的な利害を生み出すという認識に到っている。先に触れたUNHCRの役割をめぐっての原理主義的な考え方と改良主義的な考え方の対立も、研究が実践に及ぼす影響が決して無視できないものとなってきていることを物語っているだろう。

同じJRS一〇周年号の中でアダム・ロバーツは、一九八〇・九〇年代の進展において、国際社会による難民問題の対処の仕方に重要な変化がもたらされたことを指摘している。そのような変化をもたらした要因は二つある。第一は、難民の数の増加。そして第二は、各国で移民流入に対する制限的措置が導入されてきたことである。

とりわけ一九九〇年代に入って、難民問題は国際関係に大きな影響を及ぼすようになってきた。その時期の難民レジームはどのような変化をくぐり抜けていったか。まず先にも述べたように、UNHCRの役割が大幅に拡大した。また、国境を越えた大規模な難民移動を押さえ込むための防止策が紛争国の内部にまで浸透していった。難民発生を防ぎ帰還を促すために、主に国連安全保障理事会の権限によって紛争地内に安全地帯が設定される。難民発生状態に対しては、安保理を中心としてさまざまな軍事的介入も行われる。各国は難民に対して、恒久的な庇護の代わりに一時的な保護を提供するようになる。

出身国への帰還が積極的に推奨され、帰国への援助が行われる（ときには強制されることもある）。帰国後の再定住状況の改善を監視し援助する。総じて、難民レジームはおよそ二十年間で大きくかたちを変えたと言えるであろう（Roberts 1998：375-6）。

こうしたレジームの変化は、現実政治からの影響ばかりでなく、難民研究の進展によって促されてきた側面もたしかにあった。難民研究は体系化（ＩＭＲ特集号）から、独立性の確立（ＪＲＳ創刊号）、さらにはレジームとの相関（ＪＲＳ一〇周年号）へと進展してきた。それに対応するように、難民をめぐる政治では、一九七〇年代後半頃から移民と難民との区別が重要な課題となり、八〇年代には難民を人権や人道の対象として標識化し、さらに九〇年代以降は難民発生状況への軍事的な介入の余地が作り出されていった。

アダム・ロバーツも指摘しているように、一九九〇年代以降は国連安保理が難民問題に深く関与するようになっていく。安保理は国連憲章第七章に基づき、危機的事態に対処するために避難民の発生源やその周辺で軍事活動を展開してきた。九〇年代における代表的な活動としては、イラク北部、旧ユーゴスラビア、ソマリア、ルワンダ、ハイチなどにおける軍事行動があげられる。ハイチの事例では、安保理による軍事行動の結果、政府が転覆され選挙が実施されたことによって難民移動の発生が事前に防止されたと評価されている。しかしそれとは対照的に、たとえばルワンダでは難民キャンプの軍事化という問題がかえって深刻なものとなっていった。結果として、難民キャンプは「文民的で人道主義的な性格」であるとするＵＮＨＣＲの従来からの建前が疑わしいものとなった（ibid.：382-388）。

また、難民の量的増加に対処するために九〇年代以降、従来までの恒久的な庇護や市民権の付与といった保護手段に代わって、「一時的保護」という措置が広く採用されていく。それは、難民の帰還を促す動きとも関わっている。避難民が永住者として居座ることがないように、生命を維持するための最低限の援助にとどめておくことで、受け入れ国への未練を残すことなくいつでも出身国へと帰国できる身構えをさせておく。

軍事的な措置も含めて難民問題へと積極的に関与するそのようなレジームの動きにともない、「保護」という概念の意味も変質していった。

「保護」には二つの意味がある。UNHCRの用法では、それは基本的に法的な概念である。受け入れ国内において個々人に法的な保護を提供するという考え方に基づいており、法に従って難民という特定の地位が付与されることになる。しかし軍事的な紛争が継続している状況においては、「保護」は必然的にそれとは別の何かを意味している。すなわち交戦国の軍事力かあるいは外部の何らかの勢力によって身体的に保護されることを意味するようになる。(ibid.：392)

東西冷戦の文脈で保護されていた難民に対してはリベラルな諸権利を含めた手厚い援助が与えられていたが、冷戦という衣装を脱がされた難民に対しては安全を確保し衣食住さえ保障してやればよい、ということになっている。[*5]

それは、単に難民に対する庇護が後退した、という意味にとどまらない。そこでは、難民という存在を通して現実政治が力を行使する事態が読み取れる。難民という存在は、第二次世界大戦後の冷戦体制下においてイデオロギー的に脚色されて以来、さまざまな政治権力を誘発してきた。ヴァルネラブルな身体は攻撃を誘発しやすいという特性を持つ。どれほど難民という存在の脱政治性、中立性、人道性が強調されたとしても、というよりもそうした特性が強調されればされるほど、難民は現実政治の思惑を惹きつけるようになっていった。

難民発生状況は、〝正しさ〟のヴェールの背後で現実政治が追求される治外法権地帯を構成するようになっていった（Turner 2015：140）。東西冷戦期には、難民という存在を手厚く保護することにはあからさまな政治的意図があらわれていた。しかし冷戦終結以降の難民発生状況では、力のある国々が自分たちの政治的意図を隠しながら軍事介入していくための格好の口実となっていく。

難民研究ではどの程度難民を保護できているかということがつねに問題となるが、保護の程度差に眼を奪われなければ、冷戦期と冷戦終結以後との間には、難民存在をめぐる現実政治の共通の動きを見て取ることができるであろう。難民はヴァルネラブルであるがゆえに、きわめて政治権力に囚われやすい。現実政治の側からすれば、とても利用しやすい、ということにもなる。難民という存在様式を強いられてしまった人間は、権力に保護されているときにも、あるいは権力から見捨てられているときにも、どちらにしても権力に従順とならざるをえない。保護されると同時に、難民存在は権力によって浸食されている。保護と権力の侵入とは分かちがたく結びついている。

難民存在を、苦境を強いられている犠牲者として実体的に理解するだけでは十分ではない。難民という存在を、権力が侵入し統治する圏域として把握する必要がある。ここにおいて、移民と難民との存在論的差異が明らかとなる。ここで言う差異とは、先に論じた国民国家システムの要請としての両者の区別とは、位相が異なっている。国民国家システムの意図や思惑を超え出る事態が、その差異には含意されている。

上述したように、難民とは、権力の侵入に対してなすがままの無力な状態に置かれる。それに対して、移民とは、権力の侵入が思い通りにはいかない、少なくとも政治的意図に何らかのズレが生じてしまう、そのような存在としてある。すなわち、事態を主導する権力の立場からするならば、「難民状況」は制御可能な場として（実態はどうであれ）想像される。それに対して、「移民状況」というのは、支配的な権力にとっては制御しきれない厄介な事態を意味している。

具体的にはどういうことか。たとえば一九八〇年代以降、国連において難民発生の「根本原因」を明らかにし、難民をその発生源において押さえ込もうとする議論が出てきたことはすでに論じた。人類の歴史上、大規模な人口移動の発生は何らかの政治的枠組みの変化が起きつつあることの一つの兆候であるケースが少なくない。しかし、「根本原因」の議論では難民移動を押さえ込むことで、発展途上世界に自発的に起こりつつあるそうした政治的変革をも抑圧してしまう。

本論の視座からするならば、このとき、生身の難民は発生していないように見えるかもしれないが、「難民状況」はたしかに発生したものとみなす。そして同時に、国際社会が恐れているのは、じつのと

＊5　「非正規移民」に関する研究を行っている高谷幸によれば、現代ヨーロッパの移民・難民政策において、人権の論理は後退しつつあり、それに代わって人道的論理が前面に出てきている。「こうした『同情の論理』は、ヒエラルキーを伴っており、特定の対象には同情が集まる一方で、同情に値するとは見なされなかった場合、支援や滞在の許可にはつながらない。」（高谷 2019：62）

ころ難民発生ではなく、制御不能な「移民状況」の発生であったと考えられる。

なぜ、避難民の発生をその発生源で押さえ込まねばならないのか。それは、そのようにして発生した避難民が北側先進世界へと庇護を求めてやってくる可能性があったからである。しかし、そのような南側の発展途上世界で発生した避難民たちを冷戦イデオロギーで飾り立てることはできないし、大勢が流入してしまうと制御不能の事態に陥ってしまう。すなわち、「移民状況」が現出する。そうしたシナリオを恐れた国際社会は、避難民発生の「根本原因」を押さえ込むことで、つまりは発展途上世界の政治的な主体性と変革の可能性を摘み取ることで、事態を制御しようとした。人々は無力化され、支配権力が土足で踏み込んでくる。そこに、「難民状況」が現出する。

難民キャンプや難民収容所といった空間は、そうした「難民状況」の凝縮された圏域であることがわかるであろう（Malkki 1995 : 500）。支配的な権力は、自らの政治的意図を貫徹するために、「難民状況」を作りだしできるだけそれを維持しようとする。[*6] 反対に、コントロールの利かない「移民状況」に対しては敵意を向け、不安がきわまると「テロとの戦い」が宣言される。

国民国家システムの要請としての「移民」／「難民」の区別とは異なる、「移民状況」と「難民状況」との区別について、以下、政治理論的観点から考察していく。

移民と難民

一九七〇年代の後半頃から、難民は移民に関する言説の中で論じられるようになっていく。移民をめぐる言説の中でアリバイとして登場するのが難民である。難民という存在の正当性は、移民という存在の不当性に対照される。移民の限界が意識され人の移動が選別されなくてはならなくなったとき、難民は移民から切り離されて特権化した。しかしもちろん、移民の限界などというものは、新マルサス主義者がどれほど精密なデータを積み上げたとしても統計的に証明できる性質の事柄ではない。それは政治に関わっている。

国際的な人の移動を国際政治の観点から研究しているジェームス・ホリフィールドは、国際移動研究において政治という要素が長い間ほとんど無視されてきたことを指摘している（Hollifield and Brettell (ed.) 2000：Chap.6）。ホリフィールドは、研究領域に政治的観点を取り入れる必要性を強調しているわけだが、本論の立場からするならば、政治的観点を取り入れる必要が高まっていった国際移動研究の消息の方がより興味深い。以下、ホリフィールドの議論を参照しながら、移民と政治との関係性について

＊6　近代における権力が浸透し貫徹する場として、ミシェル・フーコーは監獄、収容所、学校、精神病院などの施設について考察している（フーコー 1977）。本論の議論に引きつけるならば、フーコーが思考したそうした空間においては、きわめて純度の高い「難民状況」が作り出されていることになる。しかし、フーコーの議論では、そうした権力が社会の隅々にまで偏在するというヴィジョンが提示されていたが、本論の立場からすれば、支配的権力はそこまでの支配力を持たないと考える。グローバリゼーションの中では、支配権力といえども貫徹しない領域が、「移民状況」として発生してくるものと考えられる。

「人間の歴史には、支配体系が社会にいかに深く浸透していようとも、その体系の支配が及ばないものがつねに存在するのである。まさにこの存在が変化を可能とし、フーコーの言う権力を制限し、この権力の理論を不完全なものとする。」（サイード 1995：401）

考えていく。

ホリフィールドが国際移動研究に政治の観点を取り入れる必要性を主張するのは、第二次世界大戦後の移民をめぐる情勢の変化を上手く説明するためである。ホリフィールドによれば、従来の国際移動研究は、戦後に国境を越えた人の移動の規模が拡大し続けてきた理由を的確に説明できていない。とくに一九七〇年代以降、西側の先進自由主義諸国家において軒並み高度経済成長に陰りが見えはじめて景気が後退局面に入ってからも、発展途上世界からの移民の流れは途絶えることなく持続していった。それを従来の国際移動研究では、経済学の観点からはグローバル化論として、そして社会学の観点からはネットワーク論として理論化してきた。つまり、経済のグローバル化の力学が人の移動の流れを促し、国境を越えたネットワークのつながりが人の移動の規模を維持してきた、と説明される。[*7]

しかしそうした議論においては、政治さらには国家といった変数はほとんど考慮されてこなかった。そこでホリフィールドは、戦後の国際政治おいて急速に発達してきたリベラルな諸権利に着目する。しかもそうしたリベラルな諸権利は、国連を中心とした国際的な枠組みの中で発達してきたというよりもむしろ、西側の先進自由主義世界において、各国の国内法のレベルで制度化され発達してきたものと、ホリフィールドはみなす。

そのような意味において、国家という要素（それは必然的に欧米の自由民主主義的国家を意味する）がホリフィールドの議論に導入されることになる。すなわちホリフィールドの議論によれば、「国際的な人の移動は、（1）経済的な諸力（需要―プル、供給―プッシュ）、（2）ネットワーク、そして（3）諸権利、からなる一機能であるとみなされる」（ibid.：148）。

国際移動研究に先駆的な仕方で政治という要素を取り入れた議論の多くは、政治過程論の方法を採用している。つまり、各国の移民政策が出来上がるまでの利益集団間の駆け引きが、そこでの分析の対象となる。そうした政治過程のアウトプットとしての移民政策には、強力な利益集団の利害が強く反映しているであろう。利益集団が多元化しやすい民主的な社会であれば、移民制御は国家権力の思い通りとはならない。

移民政策を従属変数として設定するそうした政治過程論に対してホリフィールドは、政策そのものをむしろ独立変数とみなす。そのときホリフィールドが注意を促しているのが、アウトプットである移民政策の目標と、結果としての実際の移民の動きとの間にギャップが生じるという事態である。そしてホリフィールドは、実際の移民の動き、すなわち移民のストックとフローを従属変数として設定している。ある移民政策が法制度化されたとしても、そのことは、その政策が文言通りに実施されるということを必ずしも保証しない。政治とは、政策が出来上がるまでの過程に関わるばかりではない。政策が実施に

＊7　移民に関する理論的な研究を行っているダグラス・マッセイによれば、国際移動についての一般的な理解は、二つの誤解に基づいている場合が多い。第一に、国際的な賃金格差が移民を引き起こすものと想定されているが、実際には送り出し国と受け入れ国の賃金の格差は必ずしも人の移動にはつながらない。むしろ、家計全体のリスクを軽減するために、家族の一部が移民という戦略を採っている。第二に、低開発が移民を促すと誤解されており、それゆえ、出身国である第三世界が発展すれば移民も減少すると想定されている。しかし実際の近代化のプロセスからも明らかなように、開発の結果、旧来の生活様式が破壊され、かえって人々は住む場所を追われ移動を余儀なくされている。(Massay 1994：183)

移される過程においても、あるいはそれ以上に政治は働きかける。つまり、政治が利害関係のみに還元されることはない。文化やアイデンティティやイデオロギーといった、より規範的な要素とも関わりをもつ。それゆえ、国家（より正確には国民社会）は無視できない要因となる。

このようなホリフィールドによる議論の重点の移行は、国際移動研究における政治の領野を大幅に拡大したと言える。政策を政策のみに完結させないことによって、政治は他分野との接点をもって論じられることが可能となった。経済的な諸力、ネットワーク、そしてリベラルな諸権利というホリフィールドが提示する国際移動を構成する三要素は、並列的な関係にあるのではなく互いに影響し合っている。それは政治を政治過程から解放したことによって可能となった視座であると言えよう。

政治や国家を国際移動研究の中に持ち込もうとするホリフィールドの議論は、政治や国家を衰退する一方とみなすグローバル化論と最も対照される（ibid.：155-8）。世界システム論に影響を受けたグローバル化論においては、外国人労働力に対する需要というのは、国家の思惑によって左右することのできない構造的な性質のものであると理解される。すなわち、目先の利害ではなく国際資本主義システムに埋め込まれた（南北の）二重構造によって人の移動は規定されている。そのため資本主義の先鋒である欧米の先進自由主義各国は、移民に対して国を閉ざすことはできない。

このようなものの見方によれば、旧来のリアリズム的認識とは異なり、国際関係における行為者は国家に限定されない。企業や個人の作り出す越境的な結びつきが重要な意味をもち、対照的に国家は後景へと退いていく。いまや企業や個人も国家権力を迂回するさまざまな方途を見い出しつつある。越境化した経済は、越境化した共同体を生み出す。そうした共同体は、労働市場の上層部と下層部の双方に生まれてきている。さらに越境的な移動にまつわるコストも減少していき、コミュニケーション手段が急速に発達してきたことによって、国家規模での移民政策はすっかり時代遅れになってしまったかのように見える。

そうした観点からするならば、移民個々人は、これまでとはまったく違った新しい国際的な法的人格を獲得しつつあると考えることもできるかもしれない。外国人労働者やその他の移民たちは、「トランスナショナルな市民」とでも呼ぶべき地位を確立しはじめている。それは、国家単位の市民権とは違ったシチズンシップのあり方を示唆しているのではないか（ヨプケ 2013）。

以上のように、移民を押さえ込むことなどできはしない、と考えるグローバル化論では、政治の衰退と同時に、経済・社会構造の不可逆的な力が強調されることになる。しかしホリフィールドの立場からすれば、そうした議論は移民と政治との関係性を誤解している。

戦後の貿易に関する国際的なレジームとしてはGATT－WTOが存在し、金融に関するレジームとしてはＩＭＦと世界銀行が存在しているのとは異なり、国際的な人の移動に関する同様のレジームは、（難民保護レジームを除けば）いまだ存在しない。ＥＵ内部や北米などの地域的な取り組みの段階にとどまっている。それはすなわち、モノやカネの動きと同じように、市場の原理によってヒトの動きを制御することはできないということを意味している。ホリフィールドに限らず国際移動研究において繰り返し引用されるスイスの作家マックス・フリッシュの言葉にあるように、「われわれが欲しかったのは労働力なのに、実際にやって来たのは人間だった」ということであろう。

移民に関する国際的なレジームが将来発展するとしても、それは貿易や金融のレジームが発達したときのように、先進各国の経済的利害の一致のみによって推進されるということにはならないであろう。それよりはむしろ、政治的、文化的、イデオロギー的議論が中心軸となるはずである。それゆえ移民に関するかぎり、グローバリゼーションという文脈においては、政治や国家は衰退するのではなく、経済に回収されないかたちで先鋭化すると考えられる。

そこにジレンマが生まれる、とホリフィールドは考えた。移民を押し引きする経済的な諸力や移民の移動コストを削減してくれる越境的なネットワークの存在は、国境を越えた人の移動における必要条件を構成している。しかし移動のための十分条件は、法的・政治的に形成される。市場の論理はつねに自由な人の移動を求めているわけだが、国家（とりわけ自由民主主義国家）の側の事情がそれを制御している。国際的な人の移動に関しては、経済的な意味でのリベラリズムは政治的な意味でのリベラリズムとしばしば葛藤を引き起こすであろう。それをホリフィールドは、「リベラル・パラドックス」と呼んだ（伊豫谷編 2007：第二章）。

パラドックスというのは、解決不能であるということを言い立てているだけならあまり意味はない。むしろホリフィールドの議論において重要であるのは、国家の、あるいはより正確には国民社会の政治的情勢が移民のあり様を変化させる点を見逃さなかったところにある。

> 結局のところ、国家が貿易と移民というリスクを冒し続けるかどうかは、その自由主義国家自体の性質と、どの程度開放性が制度化され、その開放性が「その時々の多数者」から（立憲的に）どの程度擁護されているのか、によって決まってくるであろう。（前掲書：74）

すなわちここでは、状況の濃淡に注意が払われている。政治と移民とは、国民社会を媒介とした未決の流動的な関係性にある。本論が言う意味の「移民状況」としてある。

他方でホリフィールドは、こうしたパラドックスが近い将来において解消されることはありえないであろうと認めつつも、欧米の先進自由民主主義諸国家において諸権利が発達してきた歴史過程に一縷の望みを託している。民主的な国家においては、一度認められ制度化された権利は大切に擁護される。そのため、たとえ移民に対する閉鎖的な圧力が社会的に強まったとしても、政府が既存の権利を制限する政策を打ち出すことは難しくなる。こうした自由民主主義国家の特質を国際的なレジーム形成に結びつけるという道筋を、ホリフィールドは想定しているようである。EUに代表されるような地域的な取り組みは、そのための最初の一歩として評価されている（前掲書：76）。

ここではパラドックスの解消を願うあまり、ホリフィールドは政治と移民との関係性を見失っているように思われる。移民は、国家や国際社会という位相において政治に関わっているばかりではない。それ以上に、国民社会という位相において政治と関係している。移民は隣人として国民社会の中で生活している。[*8] 民主的な法制度によって抽象化するには、あまりにも個別具体的すぎる。たとえホリフィールドの願うように地域的な取り組みが発展していったとしても、地域外の「第三国出身者」との間には差異を設けざるをえなくなるであろうし、地域への入場を周縁部で取り締まる措置はいよいよ巧妙化していくだろう。結局のところ、国家から地域へ、地域から国際社会全体へ、という単純な地理的拡張は起こりえない。というのも、政治的な位相はそれほどスムーズには移行しないし、そこには断層が存在しているからである。

もちろん国際的な移民レジームが形成される可能性はゼロではないだろうし、そうしたレジーム形成が無意味だなどと言うつもりもない。レジームが新しい権利空間を切り開く可能性はある。しかしその権利空間は、国際政治の力学によって形成されているために、国民社会との接点がしばしば失われ、そこに断層が露わとなるかもしれない。現在、EU各国内において移民排斥を主張するいわゆる極右勢力が台頭してきているのも、そうした断層のあらわれと言えるだろう。

そしてその断層に隔てられて、「移民状況」と「難民状況」が区別されている。ホリフィールドが移民の国際的なレジームを構想することができたのは、戦後に難民に関するレジームがすでに発展してきているのを目の当たりにしているからであろう。しかしそこでは、両者の政治のあり様が混同されている。移民をめぐる政治と難民をめぐる政治とは、たしかに補完的な関係性に置かれているが、互いに異なる位相にある。難民はきわめて脆弱な立場に置かれたことによって権力の侵入を容易に許すような状況性にある。他方移民は、国民社会の中に入り込み、自主的な交渉関係を取り結ぶ。そのため、支配権力にとって状況は不透明なものとなる。

移民と難民、両者にとっては諸権利の持つ意味も変わってくるであろう。「難民状況」と諸権利とは密接な関係性にある。諸権利が与えられれば保護されることになるし、諸権利が奪われれば完全に無力化してしまう。生殺与奪の抜き差しならない関係性である。それに対して移民にとって諸権利とは、多くの場合手段的な性格のものであり、正直なところあまり信を置けない。

ホリフィールドは、移民にとっても難民と同様に諸権利は意義深いものと考えているようであるが、むしろ諸権利にはいくつもの顔があると考えるべきであろう。政治的な位相が違えば、当然その働きも変化する。もちろん法学者の立場からすれば、権利の働きは無差別的であるべきであろう。しかし政治は、諸権利に濃淡をつける。諸権利を文言通りに受け取ってしまうと、移民はしばしば割を食わされることになる。国民社会の中で生き抜くには狡猾でなくてはならない。ホリフィールドは諸権利を国際移動における独立変数として扱っていたが、本論での「移民状況」に照らして考えるならば、それは同時に従属変数でもありうる。つまり移民の実存にとって諸権利は所与のものではなく、生モノとして意識

＊8　ガッサン・ハージは、オーストラリアの多文化主義政策における移民と国民社会との関係性を文化人類学の手法を用いて描き出している。多文化主義的「現実」は、すでに生きられてある。そのことが、移民と政治との関係の単純な抽象化を妨げる。すなわち、本論の議論に即して言えば、そこには「移民状況」が発生してくる。「「第三世界風」〔訳者注：Third World-looking、すなわち、外見が典型的な白人オーストラリア人とは違った第三世界出身者のように見える人々〕の移民人口がきわめて集中している地域で仕事をしている誠実なジャーナリストや研究者なら、ホワイト・マルチカルチュラリズムの言説、アングロの衰退言説のような排除の言説のいずれによっても表象されてこなかった現実に必ず出くわすだろう。それは広く普及している、問題のない多文化相互作用の現実である。この現実は日常的であるがゆえに、多文化主義についてのメディア表象では取り上げられないと言うこともできるかもしれない。英国系出自のオーストラリア人女性が子どもに朝飯を食べさせ、そしてインド人の隣人の子どもと我が子をいっしょに車に乗せて学校へと送っていく。レバノン系とアングロ系の親が、子どもたちがスポーツイベントに参加している間におしゃべりをしている。ベトナム系の女性がイタリア系の友だちを車に乗せてスイミングプールに出かけ、アングロ系の友だちといっしょに身体を動かす。あらゆる出自のオーストラリア人のお年寄りたちがいっしょにビンゴゲームを楽しんでいる。そんな日常的な出来事は、ニュースのネタにはならないのだ。」（ハージ 2003：325）

されている。それはさまざまに調理することもできるが、腐ってしまうこともある。

それに比べるならば、難民にとっての諸権利は、より神聖なものである。難民研究が移民研究以上に国際法学者を惹きつける理由もおそらくそこにあるのだろう。難民にとって、諸権利を保障する法制度はなくてはならない生命線である。そしてそうした諸権利を文言通りに実現させるためには、難民という存在を移民から切り離し、主権的な領域において保護する必要がある。

そのような諸権利の働き方の違いから、難民という存在は移民規制のための政治的なアリバイとして機能することにもなる。移民と諸権利との関係性があやふやであることによって、難民と対照されて移民は不信の眼で見られるようになっていく。現在ヨーロッパで発生している移民・難民問題という文脈においては、難民移動に紛れ込んだ大量の「偽装難民」たちが各国において庇護申請することで国際的な難民保護レジームが脅かされているという言説が強まり、国民社会に危機感を煽り立てている。そうした言説においても、難民の純粋さが移民の不純さによって汚されているというイメージがよくあらわれている。難民の無力さ・従順さとは違って、移民たちは思惑を隠し持ち疑わしい。「本物の難民」というイデアの影として、移民は国民社会の内外をうろつき回っている。そのように、人々の想像力の中で、移民と難民とは補完関係にある。

一九七〇年代後半以降、西側先進諸国において経済成長に陰りが見えはじめると、各国は外国人労働力の移入を制限しようとした。しかし実際には、ホリフィールドの議論にもあったように、家族呼び寄せなどさまざまな形で移民の流入はつづいた。こうした事態に直面して、先進各国の政治はすっかり萎縮してしまった。

「移民状況」をめぐる政治

萎縮した政治のあり様は、同時代の政治理論の著作にも反映している。一九八〇年代の初頭に難民研究が体系化されはじめたのとちょうど同時期に、アメリカの政治理論家であり代表的なコミュニタリアンでもあるマイケル・ウォルツァーは、『正義の領分（Spheres of Justice）』（一九八三）を発表している。以下、ウォルツァーの議論を通して、「移民状況」について考察していく。

『正義の領分』の第二章においてウォルツァーは、「成員資格 membership」について論じている。同書は全体としては配分的正義のあり方について論じているのだが、そのための議論の前提そのものが同時代的に揺らぎはじめていることを、第二章がよく物語っている。すなわち、配分のあり方を論じるより先に、配分に与るのは誰であるのかが明らかにされなければならない、とウォルツァーはいう。それは従来の正義に関する議論では論ずるまでもない自明の事柄だったのだが、ウォルツァーの『正義の領分』が発表された一九八〇年代初頭においては、すでに避けて通ることのできない問いとなっていたのである。

配分的正義について考えるとき、分割と交換の自らの形を整えることのできる――正しい方法にせよ、正しくない方法にせよ――独立した都市、あるいは国を私たちは考える。私たちは一つの確定された集団と一つの固定した人々を当然のこととして考えている。そのために、第一の、そして最も重要な配分をめぐっての問い、すなわち、その集団はどのようにして構成されているのか？を

省略してしまう。（ウォルツァー 1999：61）

自明とされていたことが問い直されなければ、もはや本論に入ることもできない。そのような地点にまで、政治理論が追い込まれていることがわかる。そしてそのように議論を追い詰めているのが、一九七〇年代後半以降の「移民状況」であると言える。

ウォルツァーは、成員資格について論じることは必須の課題であるかのように読者を説得しようとしているが、そうした問題を論ぜざるをえなくさせているのは、「移民状況」そのものであると考えるべきであろう。

ウォルツァーの考える政治は、「移民状況」によって追い込まれ萎縮している。ウォルツァーは「私たち」という複数人称代名詞によって、移民を受け入れる側の豊かな先進国の国民を指示している。そして誰を仲間に選ぶかという成員の選択権は、その「私たち」の側にあることを確認する。

すでに成員（メンバー）である私たちがその選択を行うのである。すなわち、私たちの共同体において成員であるとは何を意味しているのか、また私たちはどういった種類の共同体をもちたいと思っているのか、ということに基づいて選択はなされる。一つの社会的財としての成員資格（メンバーシップ）は私たちの理解によって構成されている。その価値は私たちの仕事と会話によって決められる。この場合、私たちが配分の権限をもっている（他の誰が権限をもちえよう）。しかし、私たちはそれを私たちの間で配分するのではない。それはすでに私たちのものなのである。私たちはそれを部外者（ストレンジャー）に与える。（前掲書：63）

このような主張に対しては、「私たち」はそもそも与えることのできる何かを保有しているのだろうか、という当然の疑問も生じてくるであろう。それはつまり、成員資格とは配分しうる財として考えることができるのか、という問題でもある。

しかしここでは、そういった理論的な問題には立ち入らない。ウォルツァーの議論の位相を確認できればよい。ゆえにここでの問題は、成員資格は社会的財であり、「私たち」がそれを保有しており、さらにそれを部外者へと配分する権限は「私たち」の側にある、とウォルツァーが考えたとき、彼は移民と政治との関係をどのように捉えていたのか、という点にある。結論的に一言で言ってしまえば、ウォルツァーは移民と政治との関係性を捉え損なっている。

ウォルツァーの立論をイメージとして表現すれば、それは次のようなものになるだろう。国民社会の入り口に、入場審査を受けるために移民たちが列をなしている。「私たち」は、入り口の内側で受け入れ準備をすすめている。入り口が開き入場審査がはじまる。入場を認められた移民は、「私たち」からメンバーカードを支給される。ウォルツァーが思い描くのは、そのような秩序だった場面であろう。

しかし、ものごとはウォルツァーの想像通りにはいかない。先ほどから述べてきたように、どのような形であれ、移民はすでに国民社会の中にいる。移民と「私たち」との政治的な関係性は、そのような現実からしか始まらない。審査を待つ長い列を「私たち」が実際に眼にすることなどない。現実には、移民それぞれがそれぞれの場所で勝手に交渉を始めている。それを整序することなどできない。ウォルツァーは現実の複雑さを捨象することで、移民と政治とのありもしないランデヴーを思い描いている。

そうしたウォルツァーの議論の位相は、「相互扶助の原理」を限定的なものにとどめておこうとする姿勢にさらによく表れている。「相互扶助の原理」とは、敵と部外者とを識別する公式であるとされる。部外者は、敵とは違って人間一般として、歓待、援助、好意を受ける資格があると認められる。こうして相互扶助は、人類全体に課された義務として、特定の政治的共同体の境界を超えた広がりをもつ。ウォルツァーは、この相互扶助の義務が、成員資格の配分に際して影響を与えることがないようにと巧みに斥けている。

> 私は相互扶助を成員資格（メンバーシップ）の配分にとっては（おそらく）付随的な原理として、すなわち特定の社会内での成員資格に関する支配的な見解には依存していない原理として指摘したいだけである。相互扶助の原理の力は確かなものではない。一つにはそれ自身の漠然性ゆえに、また一つにはそれが社会的意味の内的力に時として衝突するゆえに。こうした社会的意味は政治的共同体の意思決定過程を通して明確化されるのであり、現にされているのである。（前掲書：65）

ウォルツァーには、相互扶助の働きは「確かなものではない」と感じられている。というのも、それはひどく「漠然」としていて、しかも「社会的意味の内的力」とぶつかり合う可能性が高いからである。「社会的意味の内的力」とはつまり、国民社会の一般意志のようなものだと考えられるが、ウォルツァーは代議制民主主義をよほど高く評価しているのか、それは「政治的共同体の意思決定を通して明確化されるのであり、現にされている」とまで言い切る。

しかもウォルツァーによれば、「私たち」はそうした「社会的意味の内的力」によってより強い義務に結びつけられていると考えられるため、相互扶助の実践もそうした義務に反しないかぎりの行為にとどまるであろう。しかしながら、政治過程の結果として引き出されてくる「社会的意味」にそれほどの重要性を見出せない（というよりも、根本的に疑わしいとさえ感じられている）現代世界に生きるわれわれにとっては、「社会的意味の内的力」を「相互扶助の原理」よりも優先させなければならない十分な理由はないように思えてくる。

不満げにウォルツァーは述べている。「私の人生はこのような偶然の出会いによって形づくられ、決定されることはない」と（前掲書：65）。そこでは、見知らぬ他人に自分の生活を乱されたくないという思いが正直に吐露されていると言えよう。

正直すぎるウォルツァーがここで見落としているのは、「社会的意味」は政治的共同体内部の意思決定を通して明らかにされるばかりではない、という点である。「社会的意味」は、ウォルツァーの怖れる「偶然の出会い」によっても日々刻々と形づくられる。というのも、移民と「私たち」との間に共同生活の線引きをすることなど実際にはできないし、そうした線引きを政策的に担保しようとしても、すでに共同生活は動き出しているからである。

共同体を防衛しようとするウォルツァーの議論はさらに、成員資格の権利とは区別される「場所への権利」ということを言い立てる。市民としての権利のない部外者であっても、同じ領土内に居住するかぎり「場所への権利」はもつ。すなわち、強権的に自分の居場所から追い出されることはない。ウォルツァーは、何のためにこのような権利を確認したのか。驚くべきことにウォルツァーは、こうした権利によって発展途上世界における新興国家からの人口流出を防ごうとしているのである。

> 成員資格（メンバーシップ）の領分というのは少なくとも初めは、所与なのである。成員資格を決め、政治的共同体の入国政策を形づくっている人々は、まさに、そこにいる人々なのである。新しい国家や政府は、それらが統治する古くからの住民との間に平和な関係を作らねばならない。そして国（カントリー）というものは、おそらく特定の国民（クラブあるいは家族）によって支配される閉鎖的な領土として形づくられるであろうが、常になんらかの種類の異邦人を含むものであり、彼らの排除は不正であろう。（前掲書：79）

発展途上世界において戦後に新たに独立した国々は、帝国主義が傷跡のようにして残した国境線をそのまま引き継いだために、自国内に多民族を抱え込んだ状況で国作りをスタートさせた。しかも、植民地主義が民族・部族の分断を利用する統治を長年続けてきたことにより、民族・部族間の敵意は根深いものがあった。結果として、統治権力に与ることのできなかった民族・部族は、国家形成の過程でしばしば追放の憂き目に遭った。一九八〇年代以降、そうした人々が庇護を求めて北側の先進各国へとやって来ていた。ウォルツァーは、そうした人の移動に対してクギを刺しているのである。

さらに、ウォルツァーの悩みの種は尽きない。戦後福祉国家化の進む欧米の先進各国は、大量の外国人労働者を抱え込むようになってきていた。とくにウォルツァーが気にかけているのが、労働市場の下層に属する外国人労働者の存在である。彼ら・彼女らが従事しているのは、社会生活に欠かせない仕事でありながらも、低賃金でつらい労働を強いられるために自国の労働者たちは敬遠するそうした職種である。外国人労働者の多くは、必ずしも永住目的の移民というのではなく、出身国では得ることのできない高収入を目的として一時的に滞在している。目的が達せられたなら帰国するかもしれないし、あるいは出身国との間を繰り返し行き来する労働者もいるであろう（Piore 1979）。共同体を出入りするそうした存在を、共同体主義者のウォルツァーが無視できるはずがない。経済と政治とを簡便に切り離して考える市場原理主義者と違ってウォルツァーは、国家権力の浸透力を熟知している。

外国人労働者のための市場は、国内労働市場の特定の政治的拘束からは自由であるとしても、すべての政治的拘束から自由なわけではない。国家権力はこの体系（システム）の創出において、そして次にはそのルールの履行において決定的な役割を演じている。政治的権力と市民的自由の拒否なしには、また常にある追放の脅威なしには、この体系（システム）は作動しないであろう。それゆえ、外国人労働者は入るのも自由出るのも自由といった、単なる移動の見地からだけで述べることはできない。彼らは外国人［客］であるが、また被統治者（サブジェクト）でもある。（ウォルツァー 1999：101）

外国人労働者を「住み込みの召使い」扱いするこうした状況を放置し続けてしまうと、民主的な欧米の先進各国もやがては専制国家に堕してしまうとウォルツァーは憂慮している。ここでウォルツァーは、外国人労働者という存在をモノやカネと同様にぞんざいに扱うことに対してためらいを覚えている。なぜためらいを覚えるのかと言えば、たとえどれほど契約上の関係に徹したとしても、外国人労働者と国民社会との間には具体的な交渉が生ぜざるをえないからである。とりわけその社会が民主的な諸制度の整備された共同体であるような場合には、多様な交渉の機会が開かれることになる。しかも彼ら・彼女らは一時的な滞在者かもしれないが、単なる観光客ではない。社会的に必要不可欠な労働を国民に代わって担っている存在でもある。すなわち、「私たち」には負い目がある。

ウォルツァーの抱える憂慮は、彼が民主的な国民社会の中で生活し、日常的に移民と接触していることの証しである。そうした現実に眼をつぶってしまうことは、専制的な支配に加担してしまうことを意味している。それゆえウォルツァーは、「私たち」に覚悟を迫る。

……民主的市民は一つの選択肢をもつ。もし彼らが新しい働き手を導入したいのであれば、自分たち自身の成員資格を拡大する覚悟ができていなければならない。もし新しい働き手を受け入れたくないのであれば、社会的に必要な仕事をするには国内の労働市場の限度内で方法を見つけなければならない。これはまさに彼らの選択である。彼らの選択の権利は、市民たちの共同体というこの特定の領土の中にいることから由来する。（前掲書：105–106）

問題は、そのような選択の権限など誰も持っていないということにある。ウォルツァーはそうした選択権を「私たち」、すなわち国民の側に付与しようとしているが、民主か専制か、などという決定的な線引きを行えるほど、「私たち」は指導力をもたない。グローバルな「移民状況」は、ウォルツァーが考えるよりもずっと流動的である。「私たち」の決断一つで方向性が定まるほど、事態は単純ではありえない。

国を閉じるのか開くのか、といった問題を国民の選択の問題として論じたところに、ウォルツァーの共同体に対する過信があったと言えよう。開くという選択が、かえって閉じる方向で作用してしまうこともあるであろうし、その逆もまたありうる。しかしそのことは、選択が無意味であるということを必ずしも意味しない。選択は、一つの要素として政治過程に取り込まれる。そしてまた、そうした選択自体も、「私たち」の間だけで自足することはない。それは、現実の日常的な移民たちとの交渉の結果でもある。そのように考えるならば、ウォルツァーが固執した共同体の境界は、あまり根拠のないものであることがわかる。

ウォルツァーは、一九八〇年代以降に現実に発生し社会に混乱をもたらしつつあった「移民状況」を、なんとか理論的に整序しようとした。そうしなければ、西洋社会における民主主義さえ危うくなると感じられていたからである。先に論じたホリフィールドが移民レジームを夢見ていたように、ウォルツァーも国民社会の「社会的意味の内的力」が失われてしまわない程度の、ほどほどの規模での人の移動を願っていたと言える。

そのように国家の意図が攪乱され力が方向性を見失ってしまう「移民状況」と対照されるのが、力の侵入によって形づくられる「難民状況」である。次章では、そうした「難民状況」を主権という観点から考察していく。

第四章　主権の過剰による難民の地位の変容過程

力としての主権

グローバル化の進展にともない国家主権が衰退してきているという言説は、それが主権の消滅ではなく変容を意味するかぎりでは間違っていない。国際的な人の移動という現象に対して出入国を管理する主権は、各国政府の打ち出す移民政策にあらわれてくる。

このとき、主権とは、政府の行動にほかならない。国家という抽象的な観念を淵源としたような絶対的な主権が、現実の政府の行動と離れた別のどこかに存在しているわけではない。わたしたちにとって経験可能な主権とは、政府の行動だけである（ラスキ 1952）。政府の行動をさらなる高見から判定する超越的な意思の存在など私たちは知らない。そのうえ、主権が絶対的であるという意味は、政府以外のいかなる団体や組織も自らの意思を他に強制しうるような実行力を保持していないというソリッドな事実を言い表しているにすぎない。すなわち、主権の絶対性とは、なんら超越的な神聖さを持たないということである。

それゆえ、主権に疑義が差し挟まれることもあるであろうし、主権が必ずしもその目論見どおりに貫徹するともかぎらない。このことは別の角度から言えば、秩序の維持や社会の安定、さらにはより困難なこととして、社会の変革といった機能は、主権の働きのみによって果たされるわけではないということを意味している。民主的な社会においては、主権でさえも交渉可能である。政府の行動に神聖さを付与しようとする国家主義者たちは、そうした主権の交渉可能性を受け容れたがらない。しかし前章においてて移民をめぐる情勢を分析してきたように、政府の行動はそれ自身としては完結していない。主権は、現実によって切開されている。

そのように主権のイデオロギー暴露が済んだかに思われる現代世界にあって、なおも主権に神聖なアウラが備わるそうした活動領域が残されている。というより、戦後の国際レジームがそうした活動領域を組織化してきた。難民を保護する現場において、主権はその神聖さを取り戻す。

このことは、従来の戦後難民保護レジームへの理解とは正反対のことを言っている。というのも、従来の理解では、戦後の難民保護の実践は、国家主権の絶対性が衰退してきたことの原因であり同時に結果であると考えられてきたからである。すなわち、難民移動が主権を脅かし、同時に主権が弱まってきたからこそ、国際社会は難民発生状況に介入することが可能となった、という理解である。しかし本論では、主権が衰退したとはみなさない。むしろ再編されたことによって、難民を保護する原理として息を吹き返したものと考える。

以下、主権の歴史的な変容を論じてみたい。ただしあくまでも本論の眼目は、難民という存在の変容過程を明らかにすることにある。つまり、「難民状況」を離れて主権を論じることはしない。

一七世紀のウェストファリア体制として確立された近代西欧国家における古典的な主権概念とは、力の原理であった。国内的な騒乱を中央集権的に鎮め、対外的には自国の独立と利益を擁護する。資本主義的経済体制と結びついた西洋諸国家は、一九世紀に入ると奴隷制を廃止し、世界システムの再編を進めていった。そのとき各国は、国内的には資本主義的な階級問題を抱え込むようになっていった。

労資の階級関係が堅固に維持されていたため余剰資本は国内における投資先を失い、やがて海外へと投資先を求めるようになっていく。一九世紀の半ばのベルリン会議において、アフリカの分割が合意された。西洋列強諸国は、国内的な階級問題を帝国主義的拡張によって緩和していった。そのとき主権は、力の論理と結びついて国家の行為を正当化してきた。

しかし、帝国主義とは国際関係の平等を否定する論理であるため、国内的な階級不平等の地球規模での延長でしかなく、民主主義の精神とは相容れない。生産手段を所有する階級の利益を擁護する帝国主義が国家理性としての主権の論理によって正当化されたことによって、主権か民主かという選択を迫られたとき国家は、後者を捨てて前者を選び取らざるをえなくなっていった。

こうして一九世紀末には、列強による植民地の囲い込み競争が激化していく。その後、第一次世界大戦という未曾有の事態を経験したヨーロッパ世界では、戦争一般に対する否定的な感情が共有されたはずであった。にもかかわらず、帝国主義と決別できずにいた列強各国は、植民地の独立だけでなく国内の民主的な自由に対しても主権を優先させるようになっていく。

力の論理としての主権が追い求められた結果、植民地獲得競争に乗り遅れた後進列強国であるドイツ、イタリア、日本においてファシズムが台頭してきた。そうしたファシズム国家においては、民主的自由は疑いの目で監視され、主権の絶対性がいよいよ神聖化されていった。「国体」へと化けた。

規範としての主権

そのように主権と力を結びつける論理は、必然的に自由民主主義を否定してしまうことを歴史は証明した。そうした歴史への反省から、第二次世界大戦後、主権概念は変容を迫られることになる。主権は力としてだけでなく、「規範」として理解されるようになっていく。そうした変容過程を国際政治学者のロバート・ジャクソンの議論を参照しながら概観していく（Jackson 1990）。さらに、主権概念の変容が難民という存在に浸透していき「難民状況」が形成されていく様子を論じてみたい。

ジャクソンによれば、一九世紀的な意味での主権は、歴史的経験によって裏打ちされていた。すなわち、その統治能力において現実に排他的な力を有する列強国だけが、国際法上も主権を認められていた。力の闘争に敗れた弱小勢力は、植民地に成り下がるほかなかった。

ところが、第二次世界大戦後に成立した新しい国際レジームにおいては、国家としての現実的基盤を実力として持たないままでも、法的な形式的主権が広く認められていった。発展途上世界で次々と独立を果たしていった新興国家の誕生がそれを象徴していた。

そうした新興国家は、ヨーロッパ型の古典的な主権国家のように対外的にも対内的にも力を誇示するという仕方で独立を達成したのではない。反植民地主義とナショナリズムという規範的論理によって独立を勝ち取っていった。すなわち、それ以前の基準からするならば明らかに経験不足・実力不足の国家であっても、その主権は尊重されなければならないとされた。実力があるから尊重されるというのではなく、「独立国」という肩書きによって尊重されるようになったのである。

それでは、誰にでも肩書きが与えられるのかと言えば、そうではない。過去に植民地支配を受けたという歴史をもつ者たちにだけ、その資格は与えられる。ジャクソンは皮肉を込めて言っている。「今日主権国家であるためには、昨日正式な植民地であったというだけで十分なのだ」(ibid.: 17)。

力と結びついた主権が帝国主義、さらにはファシズムを生み出し、世界を戦争の渦中に巻き込んでいったという反省から、戦後、反植民地主義や民族自決といった理念が規範的な意味を獲得していった。一九五〇年代以降に独立を果たしたアジア・アフリカの諸国家というのは、そうした規範的な理念の下に誕生している。主権という王冠は、そうした苦難をくぐり抜けた国家にこそふさわしいと考えられるようになっていったのである。

ここにおいて、主権は明らかに転倒している。かつては力によって植民地を有することこそが、主権国家の証しであった。主権国家体制とは、力をもつ者たちの特権的な会員制クラブのようなものであった。しかしいまや、そうした実力主義の論理は全面的に否定されなくてはならない。植民地主義という不正義を蒙った側へと主権の正当性は移行した。植民地からの解放と独立は、国際社会における共通の規範となっていった。そのとき主権とは、力の優位ではなく、正義の回復を意味するようになる。主権行為の名の下に脆弱な国家に干渉することはもはや許されない。弱肉強食の世界観は否定された。

実力を伴わないそうした経験不足の新興の主権国家をジャクソンは、従来のヨーロッパ型の国家と対照させて「疑似国家」と呼んでいる。

今日、崩壊寸前の国家に許可なく外部から介入することは許されていない。たとえそうした国家が、あらゆる内容や目的において事実上すでに崩壊してしまっているのだとしても、その法的地位が失われることがあってはならない。過去においては、戦争や征服や分割や植民地化によって国家の主権が奪い取られるということは当たり前の出来事であったであろうが、現在の国家から同じようにして主権を奪い取ることはできない。現代においては、法的地位という名の荷馬車が、経験という名の馬の前を走っている。これはまったく新しい事態である。結果として、周縁的な国家の存立を保障するようなこれまでとはかなり異なった主権体制となっている。疑似国家とはつまり、競争のない国際社会における規範の産物であり、そうした国々の指導者層がその受益者である。これこそが、主権国家システムの長い歴史において前例のない新しい事態である。（ibid.：23-4）

一九五〇年代後半以後に独立を達成したアジア・アフリカの新興国家の主権を支えていたのは、各国政府の実際の統治能力ではなかった。反植民地主義や民族自決権といった平等主義的で民主的な価値に支えられて、主権は存立していた。しかもそうした価値というのは、戦後の西洋社会における社会運動の中でも同じく広い支持を集めていた。つまり、規範としての力を強めていた。

そうした規範に支えられた主権のあり様をジャクソンは、実力を基盤とした従来までの「積極的主権」に対して、「消極的主権」と呼んでいる。「消極的主権」には現実的な根拠はないが道義的な正当性は付与されているため、国際社会は一致協力して「疑似国家」の存立を支えていかなくてはならない。しかも主権が維持されるだけでなく、国際的な援助による格差是正措置によって、そうした国家における「積極的主権」の実現が目指されなくてはならない。結果として、「南側の政府は権利だけを享受し、北側の政府は義務ばかりを負わされる羽目になる」とジャクソンは嘆いている（ibid.：44）。

また、「消極的主権」の規範的な性格によって、自決権という元々は革新的であったはずの理念が保守化するという事態を招くことにもなった。というのも、主権の確立は独立に際しての一回きりの反復不可能の出来事であって、独立後に国内の少数派が新たに自決権を訴えたとしても、「分離主義者」というレッテルを貼られてしまうからである。すなわち、「疑似国家」においては、反植民地主義という規範によってその存立が正当化されているからといって、国内における統治も相応に正当なものであるとはかぎらない。むしろ、強権的な政府が主権の規範性を盾にとって、国際社会からの援助を引き出し、さらにその権力基盤を強化するといった悪循環が見られた。国内の少数派にとっては、主権は神聖な規範であるどころか、自分たちを抑圧し閉じ込める檻のように感じられているであろう。

つまり皮肉にも、脱植民地化とは解放運動であっただけでなく、同時に鎖国運動でもあったということである。それによって人々は旧植民地の境界線内部に閉じ込められ、自国政府の支配下に置かれた。そうした政府は、対抗されることもほとんどなく、たいてい経験不足である。その上、人道的な基準に基づいて国家運営を行う能力も意思も欠いている。(ibid.: 150-151)

新興国家の政権は抑圧的であるにもかかわらず、国際社会はそうした国家の主権の規範性に遮られて十分な干渉ができずにいる。ジャクソンはそうした状況に対して、逆差別ではないかと不満をもらす。というのも、たとえばソ連や東ヨーロッパの国々、さらには南アフリカといった国家の抑圧的な(白人)政権に対しては、国際社会から繰り返し強い非難が表明される。しかし同じように抑圧的なうえに、そうした国家とは違って十分な統治能力ももたないため地域を不安定化させている（非白人）政権に対しては、人種主義的な自己検閲がまかり通っているではないか。前者の国家群と後者の国家群との違いは、かつて植民地であったかどうかという差異にすぎない。にもかかわらず、前者ばかりが批判の的になり、後者に対する批判はタブー視されている（ibid.：197）。

どうやらジャクソンは、発展途上世界の南側の国々にその身の丈に合わない不相応な贈り物をしてしまったことを嘆いているようである。主権を与えるのは早すぎた、国際的な保護領というかたちで西洋が引き続き関与していたなら現状のような惨めな事態を回避できていたのではないか（ibid.：202）。

主権の過剰

こうしたジャクソンの不満そのものにまともに向き合う必要はない。むしろここで重要なのは、ジャクソンがそのような不満を抱く、その前提を取り出すことである。ジャクソンは深く考えることもなく、本物の主権と偽物の主権という区別を行っている。ヨーロッパで発展した実力を伴った主権こそが真性の主権であって、脱植民地化後に与えられた名前だけの主権はまがい物であると決めつけている。だからこそ、「疑似国家」となる。

しかしそうした理解は、主権という概念の性質を明らかに誤解している。もしそれらの二つの主権が本物／偽物として区別されるとするならば、両者は初めから完全に別物ということになる。それに対して本論で提示したいのは、近代ヨーロッパで発達したそれも、あるいは脱植民地化によって獲得されたそれも、どちらも同じ主権とみなす、そのような視座である。二つは別物ではなく、同じものが変容した姿であると考える。どちらも主権としての同じ性質を共有している。それをここでは、主権の過剰、と呼びたいと思う。

先ほども論じたとおり、主権とは政府の行為にほかならない。それ以外に私たちが経験可能な主権のかたちなどありえない。主権の絶対性とは、経験不可能な超越性のことではない。他の誰からも支配されないだけの力を備えているという意味での（世俗的な）優越性にすぎない。それが主権であるためには、政府は国内の他のいかなる組織や団体に対しても自らの意思を強制できるほどの実力を備えていなければならない。また同時に、他の主権から主権として認められていなければならない。もしAがBを主権として認めていなければ、AはBに対して自らの意思を強制しようとするであろう。すなわち、自らの主権によって支配しようとするであろう。その意味で主権は、他の主権との間に相互承認が成立していなくてはならない。他の誰にも干渉されない政府の行為、それがすなわち主権である。

主権とは、それ以上でもそれ以下でもないはずである。理念化するいかなる余地もそこにはない。しかしそうした主権が歴史の中に投げ込まれたとき、それは必然的に理念化する。つまり、過剰を抱え込む。ジャクソンの過ちとは、主権の歴史的な一形態にすぎない近代ヨーロッパ型の主権を真の主権と取り違えたところにある。主権は私たちの経験範囲内におとなしく収まってくれない。現実の政府の行為以上の何か、であろうとする。歴史上の主権は、必然的に過剰である。

なぜか。現実の政府の行為がつねに、特定の利害関係に結びついているからである。しかしもちろん、政府はそのことを認めようとはしない。公正な立場を装う。すなわち、社会全体の利益を代表していることを言い立てる。そうした主張の真意を疑う必要はない。政府は本気で社会全体の利益になると考えて行動している。にもかかわらず政府は必然的に、支配的な社会関係を維持するために行動しなくてはならない。というのも、政府を構成する人員も結局のところ、自分自身の過去の経験から離れて社会を構想することはできず、それは支配的な社会関係の維持という方向に向かって行かざるをえないからである。結果として、同じ社会経験を共有しない人々との間に実感の格差が生じ、政府の主張にはどうしも無理が出てくる。それを無理やりに正当化しようとするところに、必然的に過剰が生じることになる。主権は主権そのものであることに満足できない。それ以上の何かになろうとする。

近代ヨーロッパで誕生した主権は、封建的仕組みが危機を迎えた時代に事態を収拾するために中央集権的な形で力を集結させた（小野塚 2018：218）。その誕生が危機への対処であったことからもわかるように、主権は原初から己自身の実力以上の力を発揮しようとしていた。絶対主義国家が「王権神授説」という明らかな過剰を盛り込んだのは、そのためであった。

その後、資本主義的な矛盾を糊塗するために、主権国家は帝国主義へと膨張し、結果として二つの世界大戦を引き起こした。ここで大切なことは、それを主権からの逸脱とは考えないということである。危機的な歴史の中では、主権は、それ以外の仕方であらわれることはない。

それでは、主権の過剰をコントロールする手立ては、われわれに残されていないのだろうか。そうではない。先にも述べたように、主権は政府の行為である限り、当然交渉可能である。つまり、主権の過剰は必然的なものであるとしても、帝国主義そしてファシズムという歴史までが必然的なものであったと考える必要はない。ファシズムに対する抵抗は可能であった。

戦前のドイツの歴史が証明しているように、社会民主党とドイツ共産党の統一が実現していれば、あるいはヒトラーの登場を防ぐことができたかもしれない。少なくとも、その支持基盤は大きく損なわれていたはずであろう。しかし共産党は、社会民主党を議会制民主主義の手先にすぎない「社会主義ファシズム」であると焦るあまり繰り返し非難していた。共産党はロシア革命の成功をそのままドイツへと持ち込もうと焦るあまり、ロシアとドイツ、二つの国内情勢の違いを十分に汲み取ることができていなかった。その結果、共産主義革命への心構えの整っていない国内労働者からの支持が失われていった。

主権が過剰を抱え込む時期というのは、歴史が不安定化し大衆が流動化しやすい。そのため、主権との交渉可能性が最大化する時期でもある。そうした時節を、ドイツ共産党は逸してしまった。一九三三年にヒトラーが登場する時点でやっと、社会民主党との統一が呼びかけられたのだが、すでに長年の非難の応酬により互いに不信感が積み重なっていた。結局のところ、労働者の多くはヒトラー支持とまではいかなくとも、政党政治自体への信頼を失ってしまい政治的無関心へと落ち込んでいった。そうした土壌は、ファシズムの発生にとって最適なものであった。こうして主権の過剰は、あらゆる交渉可能性を凌駕していった。

主権は主権であるかぎり、危機の場面で必然的に過剰を抱え込む。しかし歴史は、主権の奴隷ではない。むしろ主権は、歴史によってその過剰性を露わにされる。そのときが、転覆のチャンスである。歴史はわれわれに千載一遇の機会を与えてくれる。それを生かすも殺すもわれわれ次第である。主権の過剰はわれわれを圧倒するばかりではない。それは、相手が衰弱していることの証拠でもある。そのとき、どのような連帯を作り出すことができるのかが、われわれには問われている。*1

話は少し脱線したが、本論ではこうした歴史観の中に、主権の過剰という論点を位置づけたいと思う。

上に論じたように、近代ヨーロッパ型の主権は、力としての過剰を抱え込んでいた。それに対して、脱植民地化後の発展途上世界が獲得した主権も、変容したかたちでの過剰を抱え込んでいる。それが、主権に付与された規範的な性格である。そもそも主権というのは、いかなる道義的な価値もそれ自体としてはもたない。それは政府の行為でしかない。それゆえ、正しいこともあるし、間違っていることもある。それを判定するのは、われわれの理性である。主権が主権であるからといって、それだけで正しさは保証されない。

近代ヨーロッパは、そのはじまりにおいて、「王権神授説」というかたちで主権に神によるお墨付きを与え正当化した。封建領主の力が衰え余剰な資本をコントロールできなくなりつつあったときに、中央集権的な国家権力を構成し、それを神聖化することで事態を押さえ込もうとした。神を持ち出すというところに、明らかな過剰がある。

そうした主権の正当化のあり方に無理を感じたトマス・ホッブズが、社会契約という擬制を持ち込むことで主権を理性化しようとした。しかし「リヴァイアサン」は怪物であるだけに、力の論理が全面に出てくる。主権は自らの正当性を力によって裏付けようとする（ホッブズ 1992）。

そして一九世紀に入ると、主権はナショナリズムの原理と結びつくことで人民主権というかたちに再編され強化されていった。力をもつ民族こそが主権を保持できる。民族・人種の優劣が、主権というかたちで目に見えてはっきりと表現される帝国主義の世界である。

二つの世界大戦は、帝国主義列強とそれに追いつこうとする新興勢力が繰り広げる力の闘争であったのと同時に、対位法的に帝国主義への抵抗が展開された世界戦争でもあった。第二次世界大戦で敗北したのはファシズム勢力だけではなかった。帝国主義という力の論理もまた、その正当性を失った。

そうした歴史過程が、戦後の国際レジームを形成していくことになる。もはや力によって主権を言い立てることはできなくなった。というよりも、ある意味では、力を持たないことこそが、主権をもつ一つの資格であるかのようにさえ思われた。帝国主義に蹂躙された過去をもち、現在は十分な力を持たないが、植民地主義に抵抗したという栄光の実績によって、主権国家の仲間入りが許される。足りない実力は、戦後の国際レジームが補填してくれる。それによって、発展途上世界の新興国家における主権は確立した。

事実、国内を実効的に支配できていないという意味においては、従来の主権と比べるならば不十分に見えるかもしれない。しかしそれも結局のところ、程度の問題にすぎない。国内の不満を抑え込むためにヨーロッパのように力に頼るのか、それとも国際社会の権威に頼るのか、という違いはあるにしても、実際に行っていることに大きな違いはない。むしろそこで見落としてはならないのは、どちらの主権にしても、実効的な支配を行うために、政府の行為にとどまらないそれ以上の何かを自らの内部に呼び込

＊1　二〇一一年三月一一日に東日本大震災と東京電力福島第一原発事故が発生し、戦後日本の政治経済体制が根本的な危機に直面したとき、支配的な権力は「絆」「復興」などの空疎な言葉で日本社会の一体感を演出しようと躍起になった。その欺瞞は誰の眼にも明らかであったのにもかかわらず、日本社会はその危機を体制変革の機会とすることができなかった。結局のところ、東京オリンピック・パラリンピックという主権的イベントに「復興」は回収され、福島の状況でさえも「アンダー・コントロール」にあると宣告されてしまった。主権の過剰が剝き出しとなった。

んでいるという事態であろう。発展途上世界の新興国家における主権も、近代ヨーロッパ型の主権と同様に、あるいはそれ以上に主権であるだけでは自らを維持しえないがゆえに、過剰を抱え込んだのである。

このことは、あるいは語義矛盾に思われるかもしれない。しかし歴史は、そうした矛盾を逆説へと昇華する。主権とはそれ自身が自立してあることの謂である。しかし、歴史上主権は、主権としてだけで存立できたことはない。危機においては、必ず過剰を呼び込まなくてはならない。それによってはじめて、主権は歴史の中で存立できる。

ジャクソンの議論の中では、主権はヨーロッパから発展途上世界へと移植される過程で変質したと想定されているが（だからこそ、変容した主権のあり様にジャクソンは不満をもつわけだが）、どちらも同じ主権とみなす本論の立場からするならば、それが西洋発の概念であることは忘れないでおきたい。

西洋にとって植民地主義とは、進歩や文明の観念と不可分の関係にあった。前近代的な暮らしを営んでいる地域の住民たちを啓蒙し文明の恩恵を拡大していく使命が、自分たち西洋世界にはあるものと信じられていた。すなわち、西洋にとって歴史とはつねに、進歩でなければならなかった。その歩みを止めることも、ましてや後退することなど許されなかった。

第二次世界大戦後に反帝国主義・反植民地主義がアジアやアフリカの解放・独立運動において掲げられたとき、西洋理性はそうした抵抗によって後退を強いられたかのように思われた。しかし実際には、そうした抵抗を戦後の国際的なレジーム形成において規範として取り込むことで、西洋はさらなる前進を果たそうとした。発展途上世界における新しい主権が規範的な性格を帯びたのは、ジャクソンが嘆いたように本来の主権のかたちが歪められたということではなくて、実態としては西洋世界が発展途上世界の抵抗を自らの前進の要素として取り込もうとした結果であったと言える。西洋は、抵抗に直面したときにも、進歩の歩みを止めはしなかった。

ヨーロッパの東洋への侵入は、東洋において抵抗を生み、その抵抗は当然、ヨーロッパ自体へ反射したが、それさえも、すべてのものを究極的には対象化して取り出しうるという徹底した合理主義の信念を動かすことはできなかった。抵抗は計算されており、抵抗することによって東洋はますますヨーロッパ化する運命にあることが見とおされていた。東洋の抵抗は、世界史をいっそう完全なものにする要素でしかなかった。(竹内 1966：12)

そのように考えるならば、主権の変容もまた、西洋理性にとっては織り込み済み、ということだったのかもしれない。過剰としての主権の規範性も、発展途上世界の人民が抵抗によって勝ち得た成果であるという以上に、そうした成果を簒奪した西洋理性の進歩のあり様なのではないか。それゆえ、ここで行っている主権の過剰という議論もまた、第三世界における抵抗の姿を見落としたままである。結局のところ、西洋理性の歩みを辿ることしかできないのかもしれない。

しかし、難民という存在のあり様について思考するためには、抵抗が規範という枠組みによって無効化されてしまった地点まで追いかけなくてはならない。難民保護は規範となりわれわれの想像力の中で実体化されることで、西洋理性の進歩へと回収されていった。[*2]

そうした議論を続けていくためにも、そして西洋理性の支配にもかかわらず人民にとっての抵抗の原理が失われてしまったわけではないことを忘れないためにも、ここでもう一度、竹内好の言葉を借りておこう。

理性は一歩前進の一歩においてでしか理性であることはできない。一歩前進の一歩において理性であるものが、一歩退却の一歩において理性でありえないのは当然であろう。もしあるとしたら、それは理性の実体ではなく、実体から反射した虚像であろう。したがって、もし実体が姿をあらわすとしたら、そのような虚像を拒否すること、つまり抵抗においてでしかないであろう。いいかえれば、絶対の敗北感においてでしかない。（前掲書：15）

西洋理性にとっての進歩は、東洋における退歩であった。その退歩には抵抗が伴った。しかし西洋理性は、その抵抗さえも世界史として包括し、さらなる進歩を果たす。東洋にとって退歩は敗北であった。抵抗虚しく敗北を強いられた。しかもそれが、西洋理性にとっては勝利を意味するという敗北感がやってくる。その「絶対の敗北感」を持続させることこそが、東洋における抵抗のあり方であると、竹内は魯迅を通じて考える。

脱植民地化が完了し、地球規模に国民国家システムが広がり、さらに資本主義市場経済のグローバルな展開を前にした現在の私たちにとって、「絶対の敗北感」の持続がいかに困難であるか。そもそも敗北さえも認識できないほどに、西洋理性の進歩に自己が同化してしまっている。

主権と難民

ともかくも、主権の過剰という論点によって、覇権的な権力の歩みを浮き彫りにすることはできるに違いない。そして、そのような主権の過剰が浸透した現象として、難民という存在のあり様を考察することができる。それは反対から言うならば、難民という存在の変容から、主権の過剰の変容を類推することができるということを意味している。難民は、主権の過剰の函数としてある。

主権の過剰は、難民において最もはっきりと形象化される。二つの世界大戦において、主権が激しく力の過剰を抱え込んだそのとき、難民という存在は力によって情け容赦なく蹂躙された。その存在は、非存在を強いられた。

自身もユダヤ人として第二次世界大戦中にフランス、その後アメリカへと逃れたハンナ・アーレントの描き出した難民の姿というのは、そのようなものであった。何らかの信念に基づいた政治的行為の結果として他国に庇護を求める〝亡命者〟とは違って、彼女らの大部分は特別な政治的信条を持っているわけではない。にもかかわらず、生命の危機が迫っており逃亡せざるをえなかった。逃亡先で亡命者と

＊2　難民研究という学問領域においても、西洋中心主義は必ずしも乗り越えられていない。一九四〇年代から五〇年代までの「難民危機」をヨーロッパの視点ではなく、グローバルな歴史的視点から検証したHolian and Cohen (2012) の中で論じられているように、たしかに「これまでもヨーロッパは批判されてきたが、かといって、ヨーロッパが思考の上でも実践の上でも中心から外れたことなどなかった」し、難民研究にとっての「脱植民地化のプロジェクトは未完のままである」(ibid.：315)。

一括されて「難民」と呼ばれることに違和感を抱きながら、「新移民」や「新参者」の流れの中に紛れ込んで目立たないように生活の再建を図ろうと努力していた。とにかく前だけを向いて生きていこうとした。しかし、その他の移民たちとは違って、力の過剰がその存在をすっかり蝕んでしまっていた。

実際、われわれのオプティミズムは、たとえ自画自賛だとしても、賞賛に値する。われわれの苦闘の物語は、ようやく知られるようになった。われわれは、生まれ故郷を喪失した。これは、日常生活への慣れ親しみを喪失したということである。われわれは、仕事を失った。これは、この世界でなんらかの役に立っているという自信を失ったということである。われわれは、言語を失った。これは、自然な受け応え、無理のないそぶり、感情の気どらない表現を失ったということである。われわれは、親類をポーランドのゲットーに残してきたし、われわれの最良の友人たちは強制収容所で殺された。これは、われわれの私的関係が切り裂かれたということである。(アーレント 1989：10)

ユダヤ人は、できるだけユダヤ人であることが逃亡先で目立たないように振る舞う。同化することで生きる道を見い出そうとする。しかし力の過剰はすでに、ユダヤ民族とそれ以外の人々との間に消しがたい差異を刻印している。それは、彼女らの同化に向けた前向きな姿勢に水を差し絶望を植え付ける。力の過剰は逃亡先にまで及び、難民を取り囲み窒息させる。

いや、われわれのオプティミズムには何か間違ったところがある。われわれのなかには、楽観的な話をたくさんしたあとで、全く思いもよらず、家に帰ってガス栓をひねったり、摩天楼から飛び降りたりする奇妙なオプティミストがいる。われわれが宣言した快活さというものが死をすぐにでも受け入れてしまいそうな危なっかしさと裏腹になっていることを彼らは証明しているように見える。われわれは、生命こそ最高善で、死が最大の恐怖だという確信のもとで育てられたが、生命より至高の理想を発見できないまま、死よりも悪いテロルの目撃者となり、犠牲者となった。(前掲書：14)

アーレントの描き出した同時代の難民は、世界に受け容れられることなく完全な「余計者」とされている。安全なはずの逃亡先でさえ、彼女らにとっての居場所とはならない。前向きさの裏側では、いつも死神が手招きしている。力の過剰は、人間の全部を根こそぎにしてしまった。

戦後、荒廃しきったヨーロッパ大陸に何千万という難民が右往左往することになる。そうした事態に直面したとき、連合国を中心とした国際社会は、新しい国際秩序を再建する必要性を強く意識するようになる。国際連合の創設に伴い、従来までの国家主権体制そのものが見直されることとなった。主権と力の結びつきが深く反省された。主権は相対化され、国家権力が国際社会のレベルにまで委譲されるのではないかという機運が、戦後直後には急速に高まった。しかしすぐにも、そうした理想は消え去った。主権国家体制に代わって新たな国際秩序の支配原理として、東西の冷戦構造が顕在化してきた。冷戦構造では米ソにおける力の突出によって、米ソ以外の各国の安全保障が二大国に依存する構図が出来上がった。それによって皮肉にも、戦後直後に理念的に目指された力と主権との分離が、現実政治の駆け引きから生じてきた。

それと同時に、冷戦構造の中に組み込まれた主権は、その正当化の原理として東西のイデオロギーを過剰として抱え込むようになっていく。こうして戦後のヨーロッパにおける難民移動には、新しい主権の過剰である冷戦イデオロギーが浸透していく。戦時中に力によって浸食された難民は、上のアーレントの描写にもあったように、その存在を根底から否定されていたが、冷戦体制下の西側イデオロギーが浸透した難民は、自由主義的な権利の体現者となっていった。境遇はすっかり様変わりした。どちらももともと避難民であるという境遇に変わりはないはずである。にもかかわらず、支配原理としての主権の過剰に変容が起きたため、難民としての地位にも大きな変容が起きたと考えられる。

そうした東西冷戦体制を色濃く反映した一九五一年の難民条約は、主権の新しい相貌を映し出している。主権は力によって支配を正当化するのではなく、自由主義的（あるいは共産主義的）なイデオロギーによって支配を正当化するようになっていった。難民条約における難民の定義は、そのような主権の函数として理解できる。

さらに、一九六〇年代には、第三世界において脱植民地化をめざす独立運動が本格化する。先にも論じたように、そうした動向によって主権は新たに規範的な性格を帯びはじめる。それは必ずしも、冷戦イデオロギーに回収される理念ではなかった。反植民地主義、民族自決、反人種主義といった独立にまつわる理念が規範化されていった。戦後ヨーロッパにおける冷戦イデオロギーを過剰として抱え込んだ主権の変容と、第三世界における独立理念を過剰として抱え込んだ主権の変容とが、戦後世界において難民という存在を新しく規定していった。こうして難民は、もはや力の過剰によって押しつぶされることなく、イデオロギーや規範の過剰によって保護される対象へと変貌していったのである。

主権の過剰が力からイデオロギーそして規範へと変容したことによって、難民は人権あるいは人道の対象となることができた。すなわち、戦後世界では、人権や人道が主権の機能となったことを意味している。人権や人道によって、主権は自らを正当化しはじめた。一九六〇年代以降の第三世界での大量の難民移動に直面したとき、ＵＮＨＣＲの役割が難民条約における難民の定義を超えて拡大していったのも、そうした主権の過剰からの要請であったと考えることができる。

主権という概念を固定化して捉えないかぎり、その担い手は政府でなくてもかまわない。支配能力を有するならば、それが主権となる。だから第三世界において独立新政府が実効的な支配を確立できていないならば、国際社会の権威が利用されることになる。そのとき、主権が衰退した、などと考える必要はない。国際社会との協働で主権の働きは維持されている。第三世界内部に設置された多くの難民キャンプは、そのような国際社会との主権の共同運営のあり方を象徴している。もしも第三世界における主権を一国政府の権限として固定してしまうならば、脱植民地化の過程で頻発した紛争の結果生じた避難民の流れは管理不能に陥っていたことであろう。主権の過剰によって国際社会との協働が成立したことで、避難民を難民として保護することが可能になっていった。

このことは、必ずしも主権の分割を意味しない。というのも、両者が同じ支配原理を共有しているかぎりは、そこに分裂は存在しないからである。東西冷戦体制を想起すれば、それは理解しやすいであろう。冷戦体制は各国政府に東西どちらかの陣営を選び取らせようとする。たとえば戦後日本は、サンフランシスコ講和条約によって西側陣営への参入を選び取った。その選択によって日本政府は、形式上の主権を取り戻した。しかし日本が西側陣営に取り込まれたことによって、日本の政策は主権回復以後もアメリカの世界戦略に左右され続けた。このことは確かに、日本社会の独立を大きく損なったと言えよう。しかし、国の独立と主権の回復は必ずしも同一の事柄ではない。というのも、繰り返し述べてきたように、主権とは政府の行為にすぎない。だとするならば、日本政府の行為とアメリカ政府の意図とが一致しているかぎりは、すなわちそうした協力関係によって支配を正当化できているかぎりにおいては、日本の主権は少しも損なわれていないことになる。日本政府は自らの主権を十全に発揮するために、過剰としての西側イデオロギー（とセットでの米軍の国内駐留）を抱え込んだのである。

このように主権は、支配の原理としてより柔軟に理解されなければならない。たしかにそれは、一七世紀ヨーロッパにおいてウェストファリア体制を確立したのであるが、かといってその原型が唯一の姿ではない。つまり、国家という単位が排他性を主張するのが主権の本質ではない、ということである。それは、主権の歴史的な一形態にすぎない。そうでなければ、難民という存在の地位が歴史の中でこれほど劇的に変容した事実を説明することができない。

世界中の人間たちが第二次世界大戦の終戦を境として、突然人権に目覚めて寛容になったわけではないだろう。支配の原理が再編されたことによって、難民の保護が可能になったと考えるべきである。主権は支配を実効的なものとするために、歴史上さまざまな過剰を抱え込むことになる。そしてその過剰が難民へと浸透し、その地位を変容させている。

責任としての主権

難民の地位の変容と主権の過剰の変容との相関は、冷戦終結後にも見て取れる。冷戦体制の崩壊は、難民保護レジームにも大きな影響を与えた。東西のイデオロギー対立が消失したことによって、各国は陣営に依存した体制の見直しを迫られるようになっていった。日本の場合には、やはり安全保障体制にそうした変化は如実に現れた。日米安保の片務的な性格をより双務的な役割分担へとシフトさせていくという圧力が、一貫してアメリカ側から課されるようになっていった。東西対立がなくなってしまえば、アメリカが日本の面倒を見続けなければならない相当の理由もなくなっていく。こうして、冷戦終結後の国際レジームは、主権に「責任」を問いはじめる。

そしてそのような責任追及の矛先は、最も鋭く発展途上世界に向けられることとなった。冷戦体制の箍（たが）がはずれた東側旧共産圏や、国際社会からの援助が途絶えた第三世界において、主権は自らを持ちこたえることができなくなりつつあった。そのため、冷戦終結直後から、内戦が頻発し地域は不安定化していった。

このような事態に対して、冷戦の勝者であり覇権を握っている先進自由主義諸国から構成される国際社会は、そうした不安定国家の責任を追求しはじめた。国際秩序を乱す内乱国家は主権国家に値しない、と断罪することによって、紛争解決のための外部からの干渉・介入を正当化した。一九九〇年代にはイラク、ユーゴスラヴィア、ソマリア、ルワンダといった紛争地帯へと国際社会は国境を越えて介入していった。

ここにおいて、主権はまたしても変容している。イデオロギーや規範によって支えられていた主権は、冷戦体制の崩壊によって責任を問われることになった。権利を与えられた主体は相応の義務を負うべきであるとする、社会契約的な応答関係からの類推がそこにはある。しかし、社会契約的な意味で一市民が義務を負うのは、国家によって権利が保障されているからである。しかし、主権は誰かに保障されるような権利ではない。主権の権限とは、他からの干渉をゆるさないような支配力を有するという事実に基づいているにすぎない。だとするならば、主権に責任など生じるはずがない。にもかかわらず、冷戦体制の崩壊は、主権の責任を問うことを可能にした。すなわち、主権の過剰としての責任が問われているのである。

こうした責任を伴った主権のあり様は、ヨーロッパ地域統合化の加速とも重なっている。EUという単位は、責任を果たすことのできる主権国家の集まりである。責任を果たしていない国家は、仲間入りの資格をもたない。「ヨーロッパの要塞化」といった事態が近年盛んに議論されているが、そうした動向もまた、主権の過剰が責任の論理を取り込んだことと関連している。[*3]

冷戦体制崩壊以後、再び国家主権が台頭してきたと論じられることがしばしばあるが、そうした認識はあまりに粗雑すぎる。主権は台頭―衰退といったサイクルを繰り返しているのではない。歴史の動きの中で、支配原理としての形を自在に変化させているのである。

国家の果たすべき責任を露骨に問いただす議論は、冷戦体制崩壊以後の難民研究においても支配的となってくる。第三世界における難民問題に関して、紛争解決の専門家たちの発言が目立ってくるのもちょうどこの頃からである。冷戦終結以後のアフリカの情勢をとくに気にかけているのが、ブルッキングス研究所のフランシス・デンらが提唱する「責任としての主権」という議論であろう(Deng, et al.

1996)。

デンたちは、冷戦終結以後に難民を含んださまざまな強制移動民が生じてきていることを強調する。そしてそうした移動は、各地での紛争激化の結果であるばかりでなく新たな紛争を引き起こす原因とも

＊3 ブルガリア出身の政治学者イワン・クラステフは『アフター・ヨーロッパ』において、中・東欧諸国から見たEUという興味深い視座を展開している。EUの中枢であるブリュッセルのエリートたちは、EU加盟国に財政規律などのさまざまな責務を求めてくるが、中・東欧各国の人民から見たとき、そうしたエリートたちこそ無責任な人々に見えてくる。

「逆説的なことに、人々に彼らを疑わせるのは、現在のエリートの「移動可能な能力」、つまり彼らがブルガリアやバングラディッシュで銀行を経営したり、アテネや東京で教鞭をとったりするなど、それぞれの国に適応できるという事実である。人々は、問題が生じた時に、能力主義者がその国に留まるコストを自分たちと共有する代わりに、その国を離れるという選択をするということを恐れる。」(94-95)

「新しいエリートの性質や流動性は、彼らの出身国から彼ら自身を実質的に独立させている。彼らは自国の教育システム（彼らの子どもは私立学校に通う）や国民医療サービス（彼らはより良い病院にかかる経済的余裕がある）に依存しない。彼らは共同体の感情を共有する能力を失くしている。人々は、このエリートの独立性を市民の力の欠如として経験する。」(96)

そして、そうしたエリートたちと同様に、ヨーロッパの外側からやってくる移民・難民たちもまた、土地から離れられずにいる大多数の人々の暮らしを脅かしている、とポピュリスト政党は言い立てる。

「ポピュリスト政党のレトリックでは、エリートと移民はお互いを利用してうまくやっている双子のようなものである。どちらも『われわれ』のようではなく、どちらも誠実な多数者をだまして強奪し、どちらも払うべき税を払っておらず、またどちらもその土地の伝統に無関心あるいは敵対的である、と主張する。」(97)

なっていると指摘する。そのような認識は、元国連事務総長のブトロス・ガリが『平和への課題』（一九九二年）において描き出した冷戦崩壊以後の情勢と一致している。

紛争が内戦へと発展してしまっているような国家はすでに「破綻国家」であって、自ら秩序を維持していく能力をもたない。にもかかわらず、そうした国家は主権と領域不干渉の原則を盾にとって国際社会からの介入を拒み続けている。それゆえデンたちは、主権を排他性ではなくその実効性に基づいて定義し直そうと提唱する。そこで提起されるのが、「責任としての主権」という考え方である。

国家は国家であるかぎり、国民に最低限度の生活を保障しなければならない。そのような責務を果たすことのできない国家に主権をもつ資格などない。主権国家としての不可侵性を主張できるのは、自らの責務を果たしている国家だけである。国家としての最低限の責務を果たしていない「破綻国家」は、当然内政不干渉の根拠をも失うことになる。

そのような責任追及の論理に基づいてデンたちは、主権を「貯蔵された一機能」であるとみなす。国家によって適切に責務が果たされている場合に限って、国際社会からも国家主権は認められるが、不十分とみなされたなら、主権は国際社会の共有物となる。その段階で、国内秩序を生み出し維持するという責務は、国際社会のレベルに委譲されることになる。冷戦体制の崩壊により第三世界の戦略的価値は低下し、さらには各国の国家予算上の制約から国際社会は紛争地域への介入に消極的になってきている。そのため、主権の共有という取り組みは、まずは地域レベルで模索されていくであろう。これが、デンたちの描き出すシナリオである。こうしたシナリオをデンたちは、強い調子でアフリカの紛争当事者たちに突きつける。

これは、政府の人間であっても、反政府勢力の指導者たちであっても、市民社会や一般大衆であっても、アフリカ人皆が心に留めておくべき重要なメッセージである。国家を通じてであれ、あるいは国家の代替を通じてであれ、もし彼らが主権にまつわる責任を果たすことができなければ、国際社会が人道的な介入を行ったとしても、あるいは国際社会が援助から手を引き事態を放置してしまったとしても、彼らが不平を述べる筋合いではない。(ibid.: xvi)

以前にロバート・ジャクソンが第三世界に「消極的主権」を与えてしまったことを後悔していたのと同様に、ここでもデンたちは、アフリカの主権に対する不信を隠さない。しかし思い出してもらいたい。第二次世界大戦後、アフリカにおいて規範としての主権を維持し続けたのは、誰あろう国際社会そのものであった。規範としての主権が維持されていたことで、アフリカにおける支配の形式は援助依存の利権に縛られたものとなっていった。さらに、数世紀にわたる植民地主義が暴力による統治技法を植え付けてしまったがために、独立後もそうした伝統からなかなか脱却できずにいた。そのような状況を、規範としての主権の過剰が正当化してきたのであった。

しかし冷戦体制が崩壊すると同時に、国際社会の援助は途絶え、主権からはかつての規範性の権威が取り除かれてしまった。あとに残されたのは、限られた利権を奪い合う血なまぐさい争いと形ばかりの独裁政府であった。

北側の先進自由主義世界は、自分たちの民主的な基準からアフリカの統治のやり方を裁定しがちであるが、アフリカの統治が独裁を維持し汚職と暴力に染まっているのは、アフリカが長年に渡ってそのような歴史を強いられてきたことの証拠である。アフリカが本質的に非生産的で野蛮であるから、いつまでたっても民主主義を達成できないのではない。苛烈な植民地主義を潜り抜けてきたアフリカの合理性が、脱植民地化後のアフリカ政治を規定してきたのである（Mbembe 2001）。

世界の勢力図が書き換えられるたびに、つねにその周縁に位置づけられてきたアフリカは、覇権勢力によって繰り返しそのときどきの世界観を強要されてきた。そしてまたしても、覇権国の都合によって転機が訪れ、今度は主権に責任が問われはじめた。戦後の国際レジームは第三世界の主権に規範性を認めてきたが、一九九〇年代以降の国際情勢にとって、そのような主権の過剰のかたちは好ましくなくなった。そこで規範に代わって責任が持ち出されてくる。果たしてここで言われている「責任」とは、アフリカに対して問うべきものなのか、それとも国際社会が自らに問い返すべきものか。

ともかくも、国家に責任を問うことで、国際的な主権国家体制はさらなる延命を図ろうとしている。そして責任としての主権の過剰もやはり、難民という存在へと浸透していく。

一九九〇年代以降の難民保護レジームにおける変化は、大きく言って二つあるだろう。

第一に、先進自由主義世界にあらわれた変化として、庇護の後退という状況がある。そうした動き自体は、一九八〇年代後半くらいからすでにあらわれはじめていた。戦後の難民条約に基づいた難民保護においては、難民を庇護し受け入れるか、あるいは安全な第三国への再定住が目指されてきた。それは、冷戦体制によって人の移動が分断されているからこそ維持可能な難民保護のやり方であった。しかし冷戦体制が終わりを告げたことによって、先進各国は難民庇護に対して制限的な政策を次々に導入しはじめる。

そのとき、責任追及の論理はどのように作用しているのだろうか。先進各国が難民の庇護や再定住に代わって主張しはじめたのが、難民の帰国や一時的保護といった考え方である。北側先進各国の言い分はこうだ。――われわれは主権が果たすべき当然の責務を履行している。その証拠に、われわれの中から難民は発生してきていない。ところが、発展途上世界では、主権としての十分な責務を果たしていない「破綻国家」が多く存在しているではないか。そうした国家からやって来た難民たちを受け入れる義務は、本来われわれにはないはずである。しかしもちろん、われわれも鬼ではない。国際社会の一員として相応の義務は果たしたいと思う。とはいえ、われわれの善意にも限界はある。一時的な滞在までは認めてもよかろう。ただし、監視は怠らない。おかしな行動をする者たちは収容所行きだ。また、難民発生の責任は本来は出身国にあるのだから、難民の帰国も当然、選択肢に含まれる。自分たちの国民の面倒は自分たちで見るべきである。あるいは、難民の発生を事前に食い止めるためには、破綻しそうな国家に予防的に介入することも必要かもしれないし、われわれはそうした行動を躊躇しないであろう――。

そのような先進各国の態度変更とも関連して、冷戦体制終結以後に難民保護レジームにあらわれた第二の変化として、「国内避難民」に対する支援の拡大がある。戦後の難民保護レジームにおいては、原則的に難民に対する保護というのは、国境を越えてきた避難民に対する保護として実践されてきた。ところが、一九九〇年代以降、発展途上世界において紛争が頻発し内戦へと発展していくと、国境を越えることのできない国内避難民が国境線の内部に取り残されているという事態に国際社会の注目が集まるようになっていった。そこでＵＮＨＣＲを中心とした国際社会の支援は、紛争の只中にまで活動の範囲を広げていった。結果として、中立を標榜していたはずの人道支援が紛争当事者の利害関係に巻き込まれるなど、さまざまな問題を引き起こしている[*4]。

ここにおいても、責任の論理があらわれてきている。主権を責任として捉えているからこそ、国境線の内部にまで踏み込んでいくことができる。主権が排他性や規範として維持されているかぎりは、内部への干渉はゆるされない。ところがそれが責任として再編されたことによって、内部への干渉は国際社会が果たすべき道義的責務へと反転する（Weiss and Hubert 2001）。それ以前にも、当然のことながら国内避難民は存在していたはずである。しかし、規範によって国境線内部は閉ざされていたために、その存在が国際社会の眼にとまることはなかった。一九九〇年代以降、主権の過剰がイデオロギーや規範から責任へとシフトしたことによって、国境線は開かれ各地の国内避難民が注目を集めるようになっていった。難民保護レジームにおける国内避難民の登場は、主権が新たに責任という過剰を抱え込んだことを象徴している。

戦前と戦後で、難民の地位は劇的に変化した。どこの国も受け入れたがらない「余計者」が、人権や人道の対象としての「保護すべき存在」となった[*5]。さらに本章で見たように、戦後においても難民の地位は変容してきたといえる。なぜそのような変化が生じるのか。従来の理解では、それは国際的法制度の発展によって説明されてきた。国際的法制度が整備されることで、国内の法制度によっては地位の保障が難しかった難民のような存在にまで権利を拡張することができるようになった、と理解されてきた。それでは国際的法制度は、なぜそのような発展をしてきたのか。現実の状況の変化が国際法の発展を促した、と理解される。すなわち、戦後のヨーロッパにおいて、あらゆる法体系から脱落してしまうような存在が大量に発生してきてしまった、あるいは、脱植民地化後の第三世界において、紛争や迫害や貧困から逃れる大量の避難民が生じてきた、さらには、冷戦終結以後に各地で内戦状況が生まれ国境線の内側に多くの国内避難民が取り残された、等々の状況に対するリアクションとして国際的法制度が発達してきたものと考えられている。そしてそれこそが、難民の地位の変化を促している、という認識となる。

こうした説明は、世界における人権意識や人道主義の高まりと広がり、といった事実も含意しているだろう。しかし、人権や人道に対する意識が広く共有されるようになってきたから難民の地位が現在のように変化した、という説明は十分なものとは言えない。なぜなら、現実の状況自体からは、特定の法制度の発達を帰納的に導き出せるわけではないからだ。そこには、状況を方向づける力が働いていると考えられる。それが、難民をめぐる政治である。

＊4　一九九〇年代以降のＵＮＨＣＲによる難民支援の様子は、当時ＵＮＨＣＲの高等弁務官（一九九一－二〇〇〇年）を務めていた緒方貞子の回想録（2006）に詳しい。また、一九九八年に国連人権委員会は、民間のブルッキングス研究所と共同で『国内強制避難に関する指導原則』を作成し発表した。この指導原則は、現在に至るまで国内避難民保護・支援の重要な指針となっている。さらに、アフリカ連合は二〇一二年から「カンパラ議定書」を発効させ、各国に国内避難民保護の法的責務を課すようになった。

＊5　戦前から戦後にかけての難民の地位の変容を、戦後日本という空間における人の移動の歴史から検証したものとして、伊豫谷編（2013）の第四章を参照のこと。

戦後の難民保護レジームの発展は、難民に対する人道的な保護が拡張してきている過程として評価できるであろう。難民条約によって規定された難民ばかりでなく、紛争、貧困、災害、開発などによって生じた避難民もまた支援の対象となってきたし、近年では紛争地に取り残された国内避難民にまで支援の手を伸ばしてきた。難民に対する保護を主権の過剰によって推進していくという試みは、そうした発展過程として見るならば、たしかに実効性があったと言えるかもしれない。

しかし、主権の過剰というのは、結局のところ、支配の原理にほかならない。そのため、民主的な原理に背反せざるをえない。「難民状況」においては、難民という存在と国民社会に生きる私たちとは、疎遠なままである。戦後の歴史過程において、両者の間に主権の過剰の介入を許したことによって、民主的な関係性の回路が閉ざされてしまった。

難民と私たちとの間の友情は、原理的な困難を抱えている。次章では、そのことを論じていく。

第五章　難民との友情

遠い存在

ハレル・ボンドとヴォウティラは、難民支援の現場での具体的な調査をもとに精力的に難民研究を行ってきた。そうした第一線の難民研究者としての経験から彼女たちは、第二次世界大戦以後に難民研究の制度化が進展するにつれて、研究者と難民とがいよいよ疎遠になってきている事実を指摘している（Harrell-Bond and Voutira 2007）。

二〇世紀の前半までは、革命や二つの世界大戦の結果として生じた難民移動の中に、知識人亡命者として自らが研究主体となって活動する難民たちが多くいた。[*1] そして戦後の難民保護に関わる制度的発展や法整備においても、そうした難民たちが主導的役割を果たしていった。

＊1　たとえば、第二次世界大戦時にアメリカに亡命した東・中欧からのユダヤ人亡命者たちの多くが、ニューヨークのThe New School of Social Researchに迎え入れられ、一九三三年には大学院として「亡命者の大学University of Exile」が設立されている。

ところが、難民研究が一つの研究分野として体系化されてくるにつれて、難民自身は研究の主体から客体へと立場が変わっていく。難民保護の現場には地元政府や国際組織が深く介入するようになり、あらゆる場面で官僚主義が幅を利かせるようになっていった。結果として現在では、研究者が難民の現場を調査することが非常に困難となった。かつては主体であったはずの難民が、いまでは不可視とされている。難民キャンプや難民収容所といった施設は、そのように難民を不可視化する装置として機能している。

南側の発展途上世界では、難民キャンプが難民を隔離している。研究者は、特別な伝手でもないかぎり、キャンプに入ることさえできない。そのうえ、キャンプではさまざまな利害関係が錯綜しているために、インタビュー調査を行ったとしても難民自身の「本当の声」を聞き取ることは非常に困難となる。[*2]

他方、北側先進世界においても、事態は深刻である。難民収容施設に収監された難民は、ほとんどアクセス不能となる。一度収監されてしまうと、たとえ庇護申請中であっても、思わぬタイミングで送還されてしまう危険がつねにある。ヨーロッパの先進各国政府は、送還のための特別チャーター便まで手配している。

こうした事態は、研究者の手に負えないものとなっている。収監されてしまった難民たちは、壁に閉ざされてまともに会うこともできない。加えて、収容施設自体がより南へより東へと遠ざかっている。庇護申請の審査が、リビアやモロッコの沖合において簡易的に行われるようになる。難民はもはや、ヨーロッパに近づくことさえままならない。そのように難民のヨーロッパ大陸からの地理的排除が進行することによって、研究者と難民との物理的距離も広がっていく。難民自身が研究主体となるどころか、難民の利益のために研究者が研究活動を行うことさえ困難となってきている。

現代のこうした「難民状況」は、二〇世紀前半の状況とは著しい対照をなす。その頃はまだ、難民と国民社会に生きる私たちの間には地続きの関係性があった。つまり、難民は特別な地位として隔てられてはいなかった。[*3]

難民を資源として活用するこうした方針は、当初国際連盟によって採用されていた。そのとき難民は、労働市場のすき間を埋めるために（国際労働機関ＩＬＯとの協同によって）利用され、彼ら・彼女らの特殊技能はそれぞれの職種において活用されたのであった。こうしたことが可能であったのは、そうした難民たちが、*能力を持った人々*、すなわち「私たちのような」人々であるとみなされていたからである。（ibid.：282　強調は原文ではイタリック）

その当時までは、難民と国民社会に生きる私たちとは似ていた。その事実が決定的に重要である。それはなにも、研究者と難民という関係性に限定される問題ではない。難民と私たちとの友情に関わる問

＊2　アフリカをフィールドに難民研究を行っているジェフ・クリスプが指摘しているように、研究者による難民キャンプの調査といえば長年、ケニアのダダーブ・キャンプやカクマ・キャンプに集中していた。というのも、ケニアは英語圏であって交通アクセスもよく、さらには都市部は整備され快適で、自由時間にさまざまなレジャーを楽しむこともできるため、多くの研究者に好まれてきたという（Crisp 2012）。

＊3　ここでは、第二章で論じたＥＶＷ計画を想起してもらいたい。

題である。

アーレントと難民

しかし、二〇世紀の前半という時代は、難民と国民社会に生きる私たちとの間につながりを見い出すことが可能であったのと同時に、そのつながりを断ち切る原理が支配しはじめた時代でもあった。そうした問題を同時代的に敏感に感じ取っていたのが、ユダヤ人政治思想家のハンナ・アーレントであった。アーレントは、第一次世界大戦後に生み出された少数民族と無国籍者という二様の人間集団に着目している。

> 一方には少数民族、他方には無国籍者と亡命者というこの二つのグループの状態の異常性は、彼らがいかなる国家によっても代表されず保護されないという点にある。従って彼らは、少数民族の場合のように例外法規のもとに生きるか――この例外法規は少数民族条約として国際的に保証され、関係諸政府によって散々文句をつけられた（チェコスロバキア政府を例外として）末に調印されたものである――、あるいはこのような国際的機制が不可能な無国籍者のように、一切の法律の埒外に立たされて人々の寛容に縋って生きるしかなかった。（アーレント 1981（2）：238）

第一次世界大戦後にオーストリア＝ハンガリー帝国と帝政ロシアという二つの巨大帝国が崩壊したことにより、東欧と南欧において民族問題が先鋭化してくる。第一次世界大戦の講和会議において少数民族保護条約が締結され、それによって、新しく誕生した国民国家における国民の地位にある主要民族と条約の保護対象となる少数民族とが区別されることとなった。実質的な政治的諸権利を否定された少数民族は、新しい国民国家体制の中では自然と被支配者の立場に置かれ、一方の国民の地位にある民族は支配者としての役割を演じざるをえなくなっていく。

しかし、フランス革命以来ヨーロッパでは、国民主権に与ることなしには民族としての自由を手にすることはできないと考えられてきた。そのため、いかなる保護が与えられたとしても、少数民族という地位に人々が満足することなどありえなかった。唯一、ユダヤ民族だけが少数民族条約における地位に甘んじていた。結果として、条約上の少数民族は民族としての自由と権利を獲得するために、国民の立場にある支配民族と衝突することとなっていく。

このとき少数民族は、国際社会による保護など期待も信用もしていなかった。自分たちの人権が、国民主権と切り離された抽象的な法的文言で保護されるなどと夢見る者はいなかった。こうして少数民族は、法ではなく、ナショナルな結びつきを頼りにするようになる。[*4] 戦間期のヨーロッパにおいて顕著となったナショナリズム運動は、自分たちの安全や自由を保障するための命がけの闘争であった。そのような生存競争の結果として、ヨーロッパにおける国家は抽象的な法体系ではなく、実体的な民族を単位として構成されていった。

＊4　戦間期に国家からの保護を失った難民たちは、ナショナルな結びつきによって生存を維持し、さらには、難民化することによってヨーロッパの少数民族はナショナルな意識を高めていった（Gatrell 2013：41–46）。

法制度としての国家から民族的制度としての国家への変質は規定の事実となっており、確かに「ネイションが国家を征服してしまった」ということだった。そしてそのことはまた、民族的利害が法的な性質の考慮のすべてに優先するとされたことを意味するにほかならず、別の言葉で言えば、「ドイツ民族を益することがすなわち正しいこと」となったのである。（前掲書：249）

少数民族という地位は、国民としての民族との間に権利上の不均衡を生み出したという意味では、民主的な関係性を制限していた。しかしそれは、国民社会からの完全な疎外というわけではなかった。法に頼ることはできなくなったが、ネイションに頼ることはできた。その意味で言えば、世界とのつながりが切れたわけではなかった。ネイションをめぐる弱肉強食の競争が繰り広げられたのであって、つまりは、その競争原理は双方に共通のものであった。たとえ憎しみは増大することがあるとしても、両者の友情が不可能となったわけではない。

それに対して、無国籍者という存在は、世界との関係性が完全に断たれてしまっている。少数民族が制限されていた文化的な権利にかぎらず、居住や就労に関わるきわめて基本的な権利までもが無国籍者からは剝奪されていた。国民主権の原理に基づいた国民国家システムにおいては、国籍を持たないそうした存在に対してはいかなる権利も保障する手だてがなかった。

一九世紀までのヨーロッパ世界であれば、慣習的にキリスト教的精神に基づいた庇護権が広く通用していたために、ある国で住む場所を失ったとしても他国で新たに住む場所を見い出すことができていた。しかし二〇世紀に入り、すべての国家が国民国家として編成され、国家が国内においてばかりでなく国外においても自国民に対する保護を提供し、国境線を出入りする人の移動を管理しはじめると、庇護権は機能不全に陥り、無国籍であることが無権利状態と結びつくこととなった。つまり、第一次世界大戦後のヨーロッパでは、国籍の有無が生死を分かつ重大事となっていたことを意味する。

無国籍者が非全体主義国で享受した諸権利、多くの点で謳われた人権と一致する個別的諸権利は、無権利という根本的状況を些かも変えることはできない。彼の生命は、場合によっては、私的あるいは公的福祉団体によって数十年も維持されることはあるが、それは私的機関の慈善か公的機関の困惑のおかげであって、彼が生きる権利を持つからでは決してない――彼の扶養を各国に強制しうるような法律は存在しないからである。（前掲書：279–280）

つまり、無国籍者の生命や自由は、国民社会に何の根拠も持たないということであろう。その意味で、国民社会に生きる私たちと無国籍者が民主的な交渉関係に入ることはきわめて難しい。宿命的にすれ違っている。こうしたすれ違いをアーレントは、「諸権利を持つための権利」という奇怪な概念によって説明している。

諸権利を持つ権利――これは、人間がその行為と意見に基づいて人から判断されるという関係の成り立つシステムの中で生きる権利のことを言う――というようなものが存在することをわれわれが初めて知ったのは、この権利を失い、しかも世界の新たな全地球的規模での組織化の結果それを再び取り戻すことのできない数百万の人々が出現してからのことである。この悪は抑圧とか暴政とか野蛮のような歴史上知られた悪とはほとんど関係がない（従っていかなる人道主義的療法を以ってしても治癒不可能である）。この悪が生まれ得たのはひとえに、地球上に「文明化されえない土地」がもはや一片も残らなくなったからであり、われわれが望むと望まざるとに拘わらずすでに一つに組織された人類となった故にこそ、故郷と政治的身分の喪失は人類そのものからの追放となったのである。（前掲書：281）

無国籍者はこの世界において、自らの行為や発言を有意味なものとすることができない。誰も彼ら・彼女らの行為など気にしていないし、彼ら・彼女らの声は誰の耳にも届かない。そうした事態は、支配者による被支配者に対する差別や迫害といった悪行とは無関係に生起する。国民国家システムという政治的組織化原理によって必然的に帰結する。無国籍者という存在は、二〇世紀以前にももちろん、ときに発生していた。しかしそうした存在が無権利状態を招来するようになったのは、政治的共同体の組織化原理が決定的に変容したからであった。国民国家によってすき間なく埋め尽くされた地図上に、無国籍者の居場所は残されていない。[*5]

無国籍とは、それ自体では一つの事実を言い表しているにすぎない。その事実からだけでは、国民社会に生きる私たちとの関係を阻害する要因とはならないはずである。ところが実際には、無国籍であることは異質さを際立たせることとなった。「文明」の中の「野蛮」として現れた。国民の地位にある民族との間に支配―被支配という関係性をもつ少数民族の場合（それゆえ、支配に対する抵抗も可能となる）とは違って、無国籍者の場合は、国民社会との間にいかなる関係性も作り出すことができない。国民は、無国籍者を恣意的に差別し迫害しているわけではない。その意味で無国籍者には、抵抗の根拠すら与えられない。こうして、国民にとって無国籍者は非存在となった。それゆえ、難民化したのである。

職業も国籍もまた意見も持たず、自分の存在を立証し他と区別し得る行為の成果を持たないこの抽象的人間は、国家の市民といわば正反対の像である（略）なぜなら、無権利者は単なる人間でしかないといっても、人と相互に保証し合う権利の平等によって人間たらしめられているのではなく、絶対的に独自な、変えることのできない無言の個体性の中にあり、彼の個体性を共通性に翻訳し共同の世界において表現する一切の手段を奪われたことによって、共同であるが故に理解の可能な世界への通路を断たれているからである。彼は人間一般であると同時に個体一般、最も普遍的であると同時に最も特殊であって、その双方とも無世界的であるが故にいずれも抽象的なのである。（前掲書：289）

ここに、難民という存在の出自がある。国民社会からの切り離しが、彼ら・彼女らを難民にしている。無国籍者であることがすなわち、難民であることを意味するわけではない。無国籍であることが国民社会からの疎外を意味するようになったとき、無国籍者は難民となった。

＊5　国民国家化のプロセスに関しては第一章、無国籍者の地位に関しては第二章において、それぞれ詳しく論じた。

このことは、通常の難民理解とは大きく異なっている。というのも、ふつうは迫害された結果として人々は難民化すると考えられているからである。しかし、無国籍者の置かれた状況を見てきてわかるように、迫害という事実と難民化という現象は直接的には結びつかない。迫害を受け逃亡したとしても、すぐに新しい居場所が見つかるならば難民にはならない。国民社会からの切り離しという契機を媒介してはじめて、避難民は難民化する。

通常の難民理解は、そうした媒介を当然の前提にしている。迫害と難民化とを一直線に結びつけることで、迫害の事実のみを殊更に強調しその原因と結果ばかりを取り上げる。それによって、難民という存在も自明のものとなっていく。そのとき、媒介となる国民社会からの切り離しは、制度化され意識下に埋め込まれていて問い直されることもない。

しかし二〇世紀初頭に起こった国民社会からの切り離しという事態は、当初は支配権力の側にとっても前代未聞の驚くべき事態として経験されていた。そのため支配権力としては、切り離しそのものを制度化し正当化していくという発想はなく、どうにかして切り離しを隠蔽しようとしていた。人権を謳いあげてきた「文明世界」は、人権の埒外に置かれた存在を自らが生み出してしまったことに戸惑っていた。そのような〝奇形児〟を認知することなどできなかった。ましてや、その存在を公にし特権的地位を与え保護するなど思いも及ばないことであった。

また、難民となってしまっている外国人の側も積極的に身分を申請するというのではなく、むしろカテゴリー化されることを怖れ、どうにかして国民社会の中に紛れ込もうとしていた。つまり、国家も難民も双方ともが、国民社会からの切り離しという現実に目を閉ざし、まるでそんなことは起きていないかのように振る舞おうとしていた。

国家のほうでは、外国系住民を可能な限り多くの行政カテゴリーにきちんと分類して無国籍者をできるだけ残さないようにすることに関心を持っていたのに対し、外国人の関心はこれとは逆に、亡命者、「無国籍者」、「経済移民」、「旅行者」などの区別を不可能にする混乱の中に姿を晦ますことにあった。該当する外国人が本当はどのカテゴリーに属するのかは、本人が本国送還や移送の危険に脅かされるまではなかなか分からなかった。（前掲書：260）

難民をめぐるこうした動向は、二〇世紀後半以降の動きとは非常に対照的である。冷戦体制が確立される状況の中で、難民という地位は国際社会によって承認され法的保護の対象となっていった。かつてはどうにかして隠蔽しようとした難民という存在を、戦後の国際社会は積極的に制度化し正当化していった。国民国家システムの異物として吐き出された難民はしかし、戦後の冷戦体制の中で居場所をあてがわれ特権化していった。避難民自身も難民という地位を自ら申請するようになっていく。戦前までは考えられなかった変化であろう。忌避すべきであった「難民」という標識がいまや、追求に値する特権的な地位へと変貌していった。

こうした価値の転倒によって、難民の国際的な保護が可能となった。戦後の難民条約やＵＮＨＣＲといった国際機関の設立は、難民保護を大きく進展させたと言えるであろう。しかしそのとき同時に起こったのが、難民という地位の自然化であった。かつては驚くべき未知なる存在であった難民は、対処可能な保護対象と見なされるようになっていく。

アーレントが描き出したように、そもそも難民とは、誰もが眼を背けたくなる「野蛮」な存在であった。だからこそ、国家も難民自身もその存在を認めたがらなかった。民主的な関係性を取り結ぶことのできない、すなわち友情を交わすことのできない存在がヨーロッパ内部から析出されてきたという事態に、当時の人々は驚愕したのであった。しかし戦後に発展した難民保護レジームは、難民という存在を、その原理的な異質性はそのままに制度化することに成功した。そして難民自身も、他のカテゴリーからの区別を要求していった。

けれども、国民社会から切り離されてあるという難民の存在論的条件に変化はなかった。その証拠に、現在でもしばしば難民の前には不条理な「壁」が立ち塞がる。「難民状況」は解消していない。さらに、かつてのように難民という立場が隠蔽すべきものではなく正当性を主張すべき地位へと変容したことによって、国民と難民との立場の違いも当たり前のものとして受け入れられていった。

このような難民の地位の劇的な変容過程については、従来の難民研究では単なる国際法や国際組織の発展過程として評価されるばかりで、存在論的観点からの問い直しは行われてこなかった。それほどまでに、私たちの認識の中で難民という存在が自然化しているということだろう。しかし本論では、そのあまりに自然すぎる私たちの難民理解を問い直してみたい。難民という存在に対する戸惑いを再生させることで、配分的正義の議論によっては完結することのない民主的な関係性、すなわち、友情に関する問題を提起したいと思う。

上でも引用したハンナ・アーレントの「国民国家の没落と人権の終焉」という論稿は、思想的な領域においてさまざまな注目のされ方をしてきた。[*6] それは、『全体主義の起源』という大著の第二部「帝国主義」の最終章として収められた論稿であった。

同論稿に対する近年の注目のされ方は主に、冷戦体制崩壊以後の西洋諸国の置かれた情勢に関わってあらためて想起されているようである。ヨーロッパ統合という超国家的な地域枠組みが模索される一方で、西欧各国政府は旧共産圏や第三世界からの人口流入に苦慮しはじめる。福祉や教育などさまざまな公的サービスとしてのしかかる財政的な負担や「テロ」に対する安全保障上の懸念、そしてそうした事態が引き金となった極右勢力の台頭といった課題を各国が共通して抱え込むようになった。移民排斥の動きに顕著にあらわれているように、西洋諸国家の民主的な諸前提が危機にさらされているという認識

＊6　以下に言及するベンハビブやアガンベンのほかにも、たとえば文学研究者のジュディス・バトラーも、アーレントのこの論稿に着目している（バトラー・スピヴァク 2008）。バトラーは、アーレントが『人間の条件』において展開した公私の領域の区別という議論に関しては強い不満を表明しているが、そのおよそ一〇年前に書かれた「国民国家の没落と人権の終焉」という論稿にあらわれる無国籍者に関する議論については、公的領域の包摂と排除の機制について深く洞察しているとして高く評価する。そして、「無国籍者についての彼女の思索をさらにラディカルに、そして現在のグローバルな情況（コンディション）について語れるように、拡大していかなくてはならない」（16）。さらには、「わたしがやりたいのは、アレントをアレントに逆らって読むこと、そして一九五一年という、第二次世界大戦終結とアウシュビッツ解放からわずか六年しか経っていないときに、彼女が『全体主義の起源』という厄介で複雑なテキストを書いたことに着目することです」（19）と述べている。

がそこにはある。

そうした問題意識から、たとえばトルコ出身の政治理論家であるセイラ・ベンハビブは、アーレントの「国民国家の没落と人権の終焉」の中で論じられた「諸権利を持つための権利」という概念に着目する。

ベンハビブによれば、現在西洋諸国家が抱えている問題は政治的共同体の内部で生じている危機として論じられることが多いが、それはむしろ、境界線のあり様を反映しているという。

> 民主的な法は囲い込みを必要とする。なぜなら、民主的な代表は、まさしく特定の国民に説明責任を負わなければならないからである。これとは対照的に、帝国的な立法は中央から公布され、その中央の周辺を支配する権力が及ぶかぎりにおいて拘束力をもつものであった。帝国には辺境があるが、民主制には境界線がある。（ベンハビブ　2006：202）

かつてカール・マルクスは『ユダヤ人問題に寄せて』の中で、公民としての権利と人権とを区別して論じた。マルクスによれば、人権とはそもそも初期資本主義の私的所有を擁護するためのものでしかない。すなわちそれは、人民の権利などではなくブルジョワジーの権利にすぎない。しかしマルクスが想定したそのような公民権と人権との区別は、民主制の境界をまたぐ人の移動や境界線上での他者との出会いが増加した現在、止揚されなくてはならない。

ベンハビブによれば、人権とは誰かによって所有されうるものではない。「個人が権利の担い手として認識されうるのは、彼の生命と自由への権利が所有権へと還元されるからではなく、それらが売買されうる財産ではないかぎりにおいてのみである」（前掲書：121）。ベンハビブはそうした人権の昇華した姿を一九四八年の「世界人権宣言」の中に見い出している。しかし同時に人権は、何人にも所有されえないことによって、かえって構成的なジレンマを生み出してしまう。

確固たる自由主義者は、人権の一覧表への先行的な公約をつうじて主権的な意志を拘束したいと考えているが、確固たる民主主義者はそうした政治に先行する権利の理解を拒否し、いくつかの限界はあるにせよ、それらが主権的な国民による再交渉と再解釈に開かれなければならないと論じている。（前掲書：42）

ベンハビブは、国境横断的な移動が自由主義者と民主主義者との間に生じるこうしたジレンマを前面に押し出す事態に着目し、政治的共同性の内的再構築を試みている。そのときベンハビブは、アーレントの議論をイマヌエル・カントと接合しようとする。

人の移動が切り開く新しい権利領域について対照的な議論を展開したのが、カントとアーレントであった。ヨーロッパの帝国主義的拡張を同時代的に生き思考したカントと、全体主義の脅威によってヨーロッパ世界が自壊していくプロセスを目撃したアーレントが、人権について正反対の評価を与えたというのは納得できることであろう。

カントは、帝国主義的な人の移動が切り開く「歓待の領域」に着目している。カントは『永遠平和のために』の中で、国内における個人間の権利関係（＝国家の法）や国家間の権利関係（＝諸国家の法）とは区別される、個人と外国との間の権利関係（＝すべての諸国民のための法／コスモポリタンの法）を提唱している。この新しい権利関係をカントは、「歓待の権利」として表現した。

> 歓待とは、われわれがよそ者を世界共和国の潜在的な参加者とみなすかぎりにおいて、すべての人間に属する「権利」である。（略）この「権利」は、異なる市民的統一体に属するが、境界づけられた共同体の辺境で出会う諸個人の相互行為を規制するものである。歓待の権利は政体の境界線に位置づけられている。（前掲書：25）

しかしあくまでも歓待の権利とは、「永遠の訪問者である権利」ではなく、「一時的な滞在者の権利」にすぎない。

それは植民地主義という歴史的文脈においては、入国というよりも「接近」を求める権利となるだろう。カントの啓蒙的関心は、ジョン・ロックの提唱した「無主物テーゼ」（所有権が確立されていなければ、主体不在とみなす）を拒否しつつも、新大陸先住民との「いまだ探求されざる交流」への好奇心は隠さない。それは、コスモポリタン的な権利であると主張されるのである。

他方、アーレントが歴史の現実から告発したのは、そうした歓待の領域などもはや存在しえないという冷厳な事実であった。国民国家同士の境界線に位置づけられた難民たちは、すき間なく押しつぶされてしまった。

ベンハビブの解釈するところによれば、「国民国家の没落と人権の終焉」において「諸権利を持つための権利」として表現された権利は、人類全体を名宛人とした道徳的命令として理解される。形而上学的前提を回避しつつもアーレントは、この権利を自由と平等を実現するための権利、すなわち組織化された何らかの政治的共同体に市民的に帰属する権利として描き出した。しかしそれが人類全体を名宛人としているかぎりにおいて、その確立は定かではない。

カントによって新しく切り開かれ、アーレントによって深淵となった新しい権利領域は、グローバル化した現代においてはどのような変容を遂げているだろうか。ベンハビブによれば、「現代のカント的なコスモポリタニストたちは、難民、亡命者、移民を問わず、彼らの越境行為をグローバルな配分的正義の枠組みのなかで論じている」にすぎない（前掲書：68）。それに対してベンハビブが提唱するのが、「討議倫理を経由した、カント的な権利の原則のポスト形而上学的な再定式化」という企てである。そこでは、「成員資格への人権を正当化すると同時に、成員資格の喪失あるいは国籍剝奪を禁止することが、コミュニケーション的自由への基本的人権によって可能にされること」が論じられていく（前掲書：126）。すなわち、なぜ成員資格が権利として認められなければならないかといえば、他者とのコミュニケーションの自由が基本的人権に含まれると考えられるからである。

このようにベンハビブは、カントとアーレントを接続することによって、「諸権利をもつための権利」というアーレントの不吉な議論を前向きな展望として捉え直している。アーレントが皮肉交じりに権利としたものを、ベンハビブは戦後の人権レジームの基礎に据えるのである。

そのようなベンハビブの試みとは対照的な仕方でアーレントに言及するのが、イタリアの美学者かつ法哲学者のジョルジョ・アガンベンである。ベンハビブがアーレントとカントを接続したのに対して、アガンベンはアーレントとミシェル・フーコーとのつながりを論じている。すぐにも想像できてしまうことだが、アーレントとフーコーという組み合わせは、ベンハビブが思い描いたものとは程遠い終末的な結論を導くことになるであろう。

アーレントは、近代社会における公共空間の変容と退廃が、まさしくこの、政治的活動に対する自然的な生の優位に由来するとしている。彼女の探求がその後ほとんど引き継がれなかったということは、この領野において思考が遭遇しなければならなかった困難と抵抗を証している。また、奇妙なことに、『人間の条件』においてアーレントは、これに先行する、全体主義的権力に対するあの透徹した分析（そこには生政治的な視点はまったく欠けている）とのあいだにまったく結びつきを設けていないが、それもおそらく、まさしくこの困難に由来している。また、これと同様に奇異なことに、フーコーは、近代の生政治のトポスそのものである強制収容所と二〇世紀の巨大な全体主義国家の構造に追及の手を伸ばすことはけっしてなかったが、それもこの困難によって説明される。

（アガンベン 2003：10–11）

アガンベンは、アーレントとフーコーの議論の補い合う関係性に着目して、西洋近代の政治的共同性の基底を問い直そうとする。それは、民主主義と全体主義とを対立的な政体であるとは考えず、両者は互いに通低し合う関係性にあるという認識へと到る。アガンベンによれば、（一九四八年の世界人権宣言も含めて）人権を保障しようとする国際社会によるあらゆる試みは、問題解決として無力であるばかりか、問題対処の仕方としてもまったく不適切であるという。そうした対処療法的な試みは、アーレントが洞察していた国民国家という政治的共同性の抱える根源的な危機を十分に受け止めることなく回避しているにすぎない。

ハンナ・アーレントは、『帝国主義』の難民問題を扱っている第五章を「国民国家の没落と人権の終焉」と題している。この定式化を真面目に取るようにつとめなければならない。この定式は、人権の運命を近代の国民国家の運命にかたく結びつけ、それによって、国民国家の没落が人権の廃用を必然的に含みこむようにしている。ここでの逆説は、すぐれて人権を体現しなければならないはずの形象——難民——が、反対に、この概念の根源的な危機のしるしになっている、ということにある。（アガンベン 2000：27）

アーレントの議論をこのように重く受け止めるアガンベンにとっては、ベンハビブの言うような、自由主義者と民主主義者との間に生じるジレンマなどほとんどとるに値しない。というのも、生政治的な観点を見失わないかぎり、自由主義者であろうと民主主義者であろうと共通の深淵に向き合わなければならないからである。その深淵をアガンベンは、「主権の原初的虚構」と呼ぶ。

人権宣言を通じて**臣民**suddito が**市民**cittadino に変容するということは、ここにおいて生まれが

――つまりは自然の剝き出しの生そのものが――（今ようやくその生政治的な諸帰結を垣間見ることができるようになってきたある変容によって）はじめて主権の直接の保持者になるということを意味している。アンシアン・レジームにおいては、生まれの原則と主権の原則は分離されていたが、この二者がいまや取り返しのつかない仕方で一つになり、新たな国民国家なるものの基礎を構成する。ここで暗黙の前提となっている虚構とは、**生まれ**がただちに**国民**となる、ということである。そうして、この二つの契機の間にはいささかの隔たりもありえないということになる。したがって、権利が**人間**に与えられるのは、**人間**が**市民**の登場とともに即座に消滅する前提である（**人間**は**人間**としては決して明るみに出てはならない）限りにおいてでしかない。（前掲書：29　強調は原文の通り）

しかし、難民という存在は、人間として明るみに出てしまっている。すなわちその存在は、「主権の原初的虚構」を暴露している。このことは、先に「国民社会からの切り離し」として論じたことと重なっている。難民は迫害されてあることがその難民性を証明しているのではない。人間と市民という結びつきが断ち切られ、人間でしかなくなったことが（人権の本来の理念からすればそれで十分であるにもかかわらず）、難民であることのしるしとなる。

本書ではこれまでにも一貫して、冷戦体制の確立により難民の地位が劇的に変容したことを強調してきた。そうした問題をアガンベンは、別の角度から論じているように思われる。それが、収容所に関する分析である。アガンベンは、ドイツ人法哲学者のカール・シュミットの「例外状態」という概念を援用して、二〇世紀的現象としての強制収容所について思考する。

シュミットの「例外状態」という概念は、主権とその他の諸権力とを区別する指標として議論されている。「例外状態」における決定を担う権力こそが、主権であるとされる。「例外状態」においてはあらゆる法権利は無効となるのだが、それは近代の社会契約説が想定したような、政治的関係性が発生する以前の「自然状態」とは異なる。というのも、法権利が実効的に支配している、すなわち社会契約が成立していることと「例外状態」が設定されていることとは、同じ事態を構成しているからである。つまり、「例外状態」の設定なしに、実効的な法による支配は行いえないということを意味している。

> 規範は、宙吊りという形で例外との関係を維持する。**規範は、例外に対して自らの適用を外し、例外から身を引くことによって自らを適用する。**したがって、例外状態とは秩序に先行する混沌のことではなく、秩序の宙吊りから結果する状況のことである。この意味で、例外はまさしく、その語源ex-capereのとおり、**外に捉えられている**のであって、単に排除されているのではない。（アガンベン 2003：29 強調は原文の通り）

そして収容所という空間も、通常の法権利ではなく、戒厳令や「例外状態」を起源としている。しかもアガンベンによれば、そうした空間はいまや、例外ではなく通常の状態においても実効的な力を保持し続けている。すなわち、例外状態であったはずのものが規範そのものになりはじめているというのである。それが、二〇世紀の歴史が生み出した強制収容所という現実であった。

「例外状態」が規範化するとは、いったいどのような事態であろうか。ハンナ・アーレントは、全体主義の実験室としての強制収容所においては「一切が可能である」と指摘した（アーレント 1981(3)：235）。例外が常態化したことによって、しかも生政治が絶対的に貫徹される場が設定されたことによって、すべてが可能となった。もはや人間性に逃げ場はない。心身の全領域を恣にする権力のあり様が現出した。だからこそ、強制収容所は歴史的な一つの異常事態ではなく、私たちが現に生きている政治的共同体の「隠れた母型、規範（ノモス）」として思考する必要がある、とアガンベンは主張する。

収容所で犯された残虐行為を前にして立てるべき正しい問いとは、人間に対してこれほど残虐な犯罪を行うことがいったいどのようにして可能だったのか、という偽善的な問いではない。それより真摯で、とりわけ有用なのは、人間がこれほど全面的に、何をされようとそれが犯罪として現われることがないほどに（事実、それほどに一切は可能となっていたのだ）自らの権利と特権とを奪われるのが可能だったのは、どのような法的手続きおよび政治的装置を手段としてのことだったのか、これを注意深く探求することであろう。（アガンベン 2003：233, 2000：46）

この収容所に対して立てられた問いを反転させるようにして、難民に対しての問いを立てることもできるであろう。収容所と難民とは、死と生とに対照的に割り振られているにもかかわらず、構造的に一致している。すなわち、先の引用を次のように書き換えることもできる。

戦後の難民保護の進展を前にして立てるべき正しい問いとは、難民に対してこれほど充実した保護を提供することがいったいどのようにして可能だったのか、という偽善的な問いではない。それより真摯で、とりわけ有用なのは、難民がこれほど全面的に、手取り足取り保護されていながらも、私たち国民社会との関係性が断ち切られたままであるのは、どのような法的手続きおよび政治的装置を手段としてのことだったのか、これを注意深く探求することであろう。

アガンベンは、『全体主義の起源』におけるアーレントの難民の分析からさらに遡って、アーレントが一九四三年にユダヤ系の英語雑誌に発表した「われら難民」というテキストに注目している。そこでは、『全体主義の起源』の「国民国家の没落と人権の終焉」で描き出されたような難民存在の無世界性とは違い、難民は「人民の前衛」として歴史や政治の只中に押し出されている。アガンベンは、そうした初期アーレントにおける難民像を現代に甦らせようとする。

……難民はおそらく、現代の人民の形象として思考可能な唯一の形式であり、この難民という範疇においてはじめて、到来すべき政治的共同性の諸形式および諸限界をわれわれは垣間見ることができる。少なくとも、国民国家および主権の解体過程が終わりに至っていない以上、そう言える。われわれは、自分の直面しているまったく新たな任務の高みに身を置きたいのであれば、政治的なものの諸主体を表象するにあたって今まで用いていた基礎的な諸概念（権利をもった人間や市民、あるいは主権者としての人民、労働者、など）をいささかの留保もせずに放棄して、難民というこの唯一の形象からわれわれの政治哲学を再構築することを決断しなければならない。（アガンベン　2000：

24)

このような格調高い宣言にもかかわらず、ここでアガンベンが主張していることはそれほど明瞭ではない。ホロコーストという現実に直面したことによりユダヤ人難民の政治的実存の無力さを思い知らされ、『全体主義の起源』において難民という形象を破局としてしか描き出すことのできなかったアーレントの辿った思想遍歴を、アガンベンがどれほど真剣に受け取っているのかがはっきりしない。すなわち、アーレントが断念したところのものを、その絶望を回避せずにいかにして再生させうるというのか。アガンベンは、それには答えていないように思われる。だとするならば、難民を「現代の人民の形象」として描き出し、既存の諸概念を廃棄すべきだとするアガンベンの主張には拙速な印象を抱かざるをえない。

それに対して本論では、あくまでもアーレントの断念を重く受け止めようとする。アーレントが破局を予想したのにもかかわらず、国民国家システムは第二次世界大戦後も延命し、それどころか第三世界も含めて地球規模へと普及し、難民という存在も大規模に保護されるようになっていった。

本書ではアーレントの予想を超えたこうした歴史の成り行きをも考慮に入れることで、難民という地位(さらには前章で論じたように主権のあり様もまた)は変容しうるものであることを明らかにしてきた。しかし、そこでの変容も難民の存在論的条件である国民社会からの切り離しには影響を及ぼさない。国民と難民との関係性は疎外されたままである。そのため、アガンベンが論じたように、難民を「人民の前衛」であると考えることはできない。少なくとも、そのための条件の追求は別の課題として残されている。

それでは、展望はどこから開かれるのか。国民社会の内部で、というのが本書の答えである。しかし、そうした展望については後半部（六章と七章）の課題であるため、ここでは簡潔に論じておく。

ベンハビブとアガンベンの双方が注目していることであるが、現在ヨーロッパ統合が進む過程においてEU圏内での外国系住民の地位が二分化してきている。すなわち、EU加盟国出身者とEU圏外からやって来た外国人定住者との間でシチズンシップに格差が生じている。こうした状況は、先進ヨーロッパ各国の政治的共同性に思わぬ作用をもたらす。

> EU諸国民の場合であれば、その人は国民でなくとも政治的権利をもつことができる。けれども、より一般的には、だれでも外国人労働者であることで、同じ集団的アイデンティティを共有しなくても、あるいは政治的成員資格の特権をもっていなくても、社会的な便益をもつことができる。こうした状況にひそむ危うさは、「永遠によそ者であること」、すなわち所有権および市民的権利を分有する社会のなかに、政治的権利をもとうとしない集団を作り出すことである。（ベンハビブ 2006：135　傍点は引用者による）

ベンハビブはこのような傾向が生じてきたことをヨーロッパ世界における政治の衰退として危惧しているようである。外国系住民の多くは社会的な便益を享受するばかりで、政治社会的な責務を果たそうとしていない。政治から逃れようとするこうした傾向は、外国系住民に対する排斥を掲げる反動勢力に格好の口実を与えることにもなるし、そもそも国民主権に基づいたヨーロッパ世界における民主制は「永遠のよそ者」という存在を持て余してしまう。

あるいはアガンベンも、先進工業各国において「市民ではない定住民からなる大衆」が増加してきていることに注意を促している。そこでのアガンベンによる次のような指摘は重要である。

> 産業先進諸国（アメリカやヨーロッパ）の市民は、コード化された政治参加の審級からの離脱をしだいに示すようになっており、このことによって、自らを居留民 denizensに、つまり市民ではない定住民に変容しようとする明確な性向を示している。これは、市民と居留民 denizensが、少なくとももしかじかの社会層にとって、ある一つの潜在的な不分明の地帯へと記入されているからである。（アガンベン　2000：31–32）

ベンハビブが危惧するように、こうした状況はヨーロッパ政治における民主的な諸前提を脅かすことにもなる。さらに、政治的な義務を放棄して社会的な便益だけを享受しているように見える第三国出身の定住民に対する不寛容や反動が各国で顕著となってくる。

しかし、にもかかわらずここで見逃せないのは、それが国民社会の内部に「不分明の地帯」を作り出しているという指摘であろう。政治の眼から逃れようとする人々の動向は、ベンハビブが心配しているような政治の衰退、ということ以上の何かを意味するのではないか。こうした不分明地帯は、既存の法権利の用語によっては十分に把捉されえない。そこでは、既存の政治過程には回収されない交渉関係が、少なくとも潜在的には開かれている。

この空間は、いかなる同質的な国民的領土とも、その**地形的**総和とも一致せず、それらの表面で作用する。この空間は、内部と外部が互いに不分明になるクラインの壺やメビウスの帯のように、国民的領土や地形的総和に位相幾何学的に穴をあけ分節化する。この新たな空間にあっては、ヨーロッパの諸都市は相互的な外領土性という関係のなかに入りこみ、世界都市というかつての使命を再び見いだすわけである。（前掲書：33 強調は原文の通り）

アガンベンはそうした不分明地帯の発見を上記のような難解な用語によって描写しているか、彼の発見それ自体にとくにすぐれたところがあるのでもない。より重要であり、アガンベンがほとんど論じていないことは、そのような不分明地帯が移民と国民との間で、すなわち国民社会の内部で生じているということであって、そこでいかなる交渉関係を生み出していくかは当該国民社会の共同性のあり様にかかっている、という問題である。それこそが、思想にとってのまぎれもない重大事となる。そしてそれは、本書の立場から言えば、「移民状況」の発生ということを意味しているのは明らかだろう。

不分明地帯には、もちろん権力も浸透している。ただし、それは要素へと分解される。どのような結果を生み出すのかは自明のことではない。さまざまな要素と接合されることで、あるところでは憎悪が、またあるときには親密さが、さらには連帯が生まれてくることもあるであろう。

本論が友情という人間性の徳目に着目するのは、権力関係だけでは表現し尽くせない、そうした国民社会の内部で生まれる多様な接合に照明を与えようとしているからである。もし何らかの展望が開かれるとするならば、それはそうした接合が起こりうる場においてでしかない。そのような場を離れて、「人民の前衛」が登場することなどありえない。難民が保護される圏域というのは、不分明ではなく支配的権力によって明確に切り取られている。そのため、国民社会との間に関係性が生まれにくい。まして、連帯を想像することなど絵空事に思われてくる。本書が言い立てる「難民状況」が現出する。だとするならば、難民という存在に希望を託す、アガンベンの描き出すような展望の根拠はあやしいものとなる。友情の芽生える素地のないところには、いかなる展望も描きえないはずであろう。

友情について

そこで次に、友情という徳目について考察していく。

ここでもやはり、ハンナ・アーレントを参照したい。しかし、アーレントは友情という問題を難民との関係性において論じたのではなかった。それは理論的には、意見と真理との関係性という文脈で論じられている。さらに同時代的なテーマとしては、全面的な政治化の情勢に置かれた哲学者の役割という問題として意識されている。

アーレントは『暗い時代の人々』という著作の序文において、友情の問題を扱っている。そしてそのときアーレントは、不透明な時代状況を思想的な課題として引き受けようとする。アーレントが「暗い時代」という言葉で表現する〝暗さ〟とは、公的領域に特有の明るさが失われたことを意味している。

しかしこの表現の逆説は、現代の公的領域が過去のいかなる時代と比べてもはるかに〝明るい〟というところにある。公的領域に登場する個人は、私的領域の暗がりから世界の明るみへと現れ出る。そして公的領域の光に照らし出されてはじめて、自分が何者であり何をなしうるのか、ということを他者の眼に映し出すことができる。それは私的領域にとどまるかぎり経験することのできない活動的生活となる。

しかし、アーレントが同時代的に経験した公的領域のあり様というのは、光によって真実を照らし出すという活動的生活にふさわしい場ではなく、過度な光によって飾り立てられた偽りと化した世界であった。残虐な現実は確かに進行しているのにもかかわらず、公的領域に登場する人々は無意味なおしゃべりに興じるばかりで現実は闇へと押し込められている。きらびやかな世界は既成秩序を謳いあげ正当化しているが、じつのところ、誰一人として(そうした世界で無駄話を繰り広げている当人たちでさえ)、公的領域の明るさを心から信頼してはいない。そこでの光が真実を照らし出しているとは、到底信じられなくなっている。

そうした時代経験をアーレントは、「暗い時代」と表現したのであった。そして『暗い時代の人々』という著作においてアーレントが共感と敬意を込めて取り上げているのが、そのような暗闇に真実の光を灯そうとする、そうした人々の伝記であった。

そのための序文として、一九五九年にハンブルグ自由市で行われたレッシング賞受賞演説「暗い時代の人間性――レッシング考」が掲げられている。一八世紀ドイツの啓蒙思想家であったレッシングを回想する中でアーレントは、「暗い時代」における世界との関わり方について考察している。[*7]

「暗い時代」は現代に特有の問題というわけではない。公的領域が疑わしくなり、人々が私的な利害への配慮以上のことを政治に期待しなくなるといった状況それ自体は、歴史上めずらしいことではない。しかしアーレントによれば、現代と過去とを分かつ決定的な断絶が存在している。以前であれば、公的領域が疑わしくなったとき、人々は古くから馴染みの伝統――「熟知された真理」――に頼ることができた。そのようにして、世界の永続性は保障されていた。

しかし近代以降、そうした世界の支柱となるような伝統はもろくも崩れ去ってしまっている。[*8] 政治的指導者の持ち出す復古は、かつての伝統の代替機能を果たしえないばかりでなく、公的領域に対する人々の信頼をいよいよ失わせる結果を招いているにすぎない。支柱が失われたことは、人間の思考にとっては自由が拡大したことを意味しているかもしれないが、「世界自体がこれを利点とすることはできない」(アーレント　2005：25)。人々は公的領域を忌み嫌い、そこから逃避するようになる。いまや政治からの逃避によって、人々は自らの自由を実感している。

しかしこうした逃避のいずれによっても、世界にとって明瞭なある損失が生じます。失われるもの

＊7　アーレントにとっての「世界」とは、人間の条件を構成する一要素である。アーレントは人間の条件として、地球、生命、世界、複数性の四つを挙げている(アーレント 1994a)。それらは人間の本性といったものではなく、それゆえ今後とも永遠不変であるとは限らない。たとえば、人間がいつの日にか宇宙空間で生活するようになったとき、人間は地球の重力という条件から解放されるであろう。あるいはまた、生命科学の発展によって生死の境界が曖昧になりつつある現在、すでに生命という人間の条件も何らかの変化を被っていると考えられるかもしれない。

そうした人間の条件の一つである「世界」とは、アーレントによれば、人々の間に存在している人工物を指している。それは、自然とは明確に区別されてある。そして人間存在は、自分の手で作り出したそうした人工物の世界に条件づけられている。そのような世界が人々の間に存在していることによって、人間の複数性というさらに別の条件も発生してくる。もしも人と人との間に世界が存在しなければ、あるいはそれが暗がりに包まれて人の目に触れていなければ、人間同士を隔てると同時に結びつける（すなわち媒介する）何ものも存在しないことになり、そのとき各人は孤独に陥るか、個別性を失って全体としての種へと溶け出してしまうだろう。手仕事が作り出したこの世界が存在することによって、各人はそれぞれの視点から共通の世界を眺めることができる。すなわち、人間は複数でありうる。

＊8
『過去と未来の間』（アーレント 1994b）の序「過去と未来の裂け目」を参照。

あるいはまた、アーレントと同時代のユダヤ人亡命知識人であったテオドール・アドルノもこうした伝統（＝因襲 convention）との断絶を強く意識していた。産業社会の到来を予感していたゲーテが伝統との架け橋として「礼節 tact」を人間性の拠り所としたことに触れながらもアドルノは、そうした礼節でさえも困難となってきている現代社会のあり様を活写している。

「礼節のはたらきはむしろ、その歴史的な位置と同じように逆説的であった。それは、証拠の定かでない因襲の要求と個人の野放図な要求との間に、もともと不可能な和解を求めるものであった。礼節が自らを測る処としては因襲以外になかった。いかに影響が薄くなっていたとはいえ、因襲は普遍的なものを代表していたのであり、実はこの普遍的なものが個人的要求の実質を形づくるのである。ところで解放された礼節が逸脱の基準となる普遍的なものをもたずに絶対的存在としての個人を相手どることになると、どうしても相手をつかまえ損い、結局、相手に不正を働く結果になってしまうのだ。（略）とどのつまりに、解放された純粋に個人的な礼節は虚偽の塊りになってしまう。今日礼節によって実際に個人の内部で触れられるのは、礼節が懸命になって黙殺しようとしている当のもの、すなわち各人が体現している現実の権力、あるいはむしろ潜在的な権力である。」（アドルノ 1979：37-38）

は、こうした個人とその仲間との間に形成されたはずの、独特の価値を持ち、他のものによっては償うことのできない人と人との間の関係としての世界なのです。（前掲書：15）

レッシングの生きた時代においてもすでに、そうした支柱は揺らぎはじめていたが、まだ完全に崩れ去ってはいなかった。一八世紀との間にそのような決定的断絶を意識しつつもアーレントは、レッシングから思考のスタイルを学び取ろうとしている。

「暗い時代」に生きる人々がそうであるように、レッシングもまた、世界に安住することはできなかった。公的領域の光は疑わしいものに思われた。にもかかわらず、レッシングは世界にこだわり続けた。このことをアーレントは、驚きをもって想起している。

レッシングの論争的な性格は、世界から退却し孤独に思索するという方向へは向かわなかった。偏見を恐れることなく、偽装に満ちた公的世界へと飛び込んでいった。そしてそこでの彼の姿勢は、終始挑発的なものであった。レッシングにとって思考とは、一人で書斎に引きこもって自らと対話するという以上に、人々の間に出ていって論争を戦わせるという行為者のそれであった。そうしたレッシングの思考を最も雄弁に物語っているのが、彼の「自立的思考 Selbstdenken」というあり様である。

かれの「自立的思考」と行動との密かな関係は、かれが決して思考と結論とを結び付けようとしなかったことのなかにあります。事実、かれは自分の思考がみずから提出した最終的解決を意味するような結論を求めることをはっきり非難しました。すなわちかれの思考は真理の探究ではなかったのであり、その理由はある思考過程の帰結であるあらゆる真理が、必然的に思考の運動を終息せしめるからです。レッシングが世間に流布した知識の酵母は結論を伝達しようとするものではなく、他の人々に自立的思考への刺激を与えようとするものであり、それは思索者の間に対話をもたらそうとしたからにほかなりません。（前掲書：24）

こうしたレッシングの態度は、同時代的な「人間性」のあり様と比較したとき、その特異性が際立つ。一八世紀、フランス革命が人間同胞の苦しみに同情を寄せたように、迫害される人々に対する博愛主義の精神が「暗い時代の人間性」として発露してきた。ルソーが人間本性の共通項として、理性ではなく同情心を見て取ったことにそれは象徴されるだろう。

しかしアーレントは、他人の苦しみを見て憐れむという、同情心が人間の精神に働きかける強制力のようなものを怖れた。キケロの言葉を引用しながら、同情心によらない連帯の仕方をアーレントは構想しようとする。[*9]

「なぜ、助けを与えられるときにも、むしろ憐れみを与えようとするのか。あるいはわれわれは憐れみを持たずに親切であることはできないのであろうか」、言い換えれば、人間は他人の苦痛を見ることで自分自身の苦痛に駆られ、かついわば強制されるのでなければ人間的に行動できないほど

＊9 『革命について』（アーレント 1995）の第二章「社会問題」もこの問題を詳しく論じている。

卑しい存在なのでしょうか。（前掲書：32）

くわえて、そうした同情心が作り出す親密な温もりを享受することが許されているのは、最も激しく迫害された社会の最下層に属する人々に限られる、という点をアーレントは強調した。「暗い時代」において公的領域の疑わしさに傷ついた者たちが、その傷を癒すために虐げられた人々の親密さに近寄ろうとする態度を、アーレントは厳しく斥けている。世界に対して果たすべき責任を、アーレントは問うているのである。

問題は、もし人間性が空虚な慣用語や幻影に低下させられるべきでないとするなら、非人間的となった世界のなかにもどの程度の現実が保持されなければならないかということです。他の言い方をすれば、世界から放逐されるか、それともそこから退却してしまったような場合にも、われわれはどの程度まで世界への義務を負い続けるのかということです。（前掲書：42）

それに対する一つの答えが、レッシングによる世界との関わり方であった。それはアーレントにとっては、ナチスの支配下に置かれたドイツにおいて、ドイツ人とユダヤ人との間に果たして友情は可能であったであろうか、という切実な問いかけとも重なってくる。これは、単純な寛容の問題ではない。そこで問われているのは、世界の中で各々が占める位置から超越して確かめ合う抽象的な人間性ではなく、現実の堅固さを回避せずにあるがままの世界に抵抗しようとする頑なな人間性である。そのとき、偽りの罪責感や劣等感は、問題とはならない。率直な語り合いが関係性を作り出している。しかし、「暗い時代」においては、そうした人間性が市民権を認められることはほとんどないであろう。レッシングという人格は、明らかに時代に逆行していた。

レッシングのような性向を持つ人間は、こうした時代とこうした限られた世界のなかではほとんど存在の余地がありませんでした。人々が互いに温めあうために近づきあうところでは、レッシングは遠い存在です。しかもなお、好戦的といえるまで論争的であったレッシングは、孤独に耐ええなかったように、あらゆる差異を抹殺する、度の過ぎた兄弟的な親密さにも耐えられませんでした。かれは論争を行った相手と実際に仲違いすることに熱心であったわけではありません。かれはただ、世界の出来事やそのなかの事柄について絶え間なく頻繁に語り合うことによって、世界を人間的にすることに関心を寄せていたにすぎません。かれは多くの人々の友人になることを望みましたが、誰の兄弟となることも望まなかったのです。（前掲書：54-55）

こうしたことからも分かるようにアーレントがレッシングに見い出した友情とは、ふつう理解されているような親密さの一種ではない。何でも語り合える気の置けない仲間、という意味での友情とは少し異なる。そうしたプライベートな徳性というよりは、政治的な徳目として描き出されている。

アーレントが友情について論じるとき、その念頭につねにあったのは、「真理の専制」という政治的事態であったと言える。もちろん現代社会においては、真理について多くが語られるということはない。

真理の台座にはいまや、科学的正しさや科学的客観性が鎮座している。現在、公的領域で行われる議論の多くは、自分の「正しさ」によって相手を論駁するというスタイルが支配的である。さまざまな科学的根拠が持ち出され、相手方の根拠の信憑性を突き崩すことによって議論を圧倒しようとする。そのような「正しさの専制」にアーレントは、レッシングの論争スタイルを対置する。レッシングのそれは、驚くほど客観性に欠け偏見に満ちてはいるが、世界への強い信頼が脈打ち議論に深い人間性をもたらす。

アーレントは挑発的な仕方で、次のように問いかける。ナチスの人種理論の科学的な「正しさ」が完全に証明されたと仮定しよう。すなわち、もしある民族の劣等性が科学的根拠によって明白に証明されたとしたなら、そうした「正しさ」は、その民族の絶滅を正当化するであろうか。[*10]

それに対して、「汝殺すなかれ」という道徳的戒律を持ち出して反駁するのではないとしたら、レッシングであれば次のように問題を提起するであろうとアーレントは考える。「こうした原則は、それがいかに確実に証明されたものであれ、二人の人間の間の一個の友情を犠牲にするほどの価値を持つものであろうか」（前掲書：53　強調は原文の通り）。

ドイツ人とユダヤ人の間の友情の可能性を否定するような原則は、たとえそれがどれほど「正しい」ものであったとしても、互いの間に生じる共通の世界を損なうがゆえに受け入れることはできない。互いの信じる「正しさ」を押し付け合うのではなく、互いの限定的で間違った（しかしそれゆえに限定的に真実を含んだ）意見を交換することで、間に生じた世界に多様な照明を与え、非人間的で暗闇に包まれていた世界を明るみに出し再生させることができる。そのためには、「正しさ」を犠牲にしてでも、友情を持ち寄らなくてはならない。

この友情というテーマは、アーレントの「哲学と政治」という論稿においてもさらに展開されていく。「暗い時代の人間性」では、時代状況が人々を政治から遠ざけてしまうという問題が論じられていたが、「哲学と政治」のなかでは、哲学者が公的領域に不信の眼を向けてきたことが問題として論じられる。そこでは、ソクラテスやプラトン、アリストテレスといった西洋政治哲学の創始者たちが登場するのだが、そのときアーレントの念頭にあったのはやはり、同時代の暗闇を経験した知識人の姿勢であったと考えて間違いないであろう。そうでなければ、政治と哲学の関係性を殊更に取り上げる必要などない。アーレントが特に意識していたのは、自らの哲学の師でもあったマルティン・ハイデガーとカール・ヤスパースという二人のドイツ哲学者であろう。公的領域の偽りから逃れるようにして哲学へと引きこもったハイデガーと、公的領域の光を愛し人間性を肯定したヤスパースという二人の哲学者の対照は、アーレントに哲学と政治はどのような関係性にあるべきなのかという大きな課題を突きつけることになった。

ソクラテスへと遡ることでアーレントは、友情を政治的な原理にまで高めようとした。論争好きのレッシングのような批判的知識人のあり様とは違って、ソクラテスは一対一の対話を重んじた。この対話という形式において、哲学はその政治的な役割を見い出すことになる。

しかしそもそも、なぜ哲学者が政治的な役割など果たさなくてはならないのか。アーレントは、ソク

＊10　昨今の日本社会に重ねるならば、二〇一六年七月に相模原の障害者施設で起きた殺傷事件や、一九四八年に成立した優生保護法の下での障害者に対する強制不妊手術をめぐる訴訟などがすぐにも思い起こされるであろう。

ラテス裁判に絶望したプラトンという故事をわざわざ持ち出してきて、哲学と政治の決別の起源を語り起こしているが、そうした昔話によって哲学に政治的な役割を担わせようとする議論の仕方にはやはり無理があると言わざるをえない。哲学の提出する問いが世俗的な関心を超越していることは、アーレント自身も認めている。プラトンが『国家』において描き出した哲学王による支配という政治体制など、到底世間一般が受け入れられるようなヴィジョンではない。

そうしたプラトンに象徴される哲学者と世界とのズレを指摘するアーレントもしかし、彼女特有のアナクロニズムに囚われているように思われる。哲学がその起源において世界から離れてしまったことが、哲学が世界に対して無責任となったことの本当の原因ではない。

歴史への介入の仕方は、近代以降の主体性の問題としてある。それは、哲学という学問領域の問題ではない。それゆえ、哲学者に世界への責任を担わせたいというアーレントの願いを、ここで共有する必要は必ずしもないであろう。むしろ、アーレントの議論において重要であるのは、友情によって統治する支配権力の隙をつくという、そうした企図を読み込むことである。

ソクラテスが行ったような対話は、何らかの結論に至ることを目指したものではない。かえってソクラテスとの対話の後では、対話相手はしばしば何の結論も持たないままに帰途に着く羽目になる。臆見doxaの破壊と言われるこうした対話の機能は、現代的な文脈に置き換えれば、イデオロギーの脱構築を意味しているだろう。それは、「正しさ」によって相手の論拠を論駁するという論争スタイルとは根本的に異なる。そうした論争スタイルでは、反駁されればされるだけ余計に互いが互いの「正しさ」にしがみつくようになり議論はしばしば不毛なものとなる。それに対してソクラテスとの対話では、ソクラテスも含め誰一人真理を占有することなどできないし、対話相手がどのようなものの見方をしているのかは、その当人でさえも、対話の始まる以前には知らない。ソクラテスは「無知の知」の立場から問いかけを繰り返すだけであって、反論するのではない。そのため、対話関係において「正しさ」が支配的となることはない。そうした対話形式は、友人同士の会話にこそふさわしい。

有意味であるために結論に至る必要のないこの種の対話こそ、友人たちにとって最も適切な対話の形態であり、友人たちのあいだでごく普通に交わされる対話の形態であることは、自明である。事実、友情とは、かなりの程度、友人たちが共有する何事かに関してこうした会話を交わすところに成り立っている。彼らの間に共有されている事柄について語り合うこと、そのことによってその事柄は、なお一層、彼らに共通のものとなる。そうした共通の関心事は、そのような語らいを媒介としながらその個性と明瞭性を獲得し、さらに精緻化され、展開され、時間と生の深まりを経て、ついには友情において共有されるそれ自身の小さな世界を構成し始めるのである。これを政治的に言い換えれば、ソクラテスは、アテナイの市民のなかに友人仲間を作ろうと試みたといえよう。（アーレント 1997：94-95）

アリストテレスが洞察したように、政治的な共同体は、平等化へと向かう途上に形成される。不平等な関係の固定化された身分制が存在するところに、政治的な共同性は生じてこない。経済的な再配分によって平等が促進されるのと同様に、友情もまた、政治的な関係性を平等なものにしていく。しかしもちろんのこと、そこで促進される平等とは、全体主義的な差異の抹消ではない。それは、共同体建設のための対等のパートナーとしての相互承認にほかならない。そのためアリストテレスにおいては、格差を解消するための正義よりも、差異を強調する友情の方が政治的原理として重要な意味をもつことになる。

共同体とは、友情が作り上げていく当のものである。明白なのは、この平等化が、論争的な問題としては、市民相互の絶えざる差異化を、一種の闘争的生活に内在的傾向性として内包していることである。アリストテレスが結論づけるところによれば、正義――プラトンが、正義に関する偉大な対話篇である『国家篇』のなかで説明したように――ではなく、友情こそが共同体を結びつける紐帯なのである。アリストテレスにとっては、友情の方が、正義よりも高次の徳性にほかならない。なぜなら、正義は友人たちのあいだではもはや不要になるからである。（前掲論文：95–96）

正義よりも友情を重んじるというこうした考え方は、政治的な行為として権利要求や格差是正を訴えることに馴染んでいる現代のわれわれにとっては奇異に映るかもしれない。しかしよくよく考えてみれば、もしも政治が正義の実現に限られるとするならば、〝主張〟する必要はあっても、〝対話〟する必要はないことになる。というのも、さまざまな要求や主張が適切に政治過程に取り込まれることが制度的に保証されている場合には、各人が寄り集まって各々の意見をぶつけ合う必要などなくなるからである。不満を吸収する装置が用意されていて、不満を抱えた者はそれに向かって声をあげる。政治的な行為とは（たとえそれが集団的に組織されているような場合であっても）、そのような個別的な営為に限定されてしまう。[*11]

それに対して友情に基づいて行為する人は、支配者に対して要求や主張を掲げているのではなく、対等な相手との交流を求めている。相手が自分と対等である場合には、自分自身の利害関心は後景へと退いていく。そして互いが、共有する世界に対するものの見方を表明し合う。それぞれの遠近法を持ち寄ることで、世界によりはっきりとした輪郭を与え共同性を育んでいく。それこそが、政治的な行為の核心を構成することになる。そしてそのとき、各人は要求や主張をしていただけでは決して知りえなかった新しい自分自身と出会うことにもなる。すなわち、政治的な人格を獲得する。

この友情を重んじる政治的な人格とは、どのようなものであろうか。アーレントによればそれは、自己との対話に習熟した人格である。自己自身の声に耳を傾ける術を知っている者だけが、他者の声にも耳を傾けることができる。ソクラテスは自己と不調和であることを最大の悪と考えた。というのも、信頼を置けない他者を避けることはできても、信頼を置けない自分自身から逃れることは不可能だから。このことはまた、他者関係についても同様である。自己と不調和であるような人格、すなわち思慮を欠いた人間に信頼を寄せることなどできない。というのも、そうした人格は、自らの行為と言葉に責任を持つことができないからである。

*11　米政治学者のロバート・ダールに代表されるような政治的多元主義の描き出す政治のかたちとは、そうしたものであろう。政党をはじめとする中間団体を活性化することで人々の声をシステムとして吸い上げようとする。

それでは、自己との対話が友情の礎となるのはなぜか。それは、そうした対話相手である自己が、潜在的に他者を代表しているからである。

> だが、単独性のなかで私の傍らに共にいる自己は、それ自身、すべての他の人々が私に対して有するのと同程度の明確で無比な立体性や区別性を帯びることは決してない。むしろこの自己は、つねに可変的であり、幾分か両義的であり続けるのである。私が私自身のそばに（一人で）いる際に、この自己は、この可変性と両義性の形態において、すべての人々を、またすべての人々からなる人間性＝人類を私に対して代表する。他の人々の行動に関する私の予想――そしてこの予想は、すべての経験に先行し、それらの経験全部よりも生き延びていく――は、私が共に生きている自己の持続的に可変的な潜在力によってかなりの程度、決定づけられている。（前掲論文：99）

柔軟な自己であればあるほど、自分の中に多様な他者が息づくことになる。自己との関係性が、そのまま世界における他者との関係性に反映される。そこでは、他者と自己とは対立関係にはない。他者は自己の一部であり、自己もまた別の他者の一部となる。

ここに、友情という徳目の最大の政治的意義も存する。友情は、支配を出し抜くことができる。友情に基づいた関係性にあっては、支配は方向性を見失う。友情に習熟した人々からなる共同体は、支配によらない政治を実現することができる。だからと言って、もちろんすべての支配関係が廃絶されるわけではない。友情は、その間隙に形成されるにすぎないのかもしれない。しかし、既存の政治システムが人々に提供する公的生活とは根本的に異なった経験を、友情の政治は醸成することであろう。現代のグローバルな人の移動が国民社会の内部に生み出している「不分明地帯」＝「移民状況」こそ、友情を育むための格好の土壌となる。

ハンナ・アーレントの描き出す公的領域のあり様に関しては、これまでにもさまざまな立場から批判と修正が加えられてきた。たとえばフェミニズムの立場からは、アーレントが私的領域と公的領域を厳密に切り離したことによって、結果として公的領域が排除の機能を果たしているという批判が行われてきた[*12]。あるいはまた、ドイツの政治哲学者ユルゲン・ハーバーマスが指摘したように、アーレントの描き出す公的領域は、政治にまつわる権力の次元を捨象してしまっていると批判されたりもする（ハーバーマス 1994, 2004）。

そうした批判の是非をここで論ずる余裕はないが、それでも一点だけ指摘しうることとしては、そのような批判の多くが、公的領域に友情という関係性の次元を注入しようとしていたアーレントの意図を十分に考慮できていないのではないか、という疑念がある。

あらゆる領域や人間的行為に支配的権力と資本の不可逆的な浸透を読み込むという作業は、社会的な批判理論の常套手段となっているが、そうした作業がプログラム化されてしまうと、批判対象となるテキストにもともと備わっていたはずの思想的源泉を閉ざしてしまうことにもなりかねない。たしかに、公的領域も友情という徳目も、客観的な情勢から完全に自由ではありえない。しかし、友情が作り出す関係にも不純なところがあるからといって、不純さばかりを強調してよいということにはならない。それよりも大切なことは、友情という次元で構成される公的な領域に権力や資本といった客観的な力が及んだとしても、そうした力は方向性を見失ってしまう可能性のある点を見落とさないことである。友情の紡ぎ出す関係性は、力のベクトルを攪乱させることができるかもしれない。もしそうだとするならば、民主と平和は、必ずしも支配的権力による配分的正義として保障され与えられるのではなく、友との友情のように選び出され強い絆となっていくであろう。

従来、政治や法制度の立場からは、難民問題は配分的正義の問題としておもに論じられてきた。いかにして難民を保護し権利を保障していくのかが、そこでの主要な関心事であったと言える。それに対して本章では、難民問題を友情の問題として提起した。友情という観点は、既存の法制度によっては汲み尽くせない政治思想に固有の問題性を構成している。

この立場は別の角度から見れば、現状の難民問題を法制度の充実によって解決しうる問題としては考えない、ということを意味している。もちろんそれは、難民に対する権利保障などの措置が不必要であるということを言っているのではない。そうではなくて、これまでの難民問題がそうした問題としてだけ論じられてきたことは、果たして問題のないことだったのか、と問うているのである。

難民問題を配分的正義の問題へと還元してしまうことで、友情という次元は見えづらくなる。あるいは、友情という問題は、その次の段階の問題、とされてしまう。つまり、配分的正義の問題が解決したあかつきには難民との友情も可能となるであろうということが、ほとんど根拠なしに自明のこととして前提されている。しかし、本書ではそうした前提はとらない。これは段階の問題ではない。配分的正義の問題へと切り詰められることによって、難民は制度的な身分へと取り込まれ保護され、国民社会との関係性はかえって希薄化していく。互いに友情を結ぶチャンスは遠ざかる。大事なことは、正義の実現を辛抱強く待つことではなく、別の位相において同時に、友情を追求することであろう。

＊12　代表的な論文としては、たとえば、Hanna Pitkin（1981）がある。一九九〇年代に入ると、フェミニズムの内部で主体性の問題が再考されるようになり、アーレントの思想にも新たな照明が与えられるようになった。ホーニッグ編（2001）を参照のこと。

とくに本論との関連で言えば、同書の第六章に収められているリサ・J・ディッシュの論稿「「暗い時代」の友愛について」が興味深い。そこにおいてディッシュは、アーレントの「暗い時代の人間性」という講演テキストをパフォーマティヴに読解する方法を提示している。

「アーレントは、このレッシング賞受賞の場を「用心深い加担」の実践を擁護するだけでなく、まさにその加担を上演する場としても利用している。授与者側は、アーレントを祖国に呼び戻し、またレッシングの継承者と位置づけることで、ドイツを啓蒙的ヒューマニズムと同一視することを望んでいる。一方で、アーレントはこの素振りに出会うとき、かれらが彼女を演説のために招いたその立場がいかに不可解なものであるかを示すことによって、観衆を困惑におとしめようとするのだ。彼女は、ドイツ人論争家の名を冠した賞を受ける名誉を与えられた、ヒューマニスト的普遍主義を批判するドイツ系ユダヤ人である、と。自らに与えられたアイデンティティにおいて抵抗することによって、アーレントは受賞を拒否することなく、それにどうにか反駁しようとする。彼女は観衆に、彼女とかれらはドイツの再建という世界的な出来事にけっして同じようにかかわってはいないということを気づかせることによって、翻って、「古い真理」を再び持ち出そうとするノスタルジックな願望——それは、彼女がけっして共有できない自画自賛的な利害心（インタレスト）であるが——を、関心（inter-est）に変えようとしている。その関心とは、「暗い時代の人間性」という問いかけによって公的領域に光を招きいれようとする、彼女とかれらが共有する責任に他ならない。」（246）

そしてそれは、国民社会の内部において起こるであろう、と本書では考える。言い換えれば、「移民状況」の現場において、ということを意味する。「難民状況」とは友情を無効化する状況性であるのと対照的に、「移民状況」は友情を開く可能性を秘めた状況性であると考えられる。しかし、難民を「難民状況」に閉じ込め他の移民と区別することで、「移民状況」は国民社会の敵意の標的となってしまう。難民だけを主権的な圏域において特権的に保護するという難民問題の解決方法は、それ自体が「移民状況」へのバックラッシュとして機能するというジレンマを抱え込んでいる。

ゆえに、「難民状況」を打破し「移民状況」を現出させることこそが、難民自身にとっての難民問題の真の乗り越え方となる。「難民状況」において保護されることは、難民にとっての最終目標ではありえない。「難民状況」では難民の主体性は認められず、難民にはその制度的身分にふさわしい言動以外は許されなくなってしまう。[*13] 他方、「移民状況」では、国民社会との間に摩擦や軋轢や葛藤、さらには衝突さえも生じることであろう。しかし、自他の関係性はそこからしか始まらない。

国民社会内部に形成される「不分明地帯」＝「移民状況」というのは、支配する側とされる側とでまったく違って見えてくる。支配する側から見たときそれは、不確かで捉えがたいもののように思われる。支配の言説は、それを表現する言葉をもたない。それゆえ、つねに不安を掻き立てられる。他方、その渦中に身を置く人民の側にとっては、これほど明確でダイナミックな社会関係はないと感じられる。[*14] あらゆる行為の結果は支配の論理ではなく、人間相互の対等な関係性によって導かれる。人格の独立が経験される。支配者にとっては友情ほど疑わしく曖昧なものはないが、不分明地帯に生きる人民にとっては、友情こそが、政治への信頼を回復させ世界への参与を励ましてくれる原理となる。

従来の難民問題の解決方法では、そうした不分明地帯を消し去り、難民をヴァルネラブルな存在として主権による保護の対象としていった。難民という存在は、支配権力によって丸裸にされている。しかしアーレントが繰り返し強調していたように、公的領域において政治的行為者となるためには、仮面としてのペルソナが必要不可欠となる。仮面を被り「移民状況」へと紛れ込む必要がある。「難民」という標識は保護や権利を手にするための特権的なチケットではあるが、同時に関係性を阻害する拘束具ともなっている。本書では、いかにして『難民状況』を乗り越え「移民状況」を創出させ

＊13 「難民状況」が凝縮したような空間である難民キャンプにおいても、難民たちは自らの政治性を発揮することで状況を流動化させようと試みる。（Lecadet 2015）

＊14 Mainwaring（2016）で論じられているように、現在、中東やアフリカからの移民・難民が到来するヨーロッパとの境界領域において多様な交渉可能性が生じてきている。移民や難民は単なる受け身の犠牲者ではなく、移動のプロセスにおいて主体性を発揮しようとする。

たとえば、ウィリアムというコンゴ人の庇護申請者へのインタビューの中で、次のようなエピソードが登場する。ウィリアムは、ウガンダ、ケニア、シリア、そしてトルコへと移動し、ヨーロッパを目指して、次はキプロスへと移動しようとしていた。しかし、トルコからキプロスに渡るためのパスポートがない。そのときブルキナファソ出身の一人の男性が、自分はトルコより先に進むつもりはない、だから俺のパスポートを使えばいい、そしてヨーロッパに無事着いたら送り返してくれればいい、と言ってパスポートを貸してくれたのだという。「俺は一人ぼっちじゃなかった。つまり、大勢の連中が（パスポートを）使うわけさ、わかるよな？　俺たちは全員アフリカ人で、警察も移民局の連中も、奴等にとっちゃ誰も彼もアフリカ人、みんな同じに見えるってわけ。もちろん、別人さ！（笑）」（296）

このとき、「不分明地帯」＝「移民状況」が確かに発生している。

るのかということを、難民問題の真の課題として考えたい。

次章では、そうした「移民状況」を発生させるカギとなる難民移動にまつわる集団性・共同性の位相について考察していく。

第六章　流動へと根づく

「難民」という標識の断片化

*Journal of Refugee Studies*は、二〇〇七年にオックスフォード難民研究所設立二五周年とJRS創刊二〇周年を同時に記念する特集号を刊行した。「難民研究における方法論」と題された同特集号ではその冒頭において、「難民」というカテゴリーが強制移動という文脈の中で周辺化されつつあるという認識が示されている（Voutira and Donà 2007：163）。近年とりわけヨーロッパにおいては、「難民」の代わりに、「庇護希望者」「不規則移民」「不正規移民」などといったカテゴリーが幅を利かせるようになってきている。「難民」として保護される人々の数はかなり制限されてきていて、いまや〝絶滅危惧種〟のようになっている。それに加えて、これまで難民に提供されてきた恒久的な庇護は、一時的な保護措置に取って代わられている。

この二〇・二五周年特集号は、そうした情勢に対して危機感を抱いている。そのため、あえてこのタイミングでもう一度、難民研究として「難民」というカテゴリーにこだわってみせることで、現状に対する批判的な立場を打ち出そうとしている。

冷戦期に確立した難民保護レジームでは「難民」というカテゴリーに当然に含まれていたはずの避難民の多くが、いまやそのカテゴリーから追い出され保護を失っている。それは、難民研究者たちからすれば、耐えがたい事態の成り行きであろう。たしかに、難民研究者にとっての最終目標は、〝難民のいない世界〟には違いない。しかしそれは、カテゴリー上の「難民」がいなくなる、という話ではない。北側先進世界の政治的な思惑によってカテゴリーとしての「難民」が消し去られていく事態に、難民研究者たちは虚を衝かれ、難民研究における方法論の見直しを迫られている。「難民」が過少に見積もられており、保護を必要とする人々が見棄てられてある状況を浮き彫りにするための新たな方法論の確立が急務となったと言える。

とはいえ、ここでの難民研究者たちの主張は、わかりにくく歯切れも悪い。保護すべき難民とそれ以外の移民という区別の必要性は、難民研究においても当初から自明のこととされており、その線引きの位置が、ここでは問題化されている。しかし、それが線引きであるかぎりは、どこで線引きしたとしてもやはり恣意的なものであることに変わりはない。批判する対象と同様の前提を共有しているかぎり、いくら方法論を再検討したところで、それは現状に対する根本的な批判とはなりえない。

それゆえ、ここではそうした難民研究の新たな方法論について検討を加えていくよりも、「難民」が周縁化され消えつつあるという状況認識について考察していきたい。

難民が「難民」として標識化される過程を分析したロジャー・ゼッターの議論を手がかりにしていく。JRSの初代編集長であったゼッターは、難民を実体的な存在として分析するという研究方法では、難民保護というそれ自体としては非政治的に思われる政策的実践に隠された政治性を見逃してしまうと考えた。それゆえゼッターは、難民の実体とかけ離れたところで政策的実践を通じて作り出される「難民」という標識に着目した。難民自身の実体験とは関係のない位相で「難民」という標識が一人歩きしていくという問題を論じたのが、一九九一年に発表された「難民を標識化する――行政上のアイデンティティの形成と変容」という論稿であった。

同論稿においてゼッターがとくに重視しているのが、難民という存在が住まう空間である。難民は、NGOや政府間組織や各国政府によって構成される〝制度的な世界〟の中で生活している。そうした空間に住まうことで難民たちは、さまざまな援助や保護を受けることができる。

具体的な事例としてゼッターが取り上げているのが、キプロス島南部におけるギリシャ系キプロス難民に対する大規模な住宅供給事業である。キプロスは一九六〇年にイギリスから独立したとき、国内にはギリシャ系住民とトルコ系住民とが共存していた。一九七四年にギリシャ系の軍事勢力が中心となってクーデターが勃発する。これに反発したトルコが、同年七月にトルコ系住民の保護を名目に島の北部へと軍事侵攻した。このとき、キプロス島北部に居住していたギリシャ系住民が南部へと大規模に避難してきた。北部がトルコ軍によって制圧されたことで、キプロス島は南北に分断されることとなった。結果として、北部からのギリシャ系の避難民たちは難民化した。そうした難民に対する支援策として、住宅供給事業が実施された。

この住宅供給事業は、政策実行の優先順位も明確で実施も迅速であったため、難民支援策としては成功であったと評価できる。しかしそうした政策評価の観点だけでは、事業の進展が生み出した標識の問題が抜け落ちてしまう、とゼッターは指摘する（Zetter 1991：42）。

住宅への入居のために避難民たちは、行政の作り出した基準に従わなくてはならない。危機の初期段階においては、経済基盤が弱く大人数の家族の入居が政策的に優先された。このことは、政策実施当局からすれば合理的な対応であったと言える。しかし事業が進行し長期化してくると、この初期の入居家族というのは、キプロス社会の中でも貧しく援助に依存した人々であるとみなされるようになっていった。さらに、住居プログラムの入居基準が、一九七四年の追放以前の北部コミュニティの単位を分断してしまっていた。コミュニティでの暮らしが断ち切られたことによって、難民たちは南部での自分たちの境遇を一時的な仮の生活にすぎないと考えるようになっていった（ibid.：47）。こうして、客観的には難民の定住こそが政策のゴールであるように思えるが、難民自身は北部への帰還こそが真の解決であるという考えに執着していく。そのように政策が作り出した「難民」という標識は、難民自身によって申請されると同時に反発される対象ともなっていった。

もともとは行政的な区分にすぎなかった「難民」という標識は、制度的な枠組みによって政治化していった。最も象徴的には、難民による土地所有の拒否という姿勢があった（ibid.：56-7）。いったん土地所有を受け入れてしまうと、それは現状を追認することを意味し、ひいては南北の分断を容認することにつながってしまう。そこで北部からの避難者たちは、「難民」という標識を戦略的に押し出すことで自らの立場の不安定さを強調する。

他方、キプロス国家にとっても、やがては帰還する「難民」という位置づけには利点がある。現実のキプロス社会において北部出身の難民は明らかな低所得層を形成しており、もしそうした人々が定住するとなると階級的対立が生じる危険性もある。「難民」という標識は非政治的集団というイメージを含意しているために、国家にとっての脅威となりにくい。住宅供給に対する緊急の必要性がなくなってからも、そうした政策のもつ象徴的な意味作用には十分な利用価値があるであろう。

ゼッターが強調するのは、住宅供給や食糧援助といった物質的な支援プラグラムが必然的に、事業の意図を超えたところでアイデンティティを形成し変容させ政治化するという、そのような過程と力学である。しかもそうした事業というのは結局のところ、事態の沈静化や制御を目的とせざるをえないために、難民自身による民主的な参加の原理は斥けられることになる（ibid.：54）。「難民とは誰か？――それは、制度的な要請に適合する存在である」（ibid.：51）。

難民が住まう空間というのは、住宅や食料といった具体的な物質によって囲い込まれている。そのため「難民」という標識もまた、具体性が固着し物象化される傾向がある。ゼッターは皮肉を込めて指摘する。かつてであれば、難民というアイデンティティにとっての葛藤といえば、追放や離散といった現実から生じてきたものだが、現在ではむしろ、事業や政策が押し付ける標識化のプロセスこそが桎梏となっている。難民一人一人の物語は切り詰められ、事業に適合する事例へと還元されていく。

ゼッターは、現在の難民保護の実践が状況に潜在する政治的可能性を去勢してしまうことを明らかにした（ibid.：59）。大規模な難民移動の発生というのは本来、政治システムにとっての極限的な状況の発生を意味しているはずである。しかし難民保護レジームは、そうした極限状況を通常政治の手続きへと移行させる仕組みとして機能する。それによって確かに、多くの難民は保護されてきたし混乱も収拾したであろう。しかしそのような事態の進行に伴って、難民は「難民」へと標識化されていった。難民発生が象徴していた本来的な極限状況というのは、既存の政治システムやイデオロギーが危機に陥っているという証でもあったはずである。そうした状況に置かれた難民自身の願望というのは、それゆえ必然的に、革命的な契機を内包している。ところが難民保護の実践は、物質的な援助によって難民を飼いならすことでそうした願望を封じ込め、さらには状況に潜在していた既存システムに対する挑戦を非合法化していく。

このプロセスにおいて、「難民」という標識の人道主義的・非政治的・中立的な象徴化作用は決定的な役割を果たすであろう。危機のしるしであった「難民」がいまや、体制を正当化する表象へと転換していった。難民自身が「難民」という標識に対して、つねに両義的な反応を示すのはこのためである。生き残るために利用せざるをえないが、それは同時に、自らの真の願望を裏切る可能性をもつというジレンマを、現代の難民は抱えている。

ゼッターは、この一九九一年の標識化に関する論稿を、二〇〇七年のJRS二〇・二五周年特集号において再検証している。先にも触れた「難民」というカテゴリー自体が消滅しつつあるという特集号全体の認識をゼッターも共有している。ただしゼッターの場合、そうした変化を「標識の細分化」という事態として理解している（Zetter 2007：180–183）。

つまり、「難民」という標識はいまや、一九九一年の時点で分析したような単一的で包括的な意味作用をもたない。むしろ現在では、その意味作用はこま切れの形で機能している。一九九〇年代以降、標識化という作用もまた、グローバリゼーションの文脈と切り離して考えることはできなくなった。経済のグローバル化と人の移動の多様化が共時的現象として進行していったことをゼッターは確認する。そしてもはや、「難民」という標識は七〇・八〇年代のように南側の発展途上世界に封じ込めておくことはできず、とくに冷戦体制崩壊以後は、北側先進世界においても「庇護希望者」の増大という仕方で「難民（あるいは「不法移民」）問題」に直面させられることとなった。

それが南側の問題であるかぎりは、「難民」という単一の標識で間に合っていたが、北側にまで移動が及んだとき、それは対処可能な標識へと細かく分類されなくてはならなくなった。というのも、北側先進世界の民主的な諸制度は、「難民」という標識が含む人道主義的な意味合いに過敏に反応してしまい、それが結果として社会の秩序と安定を脅かすおそれがあるからである。

そのような「標識の細分化」はどのように進行するのだろうか。まず第一に、人の移動を国境の手前で取り締まるためのさまざまな措置が講じられる。公海上での取り締まり、第三国での審査、二国間で結ばれる送還協定、空港での乗り継ぎ業務の厳格化、など。第二に、「本物の難民」というカテゴリーの限定化が起こる。「難民」という標識が特権化されることで、対照的に「庇護申請者」という標識が一般化する。そこから、「一時的保護」や「在留特別許可」といった押し付けがましいカテゴリーも生まれてくる。第三に、国内において多様な制限的措置がとられる。庇護申請者たちは国内のさまざまな場所に分散され、同じ出身国や共通の文化的背景を持つ者たちが集団化しないようにと神経質な配慮がなされる。さらに外国人移民に対する国内世論の反発を招かないように、ホスト社会との接触は可能な限り制限されていく。第四に、もはや難民条約は時代遅れで役に立たないと繰り返し主張される。第五に、「難民」や「経済移民」といった異なった標識が政府の都合でしばしば混同されて用いられる。国境がいよいよ閉鎖的になっていくような状況において、「難民」という標識は、外国人にとってはとりあえず入国するための有効な手段となる。

冷戦期の南側の発展途上世界における難民支援では、NGOやUNHCRなどの国際的な援助組織の働きによって難民は標識化されてきたが、冷戦体制崩壊以後の現在では、北側の先進各国の移民・難民政策によって標識化は進行する。しかもそれは、「標識の細分化」というかたちで進行する。こうしたゼッターの議論においてとくに重要な点は、標識が細分化されていく過程に国民社会の中で生きる「私たち」が深く関与していることを見逃さなかったところにある。

このように標識は、国家とその国民との間の社会的な合意の一部として形成され再編される。それによって、私たちは皆、標識を都合のよいイメージへと塑像する政治的な企みに加担することとなり、他方で、難民やその他の避難民は蚊帳の外に置かれたままとなる。かつての私の関心は、いかにして難民が標識化されるのかというところにあったが、現在の関心はむしろ、難民という標識の細分化、より大胆に言ってしまえば、難民の脱‐標識化へと向けられている。(ibid.: 190 強調は引用者)

ここにおいてゼッターは、「難民研究」という枠組みを踏み越えていると言えるのではないだろうか。難民をより有効に保護することを目的としてきた難民研究にとっては、誰が難民であるのかを確定する作業は不可欠となる。そのプロセスにおいて「難民」という標識が生み出され、それがかえって難民の立場を苦しいものにしてしまうということを一九九一年の時点でゼッターは指摘していた。しかしその後、「難民」という標識が少数の者たちにしか当てはまらない非常に限定的なカテゴリーとして運用されるようになってしまうと、難民研究はどうにかしてその標識を守ろうと奮闘させられることになる。

そうしたまるで狂言回しのような役割を迫られている難民研究の現状を見たゼッターは、二〇〇七年の時点で「難民の脱 - 標識化」を言い立てるまでになっていく。難民を脱 - 標識化するというのはつまり、「難民」とその他の「移民」とのカテゴリー上の区別を廃棄するということを意味している。そうでもしないかぎり、「標識の細分化」という事態の進行に有効な仕方で対抗できないとゼッターは考えている。

一九八〇年代以降体系化されてきた難民研究は、難民保護レジームと結びつくことで強固な「難民」カテゴリーを生み出し、その標識化によって保護を拡充させていった。しかしいったん標識化されたことによって、その機能は支配権力によっても逆用可能となる。難民研究が長年強調し描き出してきた、ヴァルネラブルで保護を必要とした「難民」という標識はいまや、北側先進世界において人の移動を細分化し「真の難民」以外の存在を監視し排除するためのアリバイとして機能している。

難民研究にとっては非常に歯がゆい状況であると言える。自分たちが手塩にかけて育て上げた「難民」という標識がいまや、難民研究の存立そのものを脅かしている。JRSの初代編集長であるゼッターはついに、難民研究にとってのアイデンティティとも言える「難民」／「移民」というカテゴリー化の放棄に言及する地点にまで行きついた。[*1]

そのとき、ゼッターは気づき始めている。先の引用文にもあるように、難民問題において真に問題化すべきは、難民それ自身ではなく、国民社会の中で生きる「私たち」という存在なのではないか、ということに。戦後に発展した難民保護レジームと難民研究は、難民問題の構成においてその「私たち」が果たしてきた役割を巧妙に隠蔽してきた。それによって「私たち」自身も、難民問題に対しては外在的な仕方でのみ関わりをもってきた。保護する立場と保護される立場という対照は虚構されたものであるのにもかかわらず、「私たち」の想像力の中ではすっかり自然化されていった。

「標識の細分化」というゼッターの議論は、そうした「私たち」の姿を浮かび上がらせることに成功している。そしてここから、難民問題を論じるためのまったく新しい視座が開けてくる。多様な人の移動の中から「本物の難民」を抽出することが問題なのではない。そのような作業に正解などないし、すべては徒労に終わるであろう。真に論じるに値する問題とは、「私たち」という政治的共同性のあり様である。「私たち」の政治的共同性が、「難民」という標識のあり様を規定している。すなわち、「私たち」こそが、「難民状況」をそのたびごとに設定している。以下、人の移動と政治的共同性との関係について考察していく。

難民問題における位相のズレ

難民を受け入れることには大きな困難が伴うことは、これまでにも繰り返し指摘されてきたし、現在進行形の問題としても盛んに論じられている。難民と受け入れコミュニティとの間には言語、宗教、文化的背景などさまざまな違いがあり摩擦や衝突が生じやすい。さらに、難民受け入れには財政上の負担や安全保障上のリスクが伴うことにもなる。それゆえ、難民を既存のコミュニティの一員として受け入れ統合することには限界がある。少なくともそこには量的な限界がありうる、という認識が、政策当局者ばかりでなく、メディアを含めた一般社会にまで拡がっている。

それに対して難民支援の現場からは、現状の難民受け入れ態勢はさまざまな不備や欠陥を抱えており、多くの難民の人権が侵害される状況が発生していて、本来保護されるべき難民さえも受け入れを拒否されてしまっていると訴えてきた。とりわけ日本における難民受け入れのあり方に関しては、他の先進諸国と比べて著しく閉鎖的であることが繰り返し非難の対象となっている。ただし、難民支援の現場においても、必ずしも難民受け入れの量的限界そのものは否定されていない。限界まではまだまだ十分な余地が残されているはずだ、というのが、難民支援者たちの主張である。

どちらの立場をとるにせよ、ここでの問題を簡潔に要約するならば、それは、難民と受け入れコミュニティとの関係性として問題化できるであろう。つまり、難民の人権とコミュニティの集団性・共同性とが摩擦や衝突を引き起こす現場として、難民問題は認識されている。

しかしそもそも、難民の人権と受け入れコミュニティの集団性・共同性は、同じ位相で対立しているのだろうか。本章では、両者の間には位相のズレがあることを指摘し、それゆえ現在も各地で論争を引き起こしている難民問題についても、真に論じられるべき問題が看過されてしまっていることを明らかに

＊1　近年のゼッターの関心は、「強制移動 forced migration」をいかに概念化するか、という問題に向かっている（Bloch and Donà（ed）2018：Chap. 2）。ゼッターによれば、「強制移動」という概念は、実践のレベルにおいても学術研究のレベルにおいても、いまだ明確に概念化されていない。そこで、ゼッターは、経験に基づいた概念化を提唱する。強制移動の動因と移動パターンや移動プロセスを分析することで、法制度による標識化に囚われない概念化の可能性を模索しようとしている。すなわち、法的地位に基づいた保護ではなく、強制移動民のニーズや権利に基づいた保護のあり方を提起している。

にしていく。

表層における普遍性としての人権

難民の人権とコミュニティの集団性・共同性との位相のズレとは、突き詰めて言えば、普遍性が発生する次元のズレを意味している。普遍性には、表層において発生する普遍性と深層において発生する普遍性とがあり、両者は同じ位相での対立関係にあるのではなく、それぞれが別々の位相で働いているという認識を本論では展開していく。

まずは、表層において発生する普遍性とはどのようなものであるのかを確認しておく。それは、抽象化を突き詰めることで具体的な差異を無効化し普遍性に到達するという行き方をする。

典型例としては、イマヌエル・カントの人権論で代表できるであろう。人間個々人の個的な違いを捨象し、すべての人間存在を理性的存在者としてまるごと抽象化することで、どのような場合においても他の人間を自己にとっての手段とすることは許されず、人間はそれ自体目的でなければならないとする道徳原則が導き出される。理性的存在者としての人間は、カントの言う「目的の国」の住人である。[*2]

人間の諸権利がいかなる状況であろうと例外なしに尊重されなければならない根拠もそこにある。個別の状況性を考慮して認められる権利というのは、本来の権利の名に値しない。状況次第で権利侵害が認められるのであれば、そのときその存在者は他の存在者によって手段化されており理性的存在者としては扱われておらず、すなわち「人間」の埒外に置かれていることを意味する。理性的存在者であるかぎり、すべての人間の権利は当為として尊重されなければならない。

そのような普遍的人権論では、現実のレベルで存在している個別的な差異を天上の高みから見下ろすことで無効化していき、すべての人間を理性的存在者へと収斂させていくことになる。抽象化の果てに発生する普遍性である。現実の泥沼から浮き上がり高みに上昇することで獲得される表層における普遍性の姿がそこにはある。

難民問題において難民の人権が主張されるときに言い立てられている普遍性もまた、そのような表層

＊2　「およそ理性的存在者は、各自が常に自分の意志の格律によって、自分自身を普遍的に立法するものと見なさねばならない。そしてこの観点から、自分自身と自分の行為とを判定すべきである。ところでこのような理性的存在者の概念は、この概念と緊密に関連する極めて豊饒な概念——すなわち、目的の国という概念に到るのである。

ところで私は国というものを、それぞれ相異なる理性的存在者が、共通の法則によって体系的に結合された存在と解する。この場合に法則は、その普遍妥当性を建前として目的を設定するものであるから、もしすべての理性的存在者の個人的差異と彼等の個人的目的の含む多種多様な内容とを度外視すると、いっさいの目的（目的自体としての理性的存在者と、各自が自分自身のためにそれぞれ設定する［特殊的］目的と）を体系的に結合した全体——すなわち、前述したいくつかの原理に従うことによって可能であるような目的の国というものが考えられるのである。

それというのも、理性的存在者は自分自身ならびに他のいっさいの理性的存在者を単に手段として扱うべきでなく、いついかなる場合でも同時に目的自体として扱うべきであるという法則に服従しているからである。そうすると共通の客観的法則による理性的存在者たちの体系的結合、すなわち一個の国が成立する。この国では、これらの客観的法則の意図するところは、理性的存在者たち相互の間に、目的と手段という関係を設定するにある、それだからこのような国は、目的の国（もちろん一個の理想にすぎないが）と呼ばれてよい。」（カント 1976：112–114　強調は原文の通り）

的な普遍性であると言える。現実に存在している言語、宗教、文化的な差異や財政上あるいは安全保障上の懸念などよりも優先されるべき諸権利がより高みに想定されていて、その位相から見下ろすならば、現実の差異や懸念はちっぽけな問題となり、同じ理性的存在者としての難民の人権尊重こそが目的となるはずであろう。国際的な人権条約や難民条約に規定されている難民の人権とは、そのように現実のはるか高みに抽象化された形で保持されている。

「諸権利をもつための権利」とは

次に、それとは別の位相で発生する普遍性について論じていく。上に論じた普遍性を表層的な普遍性とするなら、次に論じようとする普遍性は、深層における普遍性ということになる。ただし、ここでの表層、深層という区別は、表層であるから薄っぺらで価値的に重要性が低く、深層であるから深みをもち価値的にも重要性が高いということを意味しない。両者の位相の違いを比喩的に表現しているにすぎない。そしてあえて比喩的な表現でさらに対照させるならば、表層における普遍性が現実の個別性から浮き上がり抽象化された高みで発生する普遍性であるのに対して、深層における普遍性は現実の個別性に潜り込むことで、その深みにおいて発生する普遍性ということになる。

この深層における普遍性の位相から難民問題を見ると、従来までの難民問題とはまったく別の問題性が見い出される。

深層における普遍性について論じる前に、少し遠回りに思われるかもしれないが、まずは難民移動が照らし出す根源的な問題性を指摘しておく必要がある。前章でも詳しく論じたハンナ・アーレントによる難民移動に関する洞察を、ここでも本章に関連するかぎりで簡単に振り返っておく。

アーレントは、第一次世帯大戦後に東・中央ヨーロッパの国々が新たに国民国家化するプロセスにおいて生じた難民の無権利状態に着目した。一つのネイションと、境界線で区切られた領域としての国家とを一致させようとする国民国家原理においては、いかなる領域性とも一致できない少数のあるいは分散したネイションは、自前の国家を持つことができずにいる。そうした状況の中で、いかなる国家からも保護を受けることのできない無国籍者たちが無権利状態に陥り難民化していった。

そのとき、彼ら・彼女らが頼ることができるのは、抽象的な人間の権利、本章の議論に即して言えば、表層的普遍性の位相における人権だけである。アーレントは、国民国家原理の支配するヨーロッパ世界にあって、どこの国の「国民」でもなく「人間」でしかない存在がいかに脆弱なものであるかを描き出していった。

フランス人権宣言が「人間と市民の権利宣言」として掲げられていることに、すでにその問題は集約されている。国民国家原理においては、「人間」の権利と「市民」の権利は必ずしも一致しない。「人間」の権利がリベラリズムに基づく人権の普遍性として発生してくるのに対して、「市民」としての権利は、デモクラシーの原理に基づく特定の共同体を前提としたメンバーシップの権利として発生してくる。そのため、両者の間には避けがたくズレが生じてしまう。リベラル・デモクラシーという政体は、その意味で根源的なアポリアを抱え込んでいると言える（Gündoğdu 2015）。

アーレントは、難民の人権、すなわち表層的普遍性の位相における諸権利が保障されるためには、それ以前にそうした諸権利を保障するための政治的枠組みが存在していなければならないことを見抜いていた。そして、そうした「諸権利をもつための権利」として、何らかの政治的共同体に所属する権利に言及した。

アーレントの「諸権利をもつための権利」という定式化は、たしかに印象的な表現ではあるが、権利という言葉が重ねられているためにかえって混乱を招くものでもあるだろう。というのも、このフレーズに含まれる後者の「権利」と前者の「諸権利」では、問題の位相が異なるからである。本章の認識に置き換えて言うならば、前者の「諸権利」は表層的な普遍性の位相で発生するのに対して、後者の「権利」は、深層における普遍性の位相に関わるものと考えられる。それを同じ「権利」という言葉で捉えようとしたところに、アーレントの議論の限界があるとも言えるだろう。

集団性・共同性の喪失

ともかくも、アーレントの議論で見逃してはならない重要なポイントは、難民の無権利状態の根源には、集団性・共同性の喪失があるという指摘である。アーレントによれば、難民はそうした集団性・共同性を失ったことによって、あれこれの具体的な諸権利を喪失する以上のものが損なわれてしまう。

それは、諸権利の行使を有意味なものとする場・空間の喪失を意味している。たとえば、難民にも表現の自由はあるかもしれない。しかし、集団性や共同性から切り離された人間がいかなる表現を行おうとも、その表現は共同の世界の中に文脈を持たないために、文字通り無意味なものとなってしまう。「難民状況」に置かれることの悲惨は、そのように自分の存在が世界から切り離され、自己の行為を通して他者との対等な関係を取り結ぶことができないという根源的な無力感に苛まれることにある。そしてそうした無力感は、表層的な普遍性としての諸権利を失った結果引き起こされるというよりは、集団性・共同性の喪失という別の事態によって引き起こされていると考えられる。

さらにその意味での喪失は、現代の難民問題においても必ずしも十分には考慮されていない。第二次世界大戦後に確立した国際的な難民保護レジームにおいては、難民は抽象化されたヴァルネラブルな個人として想定されていて、リベラルな諸権利を剝奪された状態にあり、それゆえ、いずれかの国家によって受け入れられることで失った諸権利を取り戻し、集団性・共同性もリベラルな諸権利さえ保障されれば自動的に回復するものと観念されている。

しかし、ここまでの議論でもすでに明らかなように、表層的な普遍性としての諸権利を回復したからといって、深層における普遍性としての集団性や共同性が同じく回復するとはかぎらない。アーレントの議論は、そうした普遍性の位相の違いを確かに示唆している。

とはいえもちろん、本章の議論は、これまでの難民保護レジームが実践してきたような表層的な普遍性としての諸権利の保障が必要ないと言っているわけではない。そうした保障がいまだ不十分であるために難民が苦境を強いられており、諸権利の保障を難民自身が求めていることも確かである。今後も権利保障の重要性には何ら変わりはない。

にもかかわらず、戦後の難民保護のあり方がそうした表層的な普遍性としての権利保障に偏重してきたことで、アーレントの議論に示唆されていた集団性・共同性の喪失という深層の普遍性の位相が見過ごされてきたとは言えないだろうか。[*3]

「根こぎ」という事態

深層における普遍性とは何か、を考察するよりも前に、すでに議論は先行してしまっているが、その問題を考えるための出発点はアーレントが設定してくれていた。しかし、アーレントだけでは足りない。そこで本論では、同じく第二次世界大戦中にナチス・ドイツからの迫害を逃れたユダヤ人知識人であるシモーヌ・ヴェイユの思想に、さらなる補助線を引いてもらいたいと考える。

戦時中ヴェイユは、ロンドンに拠点をおいたフランス亡命政府の活動へとコミットしていった。そして、そこにおいて解放後のフランス国家のあり方を構想した。

ヴェイユにとってもアーレントと同様に、フランス革命以来ヨーロッパ世界に広がった自然法的な権利概念は頼りないものに映っていた。というのも、ヴェイユによれば、他者に義務として認められないかぎり、権利は権利として機能できないからである。すなわち、権利は権利としては自立できない。義務こそが真の意味で自立的である。

一つの権利が現実に行使されるにいたるのは、その権利を所有する人間によってではなく、その人間にたいしてなんらかの義務を負っていることを認めた他の人間たちによってである。義務は、それが認められたときすぐさま有効となる。だが、一つの義務は、たとえ誰からも認められていない場合でさえ、なんらその十全性を失うことはない。ところが、誰からも認められない権利は、取るに足りないものである（ヴェイユ 2009：21）

ヴェイユの議論からもわかるように、リベラルな個人を前提とした難民保護の実践には限界がある。難民を受け入れる側が自らの義務を認めないかぎりは、難民の権利主張は誰にも届かない。そして実際しばしば、たとえば日本政府による難民保護の現状などを一瞥すれば明らかなように、難民の権利の行く末は受け入れ国家の恣意的な出入国管理政策によって左右されることになる。

難民自身が真に求めているのは、施し物のようにして与えられる権利ではない。難民が求めているのは、自分自身も主人公の一人として関わり影響を与えることのできる共同の世界である。すなわち、深層の普遍性としての集団性・共同性をこそ、難民は追い求めている。それなしには、たとえ生存が維持されたとしても、国民社会の側にとって難民が自分たちと対等の行為主体であると見なされることはないであろう。

そしてそのような意味での集団性や共同性は、難民にとって切実なだけでなく、それが深層における普遍性であるかぎり、すべての人間にとってもまた根源的な問題となる。

＊3　たとえば、シチズンシップの観点からリベラリズムのあり方を問い直す議論を行っているクリスチャン・ヨプケが論じているように、アーレントの「諸権利をもつための権利」は、一九四八年の国連世界人権宣言第一五条第一項（「何人も国籍を有する権利をもつ」）に反映されているものと解釈される（ヨプケ　2013：41）。そこでは、集団性・共同性からの追放は、国籍の付与というリベラルな権利保障、つまりは表層的な普遍性の次元において解決するものと観念されている。しかし、本論の立場からするならば、アーレントの「諸権利をもつための権利」が問うた問題は、単に国籍付与のレベルで解消する性質のものではなく、より根深いコミュニティの深層に関わる問題提起であると考えられる。

ヴェイユは第二次世界大戦へと到る歴史的プロセスを、単にナチス・ドイツによる暴走といった例外的な出来事としてはみなさず、近代以降のヨーロッパ世界全体を覆っている「根こぎ」という事態の延長として思考した。資本主義社会の発展とともに深層における普遍性としての集団性・共同性を根絶やしにされた人々はアトム化した無力な個々人となり、全体主義的な総動員体制に容易に取り込まれていった。

しかし、そうしたファシズムへの熱狂が生み出す集団性や共同性が深層における普遍性と無縁なものであることは言うまでもない。アーレントが「鉄の箍（たが）」で締め上げる、と表現したように、全体主義的な政治体制が生み出す一体感は、人々の間にある共同の世界を圧しつぶし大衆を一つの鋳型に嵌め込んでしまう（アーレント 1981(3):307)。そして、その一体感から締め出される者たちが生き残る余地は、もはや残されていない。

ヴェイユが鋭く指摘していたように、「根こぎにされたものは他を根こぎにする。根をおろしているものは、他を根こぎにすることはない」（ヴェイユ 2009:79)。帝国主義そしてファシズムという西洋近代の歩みが、いかに他の民族や国民を蹂躙してきたのかを思い起こせば十分であろう。[*4] 真にこの世界に根づいている者たちであれば、他者の暮らしを侵略する必要もないし、誰かを支配し抑圧する必要もない。

コミュニティに「根づく」

ヴェイユが「根をもつ」という人間の魂の根源的な欲求について語るとき、それは深層における普遍性について語っているものと考えられる。

根づくということは、おそらく人間の魂のもっとも重要な要求であると同時に、もっとも軽視されている要求である。これはまた、定義することがもっとも困難な要求の一つである。人間は、過去のある種の富や未来への予感を生き生きと保持している集団の存在に、現実的に、積極的に、かつ自然なかたちで参加することを通じて根をおろすのである。自然なかたちの参加とは、場所、出生、職業、境遇によって自動的におこなわれた参加をさす。人間はだれでも、いくつもの根をおろす要求をいだいている。つまり、道徳的、知的、霊的生活のほとんどすべてを、彼が自然なかたちで参加している環境を介して受け取ろうとする要求をいだいているのである。(前掲書:73)

*4 日本における近代化のプロセスもまた、その反革命的性格が日本人民を「根こぎ」にしていった。それは、近代日本の徴兵制度に典型的にあらわれていることを、かつてハーバート・ノーマンが鋭く指摘した。明治国家の徴兵令は、いまだ憲法も議会制度も確立していない段階(一八七二―一八七三年、一八八三年改正令)ですでに布告されており、それは国内の反封建的な民主化の動きを抑え込む役割を果たした。そしてその後、徴用された農村の若者たちは、アジア侵略の尖兵となっていった。

「この侵略行為において、一般日本人は、自身徴兵軍隊に招集された不自由な主体(エージェント)でありながら、みずから意識せずして、他の諸国民に奴隷の足かせを打ちつける代行人(エージェント)となった。他人を奴隷化するために真に自由な人間を使用することは不可能である。反対に、最も残忍で無恥な奴隷は他人の自由の最も無慈悲かつ有力な強奪者となる。」(ノーマン 1978:87 強調は原文のとおり)

こうした集団性・共同性への「根づき」が妨げられるとき、難民は深刻な無力感に苛まれる。そうした無力感は、特定のリベラルな権利侵害とは別の位相で発生する。

そしてここで指摘しておきたいのは、法制度上の「難民」のすべてが集団性・共同性の喪失に必ずしも見舞われるわけではない、という事実である。

国民国家原理の支配する現代世界にあっては、難民移動には、その原因においても結果においても、そのような集団性・共同性の喪失を伴う危険性がある。しかしそれは同時に、国民国家としての完成度が相対的に低い発展途上世界においては、難民移動が必ずしもつねに「根こぎ」をもたらすわけではないということをも意味しているはずである。

難民キャンプでの滞在が数年あるいは数十年と長期化するという状況が、とりわけアフリカなどで問題化している。[*5] そうしたキャンプでは、キャンプと周辺地域との間で人的・物的の多様な交流が行われている場合が少なくない。難民キャンプというと、どうしても閉鎖的な援助空間が想像されるし、そこに収容されている人たちこそ、ヴァルネラブルで最も無力な難民の形姿として繰り返し表象されてきた。もちろん、長期化した難民キャンプにおいてそうした実態が起きていることも事実であろう。しかし他方で、キャンプと周辺地域、さらには国境を越えて出身国までも含めて、難民が自由に移動し続けるというケースも決してめずらしくはない。[*6]

いったん出身国での紛争を逃れて難民キャンプに入り、そこで援助物資を手に入れ、それをきっかけとして周辺地域との間で商取引が始まる。その難民が、とりわけ若者の場合は、難民キャンプから脱出し都市部へと移動する。そこでインフォーマルな事業を開始する。たとえ事業に失敗したとしても、セイフティーネットとしての難民キャンプがある。また、出身国との関係も断絶しているわけではない。キャンプや都市部で得た収入を出身国の親族へと送金したり、さらには農繁期にキャンプから出身地へと一時帰国する難民の姿もある。キャンプでは国際的な援助によって学校が設立され子どもたちに教育が施されている場合もあり、教育の機会を求めてわざわざキャンプへと移動してくる者たちもいる。そのように、難民キャンプを中心として移動のネットワークが形成されていく。（Jansen 2015）

このとき、難民のリベラルな諸権利は、必ずしも受け入れ国家によって保障されていない。それ以前に、そうした国家に難民の存在を把握し自由な移動を管理する意欲も能力もない、というのが実態であったりする。すなわち、第四章で取り上げたロバート・ジャクソンが論じていたような「疑似国家」的状況がそこにはある。

にもかかわらず、難民自身の集団性・共同性は損なわれることなく維持され、場合によっては、難民移動の結果、新たに創造され高められることもある。つまり、「根づき」（本論の議論に即して言うならば、深層における普遍性としての集団性・共同性）の観点からするならば、こうしたケースでの難民移動は、難民の行為者としての主体性を高めているとさえ言えそうだ。[*7] それは、表層的な普遍性としてのリベラ

＊5　アフリカでの長期化する難民状況に関しては、Crisp（2003a）を参照。クリスプによれば、難民状況の長期化とは、「避難生活が五年以上に及び、いまだ自発的帰還、庇護国への統合、再定住といった手段によってその苦境が恒久的に解消するという見通しが立っていない」状況として定義される（1）。

＊6　キャンプをはみ出しながら移動し続ける難民のあり様は近年、ＵＮＨＣＲの支援活動においても焦点となってきている。そこで、キャンプ以外の選択肢を模索する必要性が認識されはじめた。UNHCR（2014）を参照。

ルな権利保障の観点から見ているかぎり見えてこない難民問題の一側面であろう。

それとは対照的に、国民国家としての完成度の相対的に高い北側先進諸国にまでやって来た難民たちが、リベラルな諸権利を保障されていながらも当該コミュニティに根づくことができずに無力感に囚われるというケースもある。近年欧米社会でしばしば発生しているいわゆる「ホームグロウン・テロ」の背景に、先進諸国に移民・難民としてやって来て市民権を獲得した者たちが、その二世・三世に至ってもなお、当該社会に根づくことができず疎外感を抱え過激化していくというパターンが指摘されている。難民問題が表層的な普遍性としての諸権利の保障以上の問題を含んでいることが、ここからもわかるであろう。

もちろん、ここで対照的に描き出した難民の姿を一般化することはできない。しかし、リベラルな諸権利を享受できている先進世界にまでやって来ることのできた難民は幸運であって、発展途上世界の難民キャンプに取り残された難民は悲惨な境遇にあるとする一般的に流布している難民イメージが、現実の一側面でしかないことを忘れてはならない。そして、そうした難民イメージが、表層的な普遍性の位相で形成されたものであることも合わせて指摘しておきたい。

難民問題には、コミュニティの深層に関わる問題がたしかに潜んでいる。本章では、最後に、そうしたコミュニティの深層のあり様を追求していく。

深層における普遍性としてのコミュニティ

本章の最初にも述べたように、難民問題においては通常、難民という存在の受け入れがたさが「問題」として認識される。しかし本書のこれまでの議論からも明らかなように、やって来た難民がどのような人たちであるのか、というのは本質的な問題ではない。受け入れ社会におけるコミュニティのあり方こそが、難民問題を規定している。それゆえ真に問うべき問題とは、「他者」としての難民が何者であるのか（その民族的、文化的、宗教的背景など）ではなく、難民を受け入れる側である国民社会の「私たち」の集団性・共同性のあり様である（人見編 2017：60-63）。

そして結論的なことを先に言ってしまえば、それが深層における普遍性へと開かれたコミュニティであれば、難民は「問題」として認識されることはなく、「私たち」と対等な存在として集団性・共同性へと根づくことができるだろう。それは逆から見れば、現在、難民という存在が受け入れコミュニティにとっての「問題」あるいは「危機」として認識されているということは、それだけ「私たち」の集団性・共同性が力を失い閉鎖的になってしまっていることの表れだと言える。

そうした現状認識が、まずは大事になる。というのも、難民問題が論じられる文脈ではしばしば、難民という「他者」が「私たち」のコミュニティを脅かす存在として表象され、コミュニティを守るためにも難民の流入は制限されなければならないと論じられることが多いからである。しかし、そうした議論は原因と結果とを取り違えている。難民がコミュニティを脅かすのではない。すでに国民社会のコミ

＊7　西アフリカのトーゴからの難民を収容する隣国ベナンの「アガメ・キャンプ」を調査した研究（Lecadet 2015：187-188）によれば、難民たちはキャンプ内で集団を形成することによって交渉力を高め、キャンプを運営する組織や制度との間に「グレーな領域」を生み出し、キャンプという空間を政治化している。

ユニティが衰退しているからこそ、もはや難民を受け入れることができず、それが脅威と映っているのである。責任の所在は、難民ではなく「私たち」の側にある。

では、深層の普遍性に開かれたコミュニティとは、一体どのようなものであろうか。

一九世紀末から二〇世紀にかけて、それまで特権的な身分にある人々だけで構成されていた政治空間が、一挙に一般大衆へと開かれていった。このとき、社会統合の原理として機能し、さらには革命の契機ともなったのが、ナショナリズムの運動であった。ナショナリズムはデモクラシーの思想と結びつく形で新たな政治主体を創出していった。それは、少なくともその理念的な初発において、深層における普遍性へと開かれる可能性を秘めていた。

シモーヌ・ヴェイユもまた、亡命生活の中で、解放後のフランスが閉鎖的な国家資本主義に囚われる——実際に彼女はすでにそうした危機を感じ取っていた——、その前に、何とかして祖国を普遍的な姿で甦らせようと企図した。

> フランスは、一時的に国民としての存在を失ってしまったが、このゆえにこそ、諸国民のあいだで、かつてこの国があったところのもの、ながいあいだ、この国がふたたびそうなることが待たれていたもの、すなわち一つの霊感となることが許されたのである。世界のなかで、フランスが一つの偉大さ——自国の内的生命の健康自体に欠くべからざる偉大さ——をふたたび見出すためには、敵の敗北によってふたたび一つの国民となるまえに、一つの霊感とならなければならない。そのあとでは、おそらく、さまざまな理由によって、霊感となることは不可能であろう。（ヴェイユ 2009：

266)

もしも解放以前にフランスがそのような一つの「霊感」となることができれば、それは深層において人々を根づかせることができるはず、とヴェイユは考えた。ネイションの復興によって、そのような深層における普遍性が実現される最後のチャンスに賭けたのであった。

しかし、現実の歴史においては、戦勝国の仲間入りをしたフランスは、戦前の国家総動員体制を引き継ぐかたちで国家資本主義の道を邁進する。ナショナリズムが「霊感」となることは、ついになかった。[*8]

冷戦期に福祉国家化の進んだ北側先進各国政府は、高度成長に支えられた利益再配分と冷戦イデオロギーによって国民社会を統合していった。しかしその後、時代はグローバリゼーションへと突入していく。かつてのように中間団体を通じて利益配分を行う多元主義的な政治のスタイルは通用しなくなり、個々人の自己責任が追及される新自由主義的な政治のやり方が推し進められていく。ヒトもモノもカネも境界を越えて流動化する情勢にあって、政治的な領域性の意味も変容していった。従来までの国民国家原理のように、ネイションと特定の領域とが結びつくことで、いわば場の力に支えられて国民社会の安定性を維持してきたのとは異なり、グローバル化した現代世界における領域性は、人々の関係性を隔

*8　日本のナショナリズムという文脈に置き換えるならば、一九三六年の「二・二六事件」について考える必要があるだろう。クーデターを主導した陸軍青年将校たちはこのとき、日本国家という枠組みを超えたネイションの幻想（＝天皇親政）に衝き動かされていたが、現実の天皇制はそれを拒否し、以後、国家主義的性格を強めていった。

てる分断の機能を強めている。たとえば、同じ都市空間でも居住地域が違えば、社会階層やライフスタイル、さらには民族や人種も異なり棲み分けが目立つようになってきている（森 2016）。

そのように流動化と分断とが同時進行するため、流動化によって難民移動が活発化する一方で、分断の論理によって難民は排除され監視・管理の対象として閉じ込められることになる。

流動へと根づく

ここにおいて、認識の転換が必要となる。コミュニティを領域性と不可分のものと観念してきたこれまでの認識を、グローバル化の現状に見合ったものへとアップデートしていかなくてはならない。すなわち、コミュニティも流動化している、という認識である。

それはたとえば、文化人類学者のアパデュライが脱領域化したネイションのあり様を「ポストナショナル」として描き出した状況性と共鳴している。

多くの反国家運動が、祖国や大地、場所、追放からの帰還というイメージを中心に展開していることは確かである。しかし、これらのイメージが反映しているのは、そうした運動の（そしてわれわれ自身の）政治的語彙の貧困であって、領土的ナショナリズムのヘゲモニーではない。別の言い方をすれば、これまでのどのような表現をもってしても、トランスローカルな連帯や国境横断的な動員、ポストナショナルなアイデンティティに対して多くの集団が寄せている集団的関心を捕捉することはできないのだ。こうした関心は数多くあり、また能弁に語られてはいるが、依然として、領土的国家の言語的想像界にからめとられている。（略）ポストナショナルな、あるいは非ナショナルな運動は、現存の国民‐国家の論理によって、反ナショナル、または反国家的になることを強いられており、それゆえ、対抗的ナショナリズムの言語で応答していかざるをえない国家権力それ自体を、いやおうなく鼓舞することになる。この奇妙な循環から逃れ出るには、複合的で非領土的、そしてポストナショナルな形態の忠誠を捕捉する言語が発見されなければならない。（アパデュライ 2004：295–296）

コミュニティの流動化はすでに進行しているのにもかかわらず、私たちはいまだそれを捕捉する言葉を持たない。そのため、そうした流動化したコミュニティの深層における普遍性についての展望も、いまだ開かれていない。

最後に、そのような流動化したコミュニティを言語化する一つの試みとして、社会学者の吉原直樹の議論に触れておく。三・一一以後に吉原が原発事故被災地の福島で見出したコミュニティは、それが危機状況の只中で発生したがゆえに、集団性・共同性の深層に関わる問題を集約したかたちでわれわれに提起している。

こうした移動と背中合わせで存在する共同性は、今日、コミュニティがきわめて流動的なものであること、まさに「コミュニティ・オン・ザ・ムーヴ」としてあることを示している。そして共同性を特徴づけるこの流動性は、異質性を帯同しているのである。したがって、こうした流動性／異質性とともにある共同性は、領域性に根ざす同質性からなる共同性、そしてそこから立ち上がってくるコミュニティ、まさに「期待されるコミュニティ」の対向をなしているのである。言うまでもなく、こうした二つの共同性の相克の底流をなしているのはグローバル化であり、それとともに進んでいるボーダレスで多重的な人の移動である。（広井・大井編 2017：167）

「根をもつ」というヴェイユの表現は、どうしても領域性に縛られたコミュニティのあり様を想起させる。そして、流動するものは、いつまでたっても根づくことができない根無し草を連想させる。グローバル化時代のコミュニティを思考するとはすなわち、流動へと根づく、というイメージの相克について思考することを意味している。

次章では、本章で論じたコミュニティの深層について、より具体的な人の移動の歴史から考えていきたい。従来の難民研究では、難民移動それ自体が切り取られて対象化されることになるため、「移動」と「定住」との関係性も正反対の現象として捉えられがちであった。しかし実際の歴史プロセスにおいては、「移動」を「定住」と切り離して考えることはできないし、その逆も同じである。そのことを「中国残留邦人」という移動のあり様に着目して論じていく。

第七章　「中国残留邦人」という移動――「移動」と「定住」の弁証法

難民問題における三様の解決策

一九八〇年代以降に広く国際社会において危機として認識されるようになってきた難民問題は、第二次世界大戦後のヨーロッパにおける戦後処理の枠組みとして作り出された難民条約を基盤とする難民保護レジームの限界として問題化した。（Martin（ed.）1988）

戦後ヨーロッパで発展した難民保護レジームにおいては、一九五一年に成立した難民条約にもあるように、出身国において政治的な理由で迫害を受けるおそれのある者が庇護国において個別的に審査されることになる。そして難民として認定されれば、受け入れ国において市民権を付与されやがては受け入れ社会に統合integrationされることになる。[*1] こうした問題解決の方法を採用するかぎり、出身国に帰国

＊1　国際法学者のジェームス・ハサウェイによれば、実際にはそうした難民に対する人権付与は、受入国との距離や関係性に応じて段階的に行われることになる。「（引用者：難民の権利レジームは、）難民と難民が存する締約国との紐帯の強さに応じた権利を与えようとするものである。すべての難民は中核的な権利を享受できる一方で、付加的な権原は庇護国との関係性の性質と長さによって生じる。」（ハサウェイ　2014：1-2）

すると迫害されるおそれのある庇護希望者を強制的に追い出すことは深刻な人権侵害となると捉えられ、難民保護レジームにおいては「ノン・ルフルマンの原則」（強制追放の禁止：難民条約三三条及び拷問等禁止条約三条）が庇護国の義務として課されるようになった。[*2]

そのような難民保護レジームが機能するためには、難民流出の規模は比較的小規模であって、しかも受け入れ社会が難民に対して同情的でなければならない。戦後ヨーロッパにおいて想定されていた難民とは、東側共産圏から西側自由主義圏に自由を求めて逃れてくる人々であった。東西を隔てる壁は大規模な難民流出を食い止めていたし、東西冷戦体制の対立構図によって、西側自由主義社会は東側から逃れてくる難民に対して比較的寛容でいられた。すなわち、戦後ヨーロッパで確立した難民保護レジームは、東西冷戦構造を前提としてはじめて機能するものであったと言える。「ノン・ルフルマンの原則」を堅持しつつ難民を個別的に審査し、受け入れ社会の一員として統合していくという解決方法は、戦後ヨーロッパの東西冷戦構造という特殊歴史的な状況の中でこそ通用してきたのであって、決して普遍的な方法ではありえなかった（ハサウェイ 2008：18–22）。

そのことが、一九七〇年代後半以降、ヨーロッパ世界の外部において露わとなっていった。一九六〇年代頃からアジア・アフリカにおいて発生した大規模な難民移動は、戦後難民保護レジームの諸前提をことごとく覆していった。ヨーロッパ世界においては、第一次世界大戦後にはすでに政治的共同体としての国民国家体制は整備されていたが、アジア・アフリカにおいては第二次世界大戦後になってようやく脱植民地化のプロセスが本格化し独立の機運が高まっていく。脱植民地化を成し遂げた多くの新興国家にとってはしかし、内部に植民地主義の負の遺産を抱え込んだままの多難な船出となる。国家設立のプロセスにおいて武力衝突が激化し、さらには植民地主義的な関係性から脱却すべく取り組んだ経済自立化も必ずしも軌道に乗らず低開発による貧困は深刻化し、国内秩序の混乱から大規模な難民移動が各地で発生していった。

こうした新たな難民危機に対しては、戦後ヨーロッパで通用していたような従来までの解決方法が機能する余地はほとんどなかった。大規模な難民流入が発生してしまうと出身国における迫害の有無を個別的に審査することなどできないし、そもそも人々は迫害のターゲットとして難民化したというよりは、より広範な秩序崩壊の結果として集団で移動してきている。さらに、独立間もない新興国家にそうした大量の難民を受け入れ保護する余裕などあるはずもなかった。そのため難民は、個人としてではなく集団として認知されることとなる。そうした状況にあってもなお、「ノン・ルフルマンの原則」を維持しようとするならば、必然的に避難民を一ヶ所に収容しそこにおいて人道支援を行うよりほかないであろう。こうして各地に難民キャンプが次々と設置されていった（Keely 2001）。

しかしキャンプへの難民の収容は、言うまでもなく、問題解決とは程遠い。難民自身の立場からしても、キャンプに収容されたまま移動の自由を制限されるよりも、多少の危険を冒してでも自らの将来を切り開こうとするであろう。こうしてより豊かな国々を目指した人の移動が始まる。

＊2　国際法学者のケイ・ヘイルブロンナーの議論によれば、「ノン・ルフルマンの原則」は、現状では国際慣習法としては通用しておらず、あくまでも「法的な希望的観測」として各国政府の運用に委ねられている。（Martin (ed.) 1988：123-158）

戦後の東側共産圏から逃れてくる難民と違って、新たに南の発展途上世界から逃れてくる避難民たちは、政治的な迫害から逃れるために移動しているというよりは、紛争や貧困といったより一般的な状況性から逃れてきた人々である場合が多いため、既存の難民保護レジームにおける難民の定義にうまく当てはまらない。北側の先進諸国にとっては、そうした避難民たちはできることなら南側に足止めにしておきたい。遠くからの人道支援で済ませたい、というのが本音であろう。しかし、安全で豊かな暮らしを求める人々の欲求をとどめることはできない。

こうした南からの人の流れに直面した北側先進社会では、難民移動を管理し個別的な審査体制を引き続き維持していくために、難民問題の第二の解決策として、難民キャンプから安全な第三国へと難民を再定住resettlementさせるという方法が取られる。そこでは、第二次大戦直後にドイツやオーストリア国内に残された大量の難民を西側諸国に再定住させた方法が応用された（第二章の議論を参照）。難民キャンプに滞留する避難民の中からより難民性の高い人々を難民と認定し、優先的に安全な第三国へと移住させるという試みである。そうした第三国定住は、米国やカナダなど、難民発生国と国境を接していないいわゆる「移民国家」における難民受け入れの主要な方法となっている（入山　2011：67）。

インドシナ紛争のプロセスで一九七五年以降に発生したインドシナ難民の消息が、この過程をよく物語っているであろう。ベトナム、カンボジア、ラオスにおいて社会主義政権が相次いで誕生した結果、動乱から逃れるようにして多くの難民が隣国へと越境していった。しかし近隣アジア諸国で難民条約に加盟している国家は存在しなかったため、難民の受け入れ態勢は整っていなかった。そこで国際社会の働きかけにより、とりあえずキャンプへの収容が行われた。しかし、キャンプに収容しきれなかった人々やそこでの生活に不満を持つ者たちが「ボート・ピープル」となり周辺国へと逃れ、より豊かな国々の庇護を求めて移動しはじめた。そうした動きを収拾するために国際社会は、協働して難民の第三国定住を分担することとなった。日本もこのとき、難民条約を批准（一九八一年）し、先進国の一員として一万人以上のインドシナ難民の受け入れを行っている。

しかし、一九七〇年代半ば以降、高度経済成長に陰りの見えはじめた北側先進各国においては、しだいに移民・難民に対する寛容さは失われていき、人の移動を管理・監視する傾向が強まっていく。そうした中で、入国してくる難民たちの中にも制度を悪用した「偽装難民＝経済移民」が紛れ込んでいるといった言説が広まり人々の懸念が高まるにつれて、難民受け入れの基準も厳格化されていくこととなった。

このように受け入れ社会への統合、第三国への再定住といった庇護による解決方法では現実に発生している難民移動に十分には対処できず、一九九〇年代以降は、難民問題の解決策として出身国への帰国repatriationが強調されるようになっていった。[*3] 一向に解決への道筋の見えない発展途上世界における難民問題では、難民状態の長期化が深刻な課題となっていく（UNHCRの統計によれば、二〇一七年終わりの時点で、他国に庇護を求めている一億三四〇〇万人のうち、約三分の二にあたる一億一六〇〇万人が五年以上の難民状態に置かれている）。難民キャンプでの終わりの見えない避難生活は人々から自立の機会と意欲を奪い、キャンプという閉鎖空間は「援助の政治」が集約する場となり、キャンプを存続させること

＊3　難民問題の解決策として出身国への帰国が強調されるようになっていった歴史的背景を批判的に検討したものとして、Chimni（1998）がある。

自体が目的化するといった本末転倒な状況が発生してくる（Fiddian-Qasmiyeh, et al.（ed.）2014：134-5）。

加えて東西冷戦終焉の結果、先進各国と国際社会における人道援助への熱意は減退していく一方である。冷戦期であれば東側共産圏からの難民を保護することにイデオロギー的な意義が認められたが、単なる人道の対象としての難民という存在は国際社会にとっての重荷でしかなくなった。[*4] こうした難民状態の長期化を終息させ人道支援の負担軽減を図る一石二鳥の方法として提起されるのが、難民の出身国への帰国である。しかし容易に想像がつくように、長年にわたり難民生活を強いられてきた人々が出身国に帰国し生活を再開することには多くの困難が伴うであろう。また、帰国の推進が「ノン・ルフルマンの原則」に抵触するのではないかという懸念も拭いきれない。

とはいえ、以上が現状の国際社会によって提起されている難民問題の三つの解決策である。第一の解決策としての（難民が最初に到着した）受け入れ国への統合 integration――これは、国際的な難民保護レジームの規範となっている方法であるが、現実的には、キャンプが設置されている南側の発展途上国において多くの難民を現地統合することはできない。第二の解決策としての安全な第三国への再定住 resettlement――これはインドシナ難民に代表されるように一九七〇年代後半から八〇年代に試みられたが、実際には規模の上でも内容においても現在の難民問題の解消にはつながっていない。そして第三の解決策としての出身国への帰国 repatriation――他国が庇護を提供できないのであれば、難民には帰国してもらうよりほかない。しかも一九八〇年代以降、国際社会は難民状態の長期化という状況に悩まされている。発展途上国の難民キャンプに収容された難民たちは、庇護国に統合することも第三国に定住することも自国へ帰国することもままならず、数十年にわたって難民状態に棄ておかれる（Crisp,

2003a）。

従来の解決策がうまく機能しなくなったそうした状況にあってＵＮＨＣＲは、二〇〇八年に発表したディスカッション・ペーパーの中で、上記の三様の解決策に加えて「第四の解決策」として難民のより自由な移動を促すことを提案している。そこでは、難民がより自由に移動できるようになれば、そのぶん避難生活はもっと自立的なものとなり難民状況を抜け出すきっかけとなると論じられている（UNHCR, 2008, pp.91-97, Long, 2013a, 2013b）。

しかしそうした議論は、従来までの解決策の機能不全を認めたにすぎず、結局のところ解決策としては後退を迫られ消極的なものとなっているという印象を拭えない。

いずれの解決策にしても、ここで難民問題の解決とはいったい何を意味しているだろうか。統合、再定住、帰国、これらの三様の解決策が目指すのは、避難状態の終了、すなわち、難民がもう一度どこかの政

＊4　冷戦体制崩壊以後に難民支援や難民保護の実践が後退していった背景には、難民問題に対する北側先進諸国と南側発展途上諸国との間の認識のギャップがあると考えられる。難民の多くが実際に支援と保護を受けている現場は南側の発展途上世界であって、北側の先進世界は南側に設置された難民キャンプに対して人道支援を行っている。そのような南北での役割分担が出来上がっている。そうした立場の違いによって、実際に難民を抱える南側の発展途上国から見れば、北側の先進各国は難民問題を南側に閉じ込めようとしているように見えるであろうし、反対に北側の先進諸国からすれば、南側の発展途上諸国が難民の現地統合を政策的に妨げているように見えてくる。そのような認識のギャップが国際社会全体に疑心暗鬼を生みだし、いよいよ問題解決は遠ざかっていく（Fiddian-Qasmiyeh, et al. (ed.) 2014：158）。

治的な共同体に包摂され共同体の一員となること、それこそが難民問題の解決であると観念されている。[*5]

しかし、前章で論じたように、そうした解決の方向性にはすでに、表層としての普遍性の次元と深層としての普遍性の次元とのズレが含まれている。そして三様の解決策においてはいずれも、深層としての普遍性の次元、すなわち難民移動にまつわる集団性・共同性の位相が十分に考慮されてこなかった。これまでの難民問題は、表層としての普遍性の次元において、つまりはリベラルな権利保障のレベルで対処されてきたと言える（山岡 2018）。そのとき、難民が包摂されると期待されている政治的共同体とはすなわち、国民国家のことである。しかし、国民国家という仕組みは、本書で一貫して論じてきたように、難民を発生させる根源でもあるため、いくらその仕組みに包摂しつづけたとしても、繰り返しそれ以上の難民移動を発生させてしまうであろう。

本章では、すでに国民国家という仕組みは深層としての普遍性の次元を実現する力を失っており、それゆえ従来までの難民問題の解決策は的外れなものとなってしまっていること、さらには、難民移動にまつわる集団性・共同性の位相をどのように捉えればよいのかということを明らかにしていく。

そうした問題を考えるための手掛かりとして、戦後の日本社会が直面した「中国残留邦人問題」を難民移動という観点から再考していく。

「中国残留邦人問題」とは何か

なぜ、中国残留邦人問題なのか。その議論に入る前に、まずは中国残留邦人問題とは何か、という点を確認しておく。

厚生労働省の定義によれば、「中国残留邦人」とは、一九四五年当時、中国東北地方（旧満州地区）に居住していた日本人で、同年八月九日のソ連軍の対日参戦により現地に残留せざるをえなかった人々のことを指す。その中には、幼くして両親と別れ中国の養父母に育てられた「中国残留孤児」や、現地の中国人と結婚し戦後も中国に残った「中国残留婦人」が含まれる。そうした日本人の日本への帰国にまつわる問題を、一般に「中国残留邦人問題」と呼ぶ（厚生省社会援護局援護50年史編集委員会 1997）。

戦後の日本社会において、この中国残留邦人問題はどのような取り上げられ方をしてきたのであろうか。日中国交正常化後の一九八一年三月に「中国残留孤児」の四七人が肉親捜しのために来日し、メディアを通じて国民的規模での身元調査が行われたことによって、この問題は広く日本社会に認知されることとなった。[*6] こうして戦中と戦後の悲劇が積み重なった存在として、彼ら・彼女らは耳目を集め、日本社会の戦争にまつわる国民的な記憶を呼び起こしていった。

中国残留邦人の多くは、一九三〇年代以降に満蒙開拓団の一員として満州に移住した人々やその家族である。彼ら・彼女らは満州移住後に開拓民として苦労を重ね、その後、日本の敗戦に伴う引揚げの逃

＊5　現実の難民移動においては、避難生活から恒久的解決へとスムーズに移行することは少なく、その間にグレーゾーンが拡がっている。すなわち法的地位が曖昧なまま、単純な受け身の被害者としてではなく戦略的な移動を繰り返す難民が数多く存在している（Zetter and Long 2012：34）。

＊6　日中国交正常化後の身元調査において、幼い頃に両親と離別した残留孤児の場合、家族の名前や離別状況など記憶されている事実も限られているため、厚生省の引揚援護局は新聞・テレビなどを利用した「公開調査」に乗り出した（厚生省社会援護局援護50年史編集委員会　1997：402）。

避行において数々の惨劇を潜り抜け、戦後の中国での生活においても「日本人」であるという理由から差別や偏見に苦しんできた。さらにはついに実現した日本への帰国後にも、長年日本から離れて暮らしていたため、あるいは残留孤児の場合にはそもそも日本で暮らした経験がないために、日本社会での生活においても苦難が尽きることはない。このように中国残留邦人は、戦後に高度経済成長を成し遂げ豊かさを享受する日本社会にとって、戦争の悲劇を思い起こさせる要素が集約した存在としてある。それゆえ、「戦後は終わっていない」という語りの中で象徴のようにして繰り返し取り上げられてきた。

しかしこうした問題の取り上げ方は、戦争責任をめぐる日本人の歴史認識と繋がって、他方で、記憶の隠ぺいや忘却として作用してきた側面があることも見逃せない。中国残留邦人問題に関して問われる日本国家の責任とは、国家政策により外地に送り出した同胞を長年にわたって見捨ててきたという点にあるのであって、戦後にその責任を追及することで残留邦人の帰国支援が実施されていった。しかし言うまでもなく、敗戦当時に多くの日本人が中国東北部に残っていたのは、日本による中国大陸侵略の結果であって、中国残留孤児への支援や補償に関して日本政府の責任が追及される一方で、日中戦争という侵略行為によって生み出された無数の中国人孤児への支援や補償の責任が問題化されることはなかった。さらに残留問題が多くの日本人家族を引き裂き、長年の別離の後に残留邦人と日本人家族との再会が実現したのであるが、そうした感動の再会場面がクローズ・アップされることで、残留邦人の帰国が新たな家族の別離を生み出している事実はいよいよ見えづらくなっていく。中国に残された高齢の養父母たちの姿は、日本社会の眼には映らないままだ（呉 2004：131-132）。

中国残留邦人問題では、そのほかの日本の戦争に関する語りと同様に、その悲劇性と被害者性がどこまでも強調され、歴史の加害の側面がそれと切り離され不問に付される構図が出来上がっている。そうした問題認識の一面性は、じつのところ、難民問題における認識の一面性と共通している。そこで次に、なぜ難民問題と中国残留邦人問題とをつなげて考えるのかを論じてみたい。

難民研究と中国残留邦人問題

従来の難民研究において、中国残留邦人問題が取り上げられることはほとんどなかった（部分的に言及するものとしては、たとえば、本間（1990）阿部（2010：48-49））。それはいったいなぜなのか。中国残留邦人に関しても、あるいは旧満州地域からの引揚げを表現する際にも、体験者自身の語りや政策上の言説において繰り返し「難民」や「棄民」といった言葉は使われてきたし、その置かれた境遇は多くの点で戦後難民保護レジームにおける難民と共通性をもつ[*7]。にもかかわらず、難民研究の中で中国残留邦人問題が追究されることはなかった。

難民研究の射程に中国残留邦人問題が含まれてこなかった理由として考えられるのは、第一に、中国残留邦人という存在が戦後の難民保護レジームの範疇を超え出ている点である。中国残留邦人は、政治的な立場から出身国で迫害を受け他国に避難しているのではない。難民保護レジームの枠組みからすれ

＊7　たとえば、『満州開拓史』（1966：828-829）においても、開拓民の逃避行プロセスを「難民生活」として描き出しているし、日本への引揚げを待つ間に滞留する避難民たちを収容する場所は「難民収容所」と実際にも呼ばれていた。さらに、市野川・小森（2007）でも、日本社会において「難民」という言葉が法制度上のカテゴリーとなる以前から、引揚げの避難民に対して用いられていたことが指摘されている（118-121頁）。

ば、彼ら・彼女らは日本国家による迫害を受けているわけではないので、日本への帰国が叶えば問題は解決する。さらには、中国においても、彼ら・彼女らは必ずしも避難生活を送っているわけではない。養父母をはじめとする家族との生活を長年にわたって維持してきた。その意味でも、中国残留邦人を法制度上の「難民」というカテゴリーに含めることはできない。

難民研究において中国残留邦人が不在であった第二の理由として、難民研究における非歴史性という問題を指摘することができる（Kleist 2017）。難民研究では現実の難民の窮状を改善するという実践的な目的が掲げられているため、どうしても歴史への関心は実践に役立つかぎりのものに限定されてしまう。難民保護レジームに関する制度史の研究は存在するが、移民研究における「移民史」にあたるような「難民史」という分野は存在していない。現実の解決策につながる限りで、歴史は参照されてきたにすぎない。[*8]

第三の理由として、戦後直後の難民移動に関しては、ヨーロッパ難民に関する研究が中心であって、同時期のアジアにおける難民移動への関心は非常に限定的であった（Peterson 2012）。この点でも、戦後の東アジアで発生した中国残留邦人問題は見過ごされてきた。

難民研究においては、一貫して「難民」に該当するのは誰か、というカテゴリーの問題が問われてきた。というのも、難民に対する現実的な保護や支援を目的とする難民研究にあって、誰が保護や支援の対象であるのかというのは根本的な問題となりうるからだ。すなわち、「難民」というカテゴリーの線引きを問わざるをえない。

しかし実際には、前章でのロジャー・ゼッターの議論からも明らかなように、「難民」というカテゴリーを線引きし続けることは理論の上でも実践の上でも困難になりつつある。難民研究が一九九〇年代以降に強制移動研究forced migration studiesとして再編されてきていることもそのあらわれであるし、近年の混成移動mixed migrationへの関心の高まりにもそうした動向を見て取ることはできるであろう。[*9]

ここでもし、難民研究と難民に対する保護・支援の実践とを切り離すことができるならば、難民とは誰か、という問いはそれほどの重要性を持たなくなるであろう。とはいえ、学術研究と現場での実践と

*8 難民移動に関する歴史研究としてとくに重要なものとしては、Skran（1995）、Marrus（1985）、Gatrell（2013）などがある。とりわけGatrellの著作では、戦後の第三世界での難民移動の歴史に関しても多く論じられている。

*9 Chimmi（2009）とHathaway（2007）は、どちらも「強制移動研究」に懐疑的な立場を表明している。ただし、Chimmiの場合は、それが結局のところヘゲモニーの要請として制度化されている点に批判的であるのに対して、Hathawayの議論では、それによってせっかくの「難民」カテゴリーが曖昧化されることに対する懸念が示されている。

また、冷戦体制崩壊以後、難民研究者や難民支援に関わる国際機関などは、従来の難民保護の枠組みだけでは捉えきれない多様な人の移動を「混成移民」という概念で理解しようとしてきた。現代の難民移動は、保護や支援を必要としている難民だけで構成されているわけではない。むしろ、難民保護レジームの範疇には含まれないその他の移動と混在したかたちで難民移動は発生している。そのため、難民支援に携わる組織や機関は、多様な移動の中から真に保護や支援を必要としている「難民」を選り分けなければならない。しかしそうした移動は多くの場合、正規のルートを通じた移動ではなく、パスポートやビザなどの文書をもたないままの移動となるため、密航業者を利用した危険な旅路となる可能性が高い。そこで、通常の難民に対する支援に加えて、そうした危険な移動への対応が必要となる。UNHCRも二〇〇七年に「混成移動」に対処するための行動計画を発表し、国家や支援組織との広範な協働を呼び掛けている（UNHCR 2007）。

の結びつきは、難民研究にとってのスタート地点からのアイデンティティであるため、両者を切り離すことは容易ではないのかもしれない[*10]。

しかし本書では、難民を保護・支援するという現実的かつ実践的な課題にあえて縛られないことで、難民問題の歴史的な位相を問題化していく。そのとき、難民問題と中国残留邦人問題とは歴史の深い水脈でつながっていることが認識できるようになるであろう。

難民という存在を法的・政治的なカテゴリーとして囲い込まないとすれば、それはどのような存在として認識できるであろうか。本論が提起するのは、「移動」という観点から人間存在を捉える認識論である。そうした観点からするならば、難民とは、移動がその苦難の原因かつ結果となっている人々のことである。難民は苦難から逃げ出すようにして移動し、あるいは移動のプロセス自体が苦難の状況を生み出すこともある。しかし人の移動というより多様な文脈からするならば、それは移動の一側面にすぎないと言える。人はさまざまな機会を求めて積極的に移動することもあるであろうし、あるいは移動の結果として新たな自由を獲得することもあるであろう。すなわち、「移民」／「難民」という線引きが存在するのではなくて、「移民」と法制度上はカテゴライズされる人々の移動にも難民性が含まれることはあるであろうし、その反対に「難民」と法制度上カテゴライズされる人々の移動にも自由や積極性の要素が含まれていることは十分にありうる。つまり、「移民」と「難民」、さらには「国民」も含めて、そうした法制度的カテゴリーを移動という観点から見るならば、どれも地続きの存在として認識される。

人の移動に関する通常のものの見方では、移民とは自発的に移動する人々であって、難民とは移動を強いられた人々という区別がなされ、それゆえ、移民研究においては繰り返し、なぜ人は移動するのか、という移動の動機が問われてきた。つまり、移動する主体の行為主体性agencyの問題が、移民の社会学研究の主要課題であったと言える。[*11] 他方、難民の場合は、本来移動したくない人々が無理矢理に移動させられていることから、移動の動機を問うことにさしたる意味はない。ケイティ・ロングが指摘しているように、戦後の難民保護レジームの中で難民とは、「あからさまな経済的な動機を持たないという特質においてのみ保護に値する」とみなされてきた（Long 2013a：7）。結果として難民は、保護や支援を必要としている受け身の被害者として観念されてきた。

しかし、移民の主体性を問題化する議論がそうであるように、移民の個人的な選択の結果と思われるような移動であっても、実際には構造的要因に促された不可避の移動である場合がある。[*12] その反対に、強制的に避難生活を送らざるをえないかに見える難民が、生計や将来の展望を求めて戦略的な移動を繰り返している場合も少なくない。[*13]

＊10　難民研究における実践的な問題関心のあり方を最初に明確化したのは、Harrell-Bond（1986）である。さらに、文化人類学の観点から難民研究を行っているデイヴィッド・タートンも、学術研究は難民の窮状の改善に役立たなければ意味がないとはっきり述べている。研究者の興味関心だけで難民の研究を行うことは許されず、難民研究には倫理的側面が避けがたく伴うという点を強く主張している（Allen（ed.）1996：96）。

＊11　移民研究においては、なぜ人が移動するのかという問題を多様な学術的観点から論じてきた。移民研究における議論の変遷を総括したものとして、Massey, et al.（1993）がある。

＊12　国境を越えた人の移動を移民の主体的な選択の結果としてではなく、歴史的な構造に規定された移動として捉える社会学的な議論は、イマニュエル・ウォーラーステインの「世界システム論」を土台にして展開されてきた。たとえば、Portes and Walton（1981）、サッセン（1992, 2018）などがある。

そのような「移民」、「難民」、そして「国民」というカテゴリーのつながりを考えるときに、中国残留邦人問題は重要な視座を与えてくれる。そこで次に、中国残留邦人の歴史を人の移動という観点から再考してみる。

「中国残留邦人」という移動

中国残留邦人問題を考えるためには、満蒙開拓団の歴史にまでさかのぼる必要がある。戦後に中国に残留した日本人の多くは、戦前・戦中に開拓団の一員として満州国国境地帯に送り込まれた人々やその家族であった。

日露戦争の戦果として新たに占領した中国東北部にできるだけ多くの日本人を入植させるという計画は、当初は日本国内の過剰労働力を外地へ送り出すという目的で開始されたが、日中戦争や太平洋戦争の戦線が拡大するにつれてすぐにも国内の労働力は不足しはじめる。にもかかわらず、計画そのものは続行された。それは、労働力問題以上に、一九三二年に建国された「満州国」の国境を維持するための入植という国防や安全保障の問題がより切迫してきた結果であった。こうして、関東軍の警備が手薄となるソ連との国境付近の土地を現地住民から取り上げ、そこに内地の日本人を政策的に入植させていった。[*14]

彼ら・彼女らの多くは、日本の農村部出身者であった。日中戦争の泥沼化、そして太平洋戦争開戦へと「大東亜戦争」が拡大の一途をたどるのと並行して、「満州国」への移住は食糧増産と国家防衛の任務を背負った国家事業として展開していった。[*15] その意味で農村出身の移住者たちは、戦争の時代に巻き込まれた社会的弱者であると同時に、大東亜共栄圏維持に貢献する戦争協力者でもあった。日本内地にいるかぎり貧しい農村の次男・三男であった者たちが「満州国」へと移住してみると、現地では大東亜共栄圏の「一等国民」として中国人や朝鮮人を小作人として使役する地主階級へと成り上がることができた。[*16]

こうした「一等国民＝植民者」としての開拓団の地位は、一九四五年八月九日のソ連参戦と同時に根底から崩壊していった。特権的な地位は消え去り、国家的な保護が完全に失われてしまった人々は、一

＊13　たとえば、二〇年以上もケニアの難民キャンプで生活しているソマリア難民が、その避難生活の中で幅広い経済的戦略を繰り広げる様子をLindley（2011）が描き出している。

＊14　「満州」を日本にとっての安全保障上の権益とみなし、日本人の移民によって実質的に支配しようという発想そのものは、すでに日露戦争後の段階で当時台湾の民政長官であった後藤新平によって主張され、その意義を満州軍総参謀長の児玉源太郎も以下のようにあらためて強調している。

「今日韓国の宗主権を皮相するもの徒にこれを戦勝若しくは外交の結果に帰すれども、その実はかくの如き簡単急成の功に非らず。宗主権の獲得は、旧来わが国民韓地移入の上において列国の優位を占め、口舌をもって争う能わざるの事実を存したるによれるなり、しかもこれは移しもって満州問題の解決に供すべし。」（「満鉄総裁就任情由書」より）満州開拓史刊行会（1966：3）

＊15　一九三九年一二月に日本国・「満州国」の両政府が発表した「満州開拓政策基本要領」によれば、その「基本方針」は次のように定められている。

「満州開拓政策ハ日満両国ノ一体的重要国策トシテ東亜新秩序建設ノ為ノ道義的新大陸政策ノ拠点ヲ培養確立スルヲ目途トシ特ニ日本内地人開拓農民ヲ中核トシテ各種開拓民並ニ原住民等ノ調和ヲ図リ日満不可分関係ノ強化、民族協和ノ達成、国防力ノ増強及産業ノ振興ヲ期シ兼テ農村ノ更生発展ニ資スルヲ以テ目的トス」

夜のうちに剝き出しの自然状態へと投げ込まれ、ソ連兵や現地民による襲撃・強盗にさらされる避難民となり、文字通り身ぐるみ剝がされていった。一九四五年七月の段階でのいわゆる「根こそぎ動員」によって満州地域では約二五万人もの男性が関東軍に召集されたため、ソ連国境付近の開拓地には女性や子ども、さらには高齢者ばかりが残されていた（厚生省社会援護局援護50年史編集委員会 1997：7）。そうした社会的弱者集団の徒歩での逃避行はそれゆえ、悲惨をきわめた。もはや逃げ切れないと判断したいくつかの開拓団では、集団自決が発生した。

恵まれた占領者の立場から脆弱な避難民の立場への転落という、こうした劇的な体験は、戦後数多くの引揚げ証言として記録されてきた。[*17] 引揚げの過程において、祖国日本という国家はまったく頼りにならないばかりか、国家はそうした周辺部の国民を見捨てて我先に逃げ出していた。日本への帰国のプロセスでは、民間人の引揚げよりも軍人の復員が優先されたし、さらには民間人でも都市部に住む官僚や南満州鉄道株式会社の従業員などのエリート層の引揚げがより優先された（若槻 1995：313-316）。日本政府外務省は、ポツダム宣言受諾日の一九四五年八月一四日付で在外公館に対して、一般の居留民はできるだけ現地に定着させる方針を執るよう指示を出している（厚生省社会援護局援護50年史編集委員会 1997：28）。結果として、国境付近の開拓民たちは敗戦国民として最後まで現地に取り残され、現地住民の敵意と憎しみの標的とされたのである。

こうして彼女たちは、難民となり各地の難民収容所に収容されていった。日本に帰国できる日を待ち望みながらも、今日明日を生き延びていくために、ある人は中国人の妻となり、またある人は自分の幼い子どもを中国人の養子に出した。長引く避難生活の中で、そうした選択をせざるをえなかった日本人

＊16　一九三二年から国策として進められた「満州」への開拓移民の多くは農村出身者であったが、じつは「満州」への最初の農業移民団は、東京深川の「天照園移民」であった。「天照園」という無料宿泊所には、一九二九年の世界恐慌以来、困窮した地方出身者たちが多く身を寄せていた。そうした都市部の「ルンペン・プロレタリアート」が、最初のターゲットとされた。「天照園移民は、地方の困窮の流入口であり、それを満州に送り出す流出口であった」（東京の満蒙開拓団を知る会 2012：40）。

また、実質的には日本の傀儡国家であった「満州国」においては、「満州国国民」という法制度的なカテゴリーは最後まで確定しなかった。指紋法によって人の移動を管理し、「国民」を作り上げようとした「満州国」の試みに関しては、高野（2016）に詳しい。

＊17　たとえば、『生きて祖国へ』（国書刊行会 1981）では、開拓の苦労から敗戦時の逃避行、さらには引揚げまでのプロセスが生々しい証言として記録されている。

しかしそのような当事者自身による数々の証言にもかかわらず、近代日本文学研究者の朴裕河が論じているように、引揚者は、戦後日本社会にとって居心地の悪い存在でもあったため、公的な記憶の中で忘却されてきた。「おそらく、戦後の日本において『引揚げ』が、一般に国民の物語になりやすい『受難』の物語でありながらも原爆物語と違って日本人の「公的記憶」にならないままなのは、まずそれが植民者たちの物語であったことにその理由を求めることができるだろう。すなわち『加害者としての日本』を含む物語は、戦前とは異なるはずの『戦後日本』では受け止められる余地がなかったのである。〈『引揚げ』の忘却〉という事態は、ひとことで言えば、『外地』からの引揚者たちが『内地』でおかれることになった複雑な地政学的・思想的・情緒的配置によるものだった。とりわけ強調しておきたいことは、『引揚げ』とは、占領地や植民地との関係でのみ考えられるべきことではなく、『本土（＝内地）』との関係、さらに引揚者同士の関係をも考慮に入れて初めてその全容が見えてくるということである。すなわち、占領地や植民地に出かける前の『帝国日本』との関係、帰ってきてからの『戦後日本』との関係、さらに引揚者同士の関係を総合的に捉えて初めて『引揚げ』は理解しうる事柄なのである。」（伊豫谷・平田編 2014：64-65）

が少なくなかった。

こうして、生き延びるために現地に残留した日本人の中国での戦後がスタートした。同じように開拓団として「満州」に移住し、その後引揚げ船に乗り帰国することのできた日本人と、中国に残らざるをえなかった日本人の戦後とは、決定的に異なる運命を辿ることとなった。

日本に無事帰国することのできた旧開拓民たちは戦後の日本社会での暮らしの中で、「満州」という過去から時間的にも空間的にも切り離されていったが、他方、中国に残された旧開拓民たちは、「満州」という過去と時間的・空間的に連続した生活が引き続くこととなった（とはいえ、日本に引揚げてきた旧開拓民たちの多くも、自分の故郷にはすでに居場所がなく、日本国内の未開拓地で再び開拓民としての暮らしを始めなければならなかった。あるいは、日本に居場所を見つけることのできなかった引揚げ者たちは、戦後南米への移民として再び日本から出国していった）。[*18] すなわち、日本人である自己は、戦後の中国社会においては「侵略者」「植民者」としてつねに日本の戦争責任を問われ続けるほかないし、そうした過去を自己と切り離すことができない。日本に無事帰国することのできた帰国者たちがしばしば「満州」での思い出を懐かしみ、加害の意識よりも被害の意識をより強く抱いているのとは対照的に、中国に残留せざるをえなかった日本人の多くにとっては、日本の戦争責任は日常生活のレベルで日々現在進行形に直面し続ける問題であって、その加害性から逃れることはできない。だからこそ、残留孤児の中国における養父母の多くは、養子たちに「日本人」であるという事実を告げず、できるだけそれを隠そうとした（浅野：佟、2006）。中国残留邦人にとって「満州」とは、都合よく忘却したり美化したりできる思い出ではない。現在の中に生々しく息づく記憶としてある。

そうした色濃く血なまぐさい記憶に押し出されるようにして、中国残留邦人は日本への「帰国」を夢見るようになる（城戸2017：44）。とくに中国国内において文化大革命の動きが活発化してくるにつれて、「日本人」であることの重荷は増していき、自分たちの存在を丸ごと受け入れてくれるはずの「祖国・日本」への帰国に駆り立てられていった。日本に帰ることさえできれば、これまでの苦しみのすべてが報われるのではないかという思いがあった。[*19]

そのような中国残留邦人にとって、大きな機会が訪れる。一九七二年、日中の国交が正常化した。一九七三年六月に中国の周恩来首相から日本政府の代表団に、中国に残る日本人（およそ五千人）の里帰りを全面的に支援したいとの申し出がなされ、これ以後、残留邦人の帰国が本格化することとなった。とはいえ、実際に日本政府が肉親捜しのための訪日調査を始めたのは、国交正常化から九年後の一九八一年以降であって、しかも身元保証人なしの帰国は「特別身元引受人制度」ができる一九八九年まで認

＊18　「戦後南米移民は、政府補助による国策移民という意味では戦前の南米移民や満州移民と連続していたが、（引用者：移住先への）『永住』『同化』の要求は、戦前移民との断絶を意図したものといえよう。国境を越えた移民は、日本国家を離脱するものとみなされたのである。この条件を受け入れて移住した人々の中には、満州などからの引揚者や戦後国内開拓の経験者も少なからず含まれていた。敗戦以後の国境内部への移動、国境内部における入植で定着に至らなかった人々が、国境を越えて日本国家を離脱する移民に合流したのである。」（塩出 2015：403-404）

＊19　そうした思いは、戦後の日本社会において居場所を失った「在日朝鮮人」が、北朝鮮という「祖国」への「帰国」を夢見たことと同型であろう。一九五〇年代末から始まった北朝鮮への「帰国事業」もやはり、日本という場をめぐるポストコロニアルな難民移動として再考される必要がある（伊豫谷編 2013：第4章参照）。

められなかった。

日本国家の戦前・戦中の中国に対する所業の責任を一身に背負わされてきた中国残留邦人の立場からすれば、当然、日本国や日本社会はその補償をすべきであろう。まして敗戦時にはまだ幼児にすぎなかった「残留孤児」の場合は、彼ら・彼女ら個々人には何ら政治的・道義的責任はないはずである。彼ら・彼女らの帰国は歓迎されてしかるべきであって、それが拒否されるなどということはあってはならない。しかし実際には、日本国家も日本社会も、その帰国に戸惑い対応も後手に回り、受け入れ態勢は残留孤児の人々からすればまったく期待はずれの不十分なものとなってしまった。[*20]

戦後に先進国の仲間入りをした日本社会にとって、残留邦人の帰国は、外国人の難民を社会に受け入れるという事態と多くの意味で似通っていた。[*21] 残留孤児の場合にとくに顕著なように、彼ら・彼女らは生まれてからずっと中国で生活してきて、当然日本語もほとんど話せないままに日本社会へと帰国してくる。しかも戦後の中国は革命によって共産主義国となっていたために、東西冷戦構造に遮られて日本との国交が回復するまでに相当の時間を要したこともあり、両者の隔たりはますます拡がっていった。残留孤児の帰国には、そうした時間的なギャップ、言語・文化的なギャップ、さらには政治経済体制のイデオロギー上のギャップなど、何重もの隔たりを乗り越える必要があったと言える。

それに加えて残留邦人の帰国がある意味、難民の受け入れよりも難しいのは、同じ日本人として共通の過去を有していながら、日本社会と残留邦人との間でその過去との向き合い方が根本的に異なるということがある。日本国や日本社会にとって中国残留邦人とは、自分たちが戦後作り上げてきた戦争被害者としての日本人像を投射できる存在であった。しかし残留邦人の実態とは先にも見たように、そうした単純化された被害者像では収まりきらない。残留邦人とは、中国社会に対してさまざまな意味で借りを背負った存在でもあるだろう。日本が見棄てた彼ら・彼女らを中国社会は受け入れ育ててきた。その意味で、彼ら・彼女らは日本人であるだけでなく、「日系中国人」でもあるのだ（井出 2004：7）。彼ら・彼女らは日本への帰国を熱望しているばかりではない。中国への断ち切りがたい思いも同時に抱いている。そうした人々が日本へと帰国するというきわめて複雑な事態が、ここでは発生していると言える。

上記のような中国残留邦人問題における解決とは、すなわち、その複雑な歴史過程を単純化することなく丸ごと受け入れることを意味しているはずであろう。中国残留邦人の潜り抜けた移動のあり様には、北東アジアにおけるポストコロニアルな課題が凝縮している。そのような観点を持ち込むことは、難民問題の解決について思考する際にも多くの示唆を与えてくれるに違いない。[*22]

＊20　一九九三年九月五日に一二人の「中国残留婦人」が「強行帰国」せざるをえなかった背景にも、中国残留邦人問題に対する日本政府と日本社会の消極的姿勢があったと言える（大久保 2006）。「残留孤児」と違い「残留婦人」は、自らの意思で現地に残った人々であるとされ、それゆえに彼女たちに対する日本政府からの援護はほとんどなく、また彼女たちはたとえ身元が判明していたとしても、親族の同意なしには帰国ができない状態に置かれていた。「残留婦人」は、自由意志で国際結婚をした外国人という扱いを受けた。このように「残留」という移動に意思の有無を読み込むことで、「残留孤児」と「残留婦人」という立場の違いが生み出された。

＊21　一九八〇年代初頭にインドシナ難民を受け入れたときと同様に、一九八四年には「中国帰国者定着促進センター」が開設され、そこでは日本語教育だけでなく、生活習慣などを含めた日本社会へ定着するための研修が行われた（厚生省社会援護局援護50年史編集委員会 1997：419–422）

難民移動を非自発的な強制移動とみなし、さらには難民という存在をヴァルネラブルな受け身の被害者としてのみ認識することで難民を他の人の移動から区別し、難民問題を対処可能な問題へと還元することはできるかもしれないが、そのとき、難民という存在が含んでいたはずの事態の複雑性や可能性、いわば、〝存在の豊かさ〟のようなものは切り詰められる。そこで本論では、中国残留邦人問題を認識するための視座を提起することによって、難民移動とコミュニティとの関係性を再考していきたい。

過程の中で発生する移動

移動という概念について考えようとすると、人はすぐにも出発地点と到着地点を想定する。始まりと終わりを捉えることで、移動全体を把握したものと観念する。そうした考え方は、人の移動をめぐる研究においても暗黙の前提として含まれている。そのため、人が出発した理由を探り、どこに到着したのかを明らかにしようとする。

しかし、言うまでもないことだが、連続する時間の中から移動の部分だけを取り出してくるのは研究上の作為であって、現実の歴史では、移動は過程の一部として進行しているはずである。出発地点や到着地点もそうした過程の中に埋もれている。全体の過程から出発地点と到着地点を措定し移動の部分だけを切り取り対象化するという知的作業は、かなり不自然で無理のある行為と言えるだろう。

逆説的な言い回しになるが、過程から切り離された時点で、すでにその移動は停止している。過程の中に埋もれていた間は生き生きと動いていたはずのものが、切り離されたことで動きを止める。たしかに、動きが止まってしまえば観察は容易いであろう。因果関係もクリアに見えてくるに違いない。しかし、そのとき研究者が行っているのは、死体の解剖に近い。生命活動を見つめているわけではない。

本論では、移動を過程の内部に位置づける、そうした視座を提起していく。とりわけ難民移動のように複雑な人の移動を認識しようとする場合、移動を過程から切り離し対象化する従来までの方法では間に合わない。以下、中国残留邦人問題という歴史を素材とすることで、移動をめぐる新しい認識論を展開していく。

中国残留邦人という存在を認識するためには、彼ら・彼女らが経験したいくつもの移動を個別の解決すべき対象として取り出すのではなく、過程の積み重なりとして捉える必要がある。前節でその歴史を見てきたように、彼ら・彼女ら（あるいはその親たち）はまず、日本の農村部から中国東北部へと移動している。この移動にはすでに、複雑な意味合いが含まれている。それは一方で、よりよい生活を求めての移住であり、また社会階層の上昇移動を意味していた。しかし他方では、それは国家政策に引きずられた移住であり、他国への植民・侵略の帝国主義的移動でもあった。

そして敗戦時、今度はそれまでの居住地と帝国臣民としての特権的な立場を同時に失い、強制的な移動を迫られ難民化する。それは現代の難民問題の文脈に重ねるならば、いわゆる「国内避難民」が置かれている状況性と類似している。国家（ここでは傀儡国家としての「満州国[*23]」）が崩壊し、それまで自分

＊22　たとえば、Rodoriguez（2018）は、従来の難民研究においてコロニアリズムの視点が希薄であることに対して批判的な議論を展開している。

＊23　歴史家の山室信一によれば、「満州国」には「傀儡国家」と「理想国家」という正反対の表情があった。そして、山室は、当時の日本人が「満州国」において理想の実現を目指した歴史過程に着目している（山室 2004）。

たちが住んでいた場所に住むことはできなくなったが、かといって新たな居場所を見出すこともできずに右往左往せざるをえないきわめて不安定な状況に置かれる。しかも「国外」に逃れることもできずに避難生活を強いられる。

敗戦の混乱の中で行き場を失ったそうした日本人たちは、難民収容施設に集団で収容され帰国の機会を待つこととなった。彼ら・彼女らの置かれているそうした窮状は、あるいは現在のグローバルな人の移動において「滞留移民」と呼ばれる人々の境遇と似通っていると考えることができるかもしれない。[*24] 目的地への旅路があまりにも長引いてしまったがために脆弱な立場に立たされてしまう「滞留移民」たちと同様に、引揚げのプロセスから取り残されてしまった人々は、しぶしぶ現地への残留を選び取らざるをえなくなっていった。

ここでの重要なポイントは、最初の日本内地から「満州国」への移住＝植民と、敗戦時の居住地からの追放をそれぞれ別個の切り離された現象と見なすのではなく、最初の移動とその後の追放とは過程としては連続している点を見落とさないことである。つまり、敗戦時の追放は戦時中の移住＝植民なしには発生しなかったのであって、追放の悲劇にばかり眼を奪われることなく、移住＝植民を含めた形で追放を認識する必要がある。それによって、各移動は過程の中に位置づけられる。移動によって歴史が形成される様子が認識できるようになる。

こうして、帰国のかなわなかった日本人たちが戦後の中国社会に残留することになった。そのように現地に取り残された日本人をあえて現代の難民保護レジームのカテゴリーに当てはめるならば、住む場所を奪われ難民となった人々が現地社会に統合integrationされたとみなすこともできるであろう。しかし、では、このとき発生した難民問題は、それによって解決されたと言えるであろうか。むしろ、新たな問題がそこで発生しているのではないか。難民問題の文脈において第一庇護国への統合が有力な解決策の一つと見なされているのは、難民移動を解決すべき現実的な対象と捉えているからであって、難民移動を過程の一要素として位置づける本論の視座からするならば、問題は別のかたちをとって引き続いていることが認識できるであろう。

その後、中国社会に残留した日本人たちが、戦後の長い時間が経過してから日本社会へと帰国してくる。それをやはり現在の難民問題に重ねてみるならば、長期化した難民状況から母国へと帰国repatriationする、あるいは第三国へと再定住resettlementするプロセスとの類比で考えることができるであろう。中国残留邦人が日本社会に定着することに伴うさまざまな困難は、難民問題が解決したと見なされるその後に生じる困難と多くの意味で共通している。中国残留邦人にしても現代の難民にしても、非常に脆弱な立場で移動してくるがゆえに、受け入れ社会に溶け込むことは容易でない。社会統合とい

＊24　難民・移民研究者のマイケル・コリヤーがモロッコで行った調査によれば、ヨーロッパを目指してサハラ以南からやって来る人々の旅程は長期化し、しかも細切れの移動となっていて、そうした状況は新たな保護ニーズを生み出している。目的地からはまだまだ程遠い場所で滞留する人の移動のあり様が、グローバルな移動システムの共通の特徴となっていることをコリヤーは指摘している（Collyer 2010）。
　また、敗戦後の日本人の外地からの引揚げプロセスについて、歴史家の成田龍一が論じているように、日本への引揚げは、一般にイメージされているような外地→日本という一直線を辿ったのではなく、実際には多くの場合、各地を転々としながらの多様な移動過程であった（成田 2010：86）。

う課題が発生してくる。

そして彼ら・彼女らが共通して抱えるそうした困難は、複数の移動が重なり合った結果として引き起こされている。「移動」と「定住」を対立的なカテゴリーとして観念するかぎり、移動してくる者たちは、定住する者たちにとっては不安を掻き立てる例外的な存在となるし、いつまでも定住させてもらえず移動し続けるしかない者たちは、ますます脆弱になっていく。支配的な力に対して受け身にさせられる。

一九七二年の日中国交正常化以後に本格化した中国残留邦人の日本への帰国では、残留孤児と日本の親族との再会が実現するようなケースもあれば、実際には日本の親族が帰国者の受け入れを拒むようなケースもあった。というのも、すでに戦後長い時間が経過しており、両親やきょうだいなどの近しい親族が他界し、在日親族の世代交代が進んでいるケースも少なくなく、そうした場合には残留邦人との間で血縁関係も遠くなり、日本側の親族としても身元引き受けに消極的になっていく（厚生省社会援護局援護50年史編集委員会 1997：399-400）。日中両国の戦後の関係性が、家族の関係性を引き裂いてしまった。また、いったん帰国した残留邦人の中には日本社会での生活に馴染めず、再び今度は中国へと帰国していった人々も少なくない。

さらに残留邦人の帰国は現在、残留邦人の二世や三世の移動にもつながってきている。高齢化した残留邦人自身が帰国を望んでいるというよりも、その子や孫の願いをかなえるために帰国を選択するケースもある。二世・三世の世代が豊かな日本社会での生活を夢見て、中国残留邦人の帰国制度を利用して移動してくるのである（呉 2004：116-117）。

こうした移動は、たとえば戦後ヨーロッパが外国人労働力を移民として受け入れた後に、その移民たちがヨーロッパ社会へと定着しやがて家族を呼び寄せ国境を越えた移動ネットワークが形成されてくる、そうした一連のグローバルな人の移動と連関させて捉えることができるであろう。すなわちここにおいて、現代の移民問題とのつながりも発生してくる。

「移動」と「定住」の弁証法

このように中国残留邦人をめぐる歴史には、多様な移動が織り込まれている。それらの移動を個別に取り出し問題化し、それに対する個別的な解決策を立てるというやり方では真の意味の問題解決とならないことは明らかだし、むしろそうしたやり方が新たな問題発生の原因となっていく。移動の停止は事態の終息を必ずしも意味しない。移動は過程全体の中に位置づけられなければならない。何らかの政治的共同体に包摂され、定住しているように見える場合であっても、過程の中には移動が伏流のように潜在している。移動と定住とは、単純に対立しているのではなく、歴史過程の中で複雑なタペストリーを織り上げている。中国残留邦人の歴史は、そのことを感知させてくれる。

定住こそが移動のゴールであるとする認識は、政治的共同体を実体化した静的な問題認識であると言える。それとは対照的に本章が展開してきたのは、移動が定住の場を作り出し、定住のあり様がまた別の移動を発生させる、そうした過程全体を捉えるための動的な認識である。[*25] 現代の難民問題について思

＊25　ここでは、従来の移民研究が「定住」を規範化し「移動」を例外現象と捉えてきた、そうした認識を問い直す議論として、伊豫谷編（2007：序章「方法としての移民――移動から場をとらえる」）を参照。

考する際にも、こうした動的な認識は不可欠なものとなる。難民移動そのものが問題なのではない。そのように移動だけを取り出して対象化する認識は、同時に定住の側を不問に付すことになる（森 2016：6）。難民問題が終わりの見えない危機であるかのように思われるのは、上記のような移動と定住との弁証法的な関係性を捉え損っているからである。

そして、難民との友情について論じることができるのもやはり、この地平にほかならない。一方に固定的で安定した国民社会が出来上がっていて、他方に移動を強いられた脆弱な難民が存在している、という問題認識が維持されているかぎり、難民と国民社会に生きる私たちとの関係は縁遠いままとなる。固定的に定住しているように観念されている国民社会そのものが、じつは移動の積み重ねの産物であって、定住する「国民」も、移動する「移民」や「難民」も、同じ過程を生きている。

近代以降、資本の論理は人間を土地から引き剝がし、場所への定住は自明のことではなくなった。「根こぎ」（シモーヌ・ヴェイユ）という事態こそが人類共通の経験となり、そうであるからこそ、新しい共同性への熱情が掻き立てられていった。ナショナリズムはそうした熱情の一形態であり、二〇世紀の前半までは、それこそが自由と共同性を両立させることのできる究極の原理であると捉えられ追求されていった。

ナショナリズムが自由の原理として機能したのは、それが場所との封建的な関係性からの解放を、すなわち定住から移動へと人々を促したからであった。ネイションの理想によって結びついた人々は、盛んに移動を繰り返した。近代日本人の越境のあり様は、そうしたナショナリズムの発露であったと言える。

しかし、ネイションに住まうことは、控えめに言っても、非常にアンビバレントな試みとなるだろう。

ネイションという概念を強固に実体化しようとする試みは、差異化の論理を前面に押し出すことになる。具体的な土地と結びついた封建的な定住と異なり、居場所とは無関係にネイションを画定しようとするならば、画一化された国民像が必然的に要請される。そのようにして実体化したネイションに住まうようになると、他者との細かな差異が決定的な断絶として経験され排他性は強まっていく。自由になったはずのネイションは、他者との関係性においてはきわめて不自由な関係に縛られることとなった。

そして、難民との関係において、その不自由は最大化する。というのも、画一化したネイションにとって難民とは、異質な他者であるにもかかわらず、受け入れ保護しなければならない存在でもある。ネイションに安住する国民社会の私たちにとって、難民は咀嚼し飲み込むことのできない異物であるが、かと言って吐き出すこともできない。そして、中国残留邦人という存在は、日本社会にとって自己でありかつ他者でもあるという厄介なあり方をしている。同一のネイション内に住まうことの難しさが、その帰国のプロセスで露呈してしまった。

現代世界が難民を持て余してしまう根源的な原因は、近代以降に失われた集団性・共同性をナショナリズムという結びつきで回復させようと企図したところにある。このことは反対から見ると、難民問題を真の意味で解決しようとするならば、私たちの間で失われた集団性・共同性をナショナリズムを回避しながら回復させる以外に方法はない、ということを意味しているはずである。*26

中国残留邦人という存在は、いかなるネイション（日本人、中国人、満州国人？）によっても回収することができない。どのネイションにも安住できないままにある。その意味で、彼ら・彼女らは歴史の中を移動し続けている。それは、現代の難民も同様であろう。第三世界で発生した難民移動は、避難先の隣国に統合することもできず、先進国への第三国定住のチャンスは非常に限定的で、さらには不安定な情勢の出身国へと帰国することもままならない。結果として、難民キャンプに長期間滞留するか、法的な身分もあやふやなままに都市部でインフォーマルに生計を営むこととなる。つまり、現状の難民問題の解決策はほとんど機能していないと言える。既存の政治的共同体への定住をゴールとして設定してきた難民問題の問題構成自体が、現実離れしたものとなってきている（Bakewell 2000）。

そしてそのことはすでに、日本社会においては中国残留邦人問題として経験されている。戦後日本においての難民問題のはじまりは、一九七五年以降の「インドシナ難民」の受け入れであると、難民支援の現場や難民研究者の間では従来考えられてきた。しかもそのとき、国際社会からの圧力によって難民政策の「開国」を迫られたことから、それは「黒船到来」にも譬えられてきた（田中 1995：151）。しかし、本章の議論からも明らかなように、日本社会ではそれ以前にすでに、少なからぬ日本人が難民移動を経験していたし、国策の結果、深刻な難民問題が引き起こされてきた（本間 1990：11, 139）。

インドシナ難民の到来と中国残留邦人の帰国とがほぼ同時代的に発生したことの意味は、決して小さくない。日本にとって難民問題は、「黒船」のように外からやって来た外在的な問題などではなかった。それは、自らの歴史に深く内在している問題であった。インドシナ難民問題と中国残留邦人問題とが別問題として切り離されてきたことそれ自体に、日本における難民認識の問題点が集約されていると言える。

日本国と日本社会は、自国民同胞を長年見棄てたままで、彼ら・彼女らの帰国さえも十分に受け止めることができずにきた。それほどまでに、戦後、日本というネイションは貧弱なものとなり、住み心地の悪いものとなったのだと言える。シモーヌ・ヴェイユの言葉を繰り返そう――「根こぎにされたものは他を根こぎにする」（ヴェイユ 2009：79）。中国残留邦人も難民も、日本社会に根を下ろすことができないままである。それは、日本人自身がそれ以前にすでに「根こぎ」にされていたからである。前章の議論に引きつけて言うならば、戦後日本はついに、深層としての普遍性を実現できなかった、ということを意味している。

しかしヴェイユが論じていたように、「根をもつこと」が人間の根源的欲求である限り、中国残留邦人も難民もどこかに根づかねばならない。そのための場・空間とは、どのようなものであろうか。日本社会における極右勢力による排外主義的な動きを取材してきたジャーナリストの安田浩一は、公団住宅、いわゆる「団地」が日本にやって来た移民たちの居場所となりつつあることに着目している。

＊26　パレスチナ人として自らも亡命者（エグザイル）としての境遇に身を置きながら思考し続けたエドワード・サイードもまた、シモーヌ・ヴェイユに言及しながら、政治的共同性が国家主義へと回収されてしまう危険性について注意を喚起している。

「一世代前、シモーヌ・ヴェイユはエグザイルのジレンマを、これまでになく簡潔に提起していた。『定住することは』、彼女はこう続けた——「おそらく人間の魂にとって、もっとも重要なことであり、またその必要性がもっとも認識されていないことである」と。けれどもヴェイユは、また、世界大戦と強制移送と大量虐殺というこの時代において、強制退去に対する救済策のほとんどは、それが意図的に改善しようとするものと同じくらい危険なものであることを見抜いていた。そうした救済策のなかでも、国家——正確に言えば、国家主義——は、もっとも陰険なものである。なぜなら国家崇拝は、他のあらゆる人間関係を乗っ取る傾向にあるからだ。」（サイード 2006：189）

そのとき、難民との友情もまた、乗っ取られるであろう。

高度経済成長期に核家族化した新たな家族形態に適合するようにデザインされた団地はしかし、近年、急激な住民減少に見舞われ高齢化が進行している。それによって、「独居老人」の「孤独死」が社会問題化してきた。

そのような団地が高齢者だけでなく、外国人住民にとっての居場所となりつつある。というのも、高齢者同様に外国人も民間のアパートやマンションを契約することが難しく、公営の団地であれば入居が可能だからだ（安田 2019：67, 83）。こうして、日本社会の中で周辺化されている高齢者と外国人という非常に偏った住民たちによって現在の団地は形成されている。

そうした団地に、中国残留邦人や難民も暮らしている。インドシナ難民の「定住促進センター」が神奈川県大和市にあったことから、彼ら・彼女らの一部がセンター近くの「いちょう団地」に集住するようになった。[*27] あるいは、日本に永住帰国した中国残留孤児の場合も、たとえば広島市の「基町団地」に集住し、コミュニティを形成している。「団地」という空間が、日本社会における彼ら・彼女らの受け皿となっている。[*28]

インドシナ難民も中国残留邦人も、日本政府によって「定住促進」されたのにもかかわらず、日本というネイションがそうした存在を受け入れることを拒んできた。結果として両者とも、日本人が打ち棄てた団地という空白に居場所を求めることになった。

そして何と言っても、団地には集合性が備わっている。前章で論じたように、難民移動には集団性・共同性の位相が潜在している。難民たちは、「根づき」のための契機を探し求めている。ネイションによって窒息した日本社会の中に、そうした契機を見出すことは非常に困難であろう。団地という居住空間に構造的に内在している集合性を「根づき」の契機へと転換すること――そうした戦略が、「移民」や「難民」たち、さらには「国民」たちをも巻き込みながら現在展開されている。そこでは、本書が言い立ててきた「移民状況」が生み出されている。その意味で、安田の言うように、団地こそが、日本社会における「多文化主義の最前線」となっている（前掲書：252）。

中国残留邦人が追い求めている共同性とはいかなるものか。それは、当事者であっても語りえぬ〝何か〟ではないのか。前章の最後の部分で触れたアパデュライの言葉にもあったように、私たちの政治的想像力にはあまりにも深くネイションが、そして国民国家イメージが染みついていて、それ以外の共同性のあり様を語る言葉を持てずにいる。

しかし、本章が提起したように、移動が定住の場を作り出し、定住の中に複数の移動を読み込む、そうした動的な認識を難民問題の文脈に持ち込むことができれば、「難民」・「移民」・「国民」といったカテゴリーが重なり合い溶け合う地平を望むことも可能となるのではないだろうか。そして、そのようないまだ見ぬ集団性・共同性が達成される地平の先に、難民との友情は開かれる。

＊27　インドシナ難民の受け入れをきっかけとして、公共住宅への入居に関する法律上の国籍条項は撤廃された（田中1995：159）。

＊28　中国残留邦人に対する援護施策として、公営住宅への優先入居措置がとられた。永住帰国した中国残留孤児世帯への調査でも、一九九三年時点で公営住宅への入居世帯が全体の八七％に及んでいる。（厚生省社会援護局援護50年史編集委員会 1997：686-687）

おわりに

本書を締めくくるにあたって、最後にもう一度、現代の難民が陥っている状況性＝「難民状況」について考えてみたい。二〇世紀最大の作家であるフランツ・カフカの小説は、そうした「難民状況」を描き出したものとしても読める。

同じユダヤ人としてカフカの作品に関心を寄せたハンナ・アーレントは、「隠された伝統」というエッセイの中でカフカについて論じている（アーレント 1989：58-72）。そのエッセイの中でアーレントも触れているのが、カフカの長編小説『城』である。

『城』における主人公、測量技師のKは、ある村によそ者としてやって来る。それが物語の発端となる。その村は城の絶対的な影響下にある。しかしよそ者であるKには、その影響力が理解できないままだ。Kは城の庇護を受けることなく、何とかして村の一員になりたいと願っている。しかし、城から眼をつけられているKを村人たちは警戒している。村人たちにとってKは、城側の人間なのだ。Kはあれこれと奔走して、城から自由になってほかの村人の中に溶け込もうとするが、そのように城の影響力を軽視するKの態度が、村人たちにとってはまったく理解できず脅威と映る。Kが善良であるのは、Kが特別な地位や名誉を望んでいるわけではないこと、ただ仕事と家庭を持ち村の一員になるという人間的でささやかな願望しか持っていないことからも明らかだ。しかし、Kは城からそうした権利の施しを受けるつもりは毛頭ない。Kは成り上がりたくなどない。そのことを主張しようとして、Kは自分のよそ者としての自由を行使してみるのだが、それも空回りするばかりだ。

そのとき、Kは、これで他人とのあらゆるつながりが断ち切られ、もちろん、自分はこれまでよりも自由な身になり、ふつうなら入れてもらえないこの場所で好きなだけ待っていることができる、そして、この自由は、自分が戦いとったもので、他人にはとてもできないことだろう、いまやだれも自分にふれたり、ここから追いだしたりすることはできない、それどころか、自分に話しかけることもできまい、とおもった。しかし、それと同時に、この確信もおなじくらいつよかったのだが、この自由、こうして待っていること、こうしてだれからも干渉されずにいられること以上に無意味で絶望的なことがあるだろうかという気もするのだった。（カフカ 1971：181）

よそ者（＝難民）であるKは、城（＝国家）の影響力の外で生きようとするが、村（＝国民社会）は、そのようなKの行動を不信の眼で監視している。そして奮闘した結果、Kは自由を手にするが、そのとき、ほかの村人からは完全に弧絶している。強がることなくKも、他の人びとと同様に城（＝国家）に頼って生きていけばよかったのだろうか。しかし、Kにはわかっている。一度城からの庇護を受け入れてしまうと、村人たち（＝国民たち）はKのことを対等な存在と見なしてはくれないことを。城の影響を逃れつつ村人たちの中に溶け込むというKの同化戦略は、城と村との関係性（＝国民国家システム）によって阻まれてしまう。Kと村人との間に、ついに友情は芽生えない。

このカフカの物語が教えてくれるように、そして本書が一貫して論じてきたように、「難民状況」が発生してしまうと、人間同士に当たり前に通用していたはずの交際関係が成り立たなくなってしまう。「国民」は「難民」ばかりが特権を手にしていると非難するが、難民自身が真に求めているのは、そんな例外的な特権などではない。自分たちのささやかな暮らしを営むための居場所を求めているにすぎない。

マックス・ブロートは『城』のあとがきの中で、カフカがかつて自分に向かっていかにも感動したようすで、フローベールの逸話を話して聞かせてくれたことがあると記している。それによれば、フローベールは飾り気のない善良で子沢山の家庭を訪れた帰り道、「あの人たちの生き方が本当だ」（ils sont dans le vrai）といったという。真の人間らしさというものは、例外的なものの中にはありえない。それが迫害された者の例外性であっても。それはただ、普通のもの、普通であるべきものの中にだけある。カフカがシオニズムに傾いていったのは、こういう認識にいたったからだ。ユダヤ民族の例外的な立場を清算し、ユダヤ民族を「すべての民族と同じような民族」にしようとする点で、彼はこの運動に与したのである。だが、おそらくは最後の優れたヨーロッパ的詩人であった彼には、ナショナリストたらんとすることはほとんどできなかった。彼の天才、いや実に彼によく具現化された近代性とは、彼の求めたものがまさに人々とかかわり合う一人の人間、人間的な

社会の普通の一員たることだったところにある。（アーレント 1989：71-72）

本書の「はじめに」で述べた、難民を閉じ込める「　」を問題化し難民を解放するという目的は、はたして十分に達成されたであろうか。その評価は、読者諸氏に委ねたいと思う。

あとがき

本書で私は、難民という存在について議論をしてきました。そもそも私が難民という存在に関心を持ったのは、現代世界において難民が置かれている窮状に同情し、そうした状況を少しでも改善したい、と願ったからでは必ずしもありませんでした。もちろん、多くの人々がそうであるように、私も難民の状況について知るほどに、悲しみや憤りを禁じえませんし、各国政府や国際社会のより積極的な難民保護を期待せずにはいられません。しかし、ではそうした人道主義的な関心から難民についての研究をスタートさせたのかと言われれば、それとは違いました。

私は本書でもたびたび登場するハンナ・アーレントの著作を読む中で、難民という存在が抱え込む違和感――この世界に馴染めていないない存在の仕方――に興味を持ちました。難民は、本人の意思とは無関係に、この世界にとっての「ノイズ」となってしまっています。目立ちたいわけでも騒ぎを起こしたいわけでもないのにもかかわらず、国民社会に取り囲まれた難民は浮いてしまっている――まるで、クラスの中で一人空気を読めないクラスメイトのように。

私は、難民を「ノイズ」にしてしまうこの「空気」の正体を見極めたいと考えました。それが、本書の出発点にあります。

そのような問題意識からも明らかなように、通常の難民研究とは違って本書では、現状の難民問題への具体的な政策提言などはほとんど行っていませんし、難民問題の現場の最新情報を提供しているわけでもありません。そうしたことを期待して本書を手にとられた読者にとっては期待はずれの内容であったかもしれません。

私が本書で目指したのは、難民問題をより広い文脈の中で論じるということです。広く文脈づけられることによって、難民問題は解体されます。問題自体が解体されてしまいますから、当然その解決策について論じることもできなくなるわけです。しかし、解体されたことによって難民問題は、特定の限られた人々だけの問題であるにとどまらず、それ以外の一見関わりのないように思われるさまざまな問題と関連を持つようになります。つまり、一義的には難民ではない、私やあなたの問題とつながる可能性が生じてきます。難民という存在には、そのような思想的な媒介の可能性が豊かに含まれています。本書で私は、そうした可能性を追求したいと考えました。

本書は、一橋大学大学院社会学研究科における私の博士論文を大幅に書き直したものになっています。私の大学院の指導教員であった伊豫谷登士翁先生からは、つねに有益なアドバイスと激励をいただきました。怠惰な私がこうして本書の出版にまで辿りつけたのも、伊豫谷先生のおかげです。感謝の言葉は尽きません。

また、私の職場でもある香川高等専門学校にも感謝したいと思います。高専という特殊な教育現場に所属しているおかげで、比較的自由な研究活動を行うことができました。

さらに、本書の編集を担当してくださった関正則さんは、私の拙い博士論文に興味を持ってくださり、こうして出版の機会まで与えてくださいました。ありがとうございます。

二〇一九年九月

山岡健次郎

参考文献

欧文文献

Allen, T.（ed.）（1996）*In Search of Cool Ground: War, Flight and Homecoming in Northeast Africa*, James Currey Ltd.

Arboleda, E.（1991）“Refugee Definition in Africa and Latin America: The Lessons of Pragmatism”, *International Journal of Refugee Law*, Vol.3（2）, pp.185–207.

Bakewell, O.（2000）“Repatriation and Self-Settled Refugees in Zambia: Bringing Solutions to the Wrong Problems”, *Journal of Refugee Studies*, Vol.13(4), pp.356–373.

———（2008）“Research Beyond the Categories: The Importance of Policy Irrelevant Research into Forced Migration”, *Journal of Refugee Studies*, Vol.21（4）, pp.432–453.

Batchelor, C.（1995）“Stateless Persons: Some Gaps in International Protection”, *International Journal of Refugee Law*, Vol.7（2）, pp.232–259.

Bloch, A. and Donà, G.（ed.）,（2018）*Forced Migration: Current Issues and Debates*, Routledge.

Castles, S.（2003）“Towards a Sociology of Forced Migration and Social Transformation”, *Sociology*, Vol.37（1）, pp.13–34.

Chimni, B.（1998）“The Geopolitics of Refugee Studies: A View from the South”, *Journal of Refugee Studies*, Vol.11（4）, pp.350–374.

———(2009) “The Birth of a ‘Discipline’: From Refugee to Forced Migration Studies”, *Journal of Refugee Studies*, Vol.22 (1), pp.11–29.

Cohen, J. L. and Arato, A. (1992) *Civil Society and Political Theory*, The MIT Press.

Collyer, M. (2010) “Stranded Migrants and the Fragmented Journey”, *Journal of Refugee Studies*, Vol.23 (3), pp.273–293.

Crisp, J. (2003a) “No Solutions in Sight: the Problem of Protracted Refugee Situations in Africa”, UNHCR Working Paper No.75, pp.1–36.

———(2003b) “A New Asylum Paradigm?: Globalization, Migration and the Uncertain Future of the International Refugee Regime”, UNHCR Working Paper No.100, pp.1–14.

———(2004) “The Local Integration and Local Settlement of Refugees: a Conceptual and Historical Analysis”, UNHCR Working Paper No.102, pp.1–8.

———(2006) “Forced Displacement in Africa: Dimensions, Difficulties, and Policy Directions”, UNHCR Research Paper No.126, pp.1–25.

———(2012) “25 Years of Forced Migration”, *Forced Migration Review 1987–2012 Anniversary Collection*, pp.4–8.

———(2017) “Finding Space for Protection: An Inside Account of the Evolution of UNHCR’s Urban Refugee Policy, *Refuge*, Vol.33 (1), pp.87–96

Corbet, A., (2016) “Community After All? An Inside Perspective on Encampment in Haiti”, *Journal of Refugee Studies*, Vol.29 (2), pp.166–186

Deng, F., et al. (1996) *Sovereignty as Responsibility: Conflict Management in Africa*, Brookings Institution Press.

Doomernik, J., et al. (ed.) (2016) “Refugee Migration and Local Demarcations: New Insight into European Localities”, *Journal of Refugee Studies*, Vol.29 (4), pp.429–439.

Easton-Calabria, E. (2015) "From Bottom-Up to Top-Down: The 'Pre-History' of Refugee Livelihoods Assistance from 1919 to 1979", *Journal of Refugee Studies*, Vol.28 (3), pp.412–436.

Fiddian-Qasmiyeh, E., et al. (ed.) (2014) *The Oxford Handbook of Refugee & Forced Migration Studies*, Oxford University Press.

Gatrell, P. (2013) *The Making of the Modern Refugee*, Oxford University Press.

———(2016) "Refugees - What's Wrong with History?", *Journal of Refugee Studies*, Vol.30 (2), pp.170–189.

Gündoğdu, A. (2015) *Rightlessness in an Age of Rights: Hannah Arendt and the Contemporary Struggles of Migrants*, Oxford University Press.

Hathaway, J. (2007) "Forced Migration Studies: Could We Agree Just to 'Date'?", *Journal of Refugee Studies*, Vol.20 (3), pp.349–369.

Harrell-Bond, B. (1986) *Imposing Aid: Emergency Assistance to Refugees*, Oxford University Press.

Harrell-Bond, B. and Voutira, E., (2007) "In Search of 'Invisible' Actors: Barriers to Access in Refugee Research", *Journal of Refugee Studies*, Vol.20 (2), pp.281–298.

Holian, A. and Cohen, G. (2012) "Introduction", *Journal of Refugee Studies*, Vol.25 (3), pp.313–325.

Hollifield, J. and Brettell, C. (ed.) (2000) *Migration Theory: Talking Across Disciplines*, Routledge.

Jackson, R. (1990) *Quasi-States: Sovereignty, International Relations and the Third World*, Cambridge University Press.

Jansen, B. (2015) "'Digging Aid': The Camp as an Option in East and the Horn of Africa", *Journal of Refugee Studies*, Vol.29 (2), pp.149–165.

Kay, D. and Miles, R. (1992) *Refugees or Migrant Workers? : European Volunteer Workers in Britain 1946–1951*, Routledge.

Keely, C. (2001) "The International Refugee Regime(s): The End of the Cold War Matters", *International Migration Review*, Vol.35 (1), pp.303–314.

Kibreab, G.（1999）“Revisiting the Debate on People, Place, Identity and Displacement”, *Journal of Refugee Studies*, Vol.12（4）, pp.384–410.

Kleist, O.（2017）“The History of Refugee Protection: Conceptual and Methodological Challenges”, *Journal of Refugee Studies*, Vol.30（2）, pp.161–169.

Lecadet, C.（2016）“Refugee Politics: Self-Organized ‘Government’ and Protests in the Agamé Refugee Camp（2005–2013）”, *Journal of Refugee Studies*, Vol.29（2）, pp.187–207.

Lindley, A. and Caterina, M.（2011）“Between Protracted and Crisis Displacement: Policy Responses to Somali Displacement”, Workshop Report, 7 Nov. 2011 in Nairobi, Refugee Studies Center, University of Oxford, pp.1–8.

Long, K.（2013a）“When Refugees Stopped Being Migrants: Movements, Labour and Humanitarian Protection”, *Migration Studies*, Vol.1（1）, pp.4–26.

———（2013b）, *The Point of No Return: Refugees, Rights, and Repatriation*, Oxford Unibersity Press.

Lubkemann, S.C.（2008）“Involuntary Immobility: On a Theoretical Invisibility in Forced Migration Studies”, *Journal of Refugee Studies*, Vol.21（4）, pp.454–475.

McDowell, L.（2005）*Hard Labour: the Forgotten Voices of Latvian migrant ‘Volunteer’ Workers*, UCL Press.

Madokoro, L.（2012）“Borders Transformed: Sovereign Concerns, Population Movements and the Making of Territorial Frontiers in Hong Kong, 1949–1967”, *Journal of Refugee Studies*, Vol.25（3）, pp.407–427.

Mainwaring, Ċ.（2016）“Migrant Agency: Negotiating Borders and Migration Controls”, *Migration Studies*, Vol.4（3）, pp.289–308.

Malkki, L.（1995）“Refugees and Exile: From ‘Refugee Studies’ to the National Order of Things”, *Annual Review of Anthropology*, Vol.24, pp.495–523.

Marrus, M.（2002）*The Unwanted: European Refugees from the First World War Through the Cold War*, Temple University Press.

Martin, D.（ed.）（1988）*The New Asylum Seekers: Refugee Law in 1980s—The Ninth Sokol Colloquium on International Law*, Martinus Nijhoff Publishers.

Massey, D., et al.（1993）“Theories of International Migration: a Review and Appraisal”, *Population and Development Review*, Vol.19（3）, pp.431-466.

———（1994）“The Social and Economic Origins of Immigration”. *The Social Contract*, Vol.4（3）, pp.183-185.

Mbembe, A.（2001）*On the Postcolony*, University of California Press.

Miles, R.（1987）*Capitalism and Unfree Labour: Anomaly or Necessity?*, Tavistock.

Peterson, G.（2012）“The Uneven Development of the International Refugee Regime in Postwar Asia: Evidence from China, Hong Kong and Indonesia”, *Journal of Refugee Studies* Vol.25（3）, pp.326-343.

Piore, M.（1979）*Birds of Passage: Migrant Labor and Industrial Societies*, Cambridge University Press.

Pitkin, H.（1981）“Justice: On Relating Private and Public”, *Political Theory*, Vol.9（3）, pp.327-352.

Polzer, T.（2008）“Invisible Integration: How Bureaucratic, Academic and Social Categories Obscure Integrated Refugees”, *Journal of Refugee Studies*, Vol.21（4）, pp.476-497.

Polzer, T. and Hammond, L.（2008）“Invisible Displacement”, *Journal of Refugee Studies*, Vol.21（4）, pp.417-431.

Portes, A. and Walton, J.（1981）*Labor, Class, and the International System*, Academic Press.

Roberts, A.（1998）“More Refugees, Less Asylum: A Regime in Transformation”, *Journal of Refugee Studies*, Vol.11（4）, pp.375-395.

Rodríguez, E.（2018）“The Coloniality of Migration and the ‘Refugee Crisis’: On the Asylum-Migration Nexus, the Transatlantic White European Settler Colonialism-Migration and Racial Capitalism”, *Refuge*, Vol.34（1）, pp.16-28.

Shacknove, A.（1985）“Who is a Refugee?”, *Ethics*, Vol.95（2）, pp.274-284.

Skran, C.（1995）*Refugees in Inter-War Europe: the Emergence of a Regime*, Oxford University Press.

Stein, B. and Tomasi, S.（1981）“Foreword”, *International Migration Review*, Vol.15（1）, pp.5-7.

Turner, S. (2016) "What is a Refugee Camp? Explorations of the Limits and Effects of the Camp", *Journal of Refugee Studies*, Vol.29 (2), pp.139-148.

Turton, D. (2003) "Refugees, Forced Resettlers and 'Other Forced Migrants': Towards a Unitary Study of Forced Migration", UNHCR Working Paper No.94, pp.1-23.

UNHCR (2007) "Refugee Protection and Mixed Migration: A 10-Point Plan of Action", pp.1-10.

———(2008) "Protracted Refugee Situations", UNHCR/DPC/2008/Doc. 02, 20 November.

———(2014) "Policy on Alternatives to Camps", pp.1-12.

Van Hear, N. (1998) "Editorial Introduction", *Journal of Refugee Studies*, Vol.11 (4), p.350.

Voutira, E. and Doná, G. (2007) "Refugee Research Methodologies: Consolidation and Transformation of a Field", *Journal of Refugee Studies*, Vol.20 (2), pp.163-171.

Weiss, T. and Hubert, D. (2001) *The Responsibility to Protect: Research, Bibliography, Background*, Supplementary Volume to the Report of the International Commission on Intervention and State Sovereignty.

Zetter, R. (1988a) "Refugees and Refugee Studies—A Label and an Agenda: Editorial Introduction to the Journal of Refugee Studies", *Journal of Refugee Studies*, Vol.1 (1), pp.1-6.

———(1988b) "Refugees, Repatriation, and Root Causes", *Journal of Refugee Studies*, Vol.1 (2), pp.99-106.

———(1991) "Labelling Refugees: Forming and Transforming a Bureaucratic Identity", *Journal of Refugee Studies*, Vol.4 (1), pp.39-62.

———(2007) "More Labels, Fewer Refugees: Remaking the Refugee Label in an Era of Globalization", *Journal of Refugee Studies*, Vol.20 (2), pp.172-192.

Zetter, R. and Long, K. (2012) "Unlocking Protracted Displacement", *Forced Migration Review*, Vol.40, pp.34-37.

Zolberg, A. (1983) "The Formation of New States as a Refugee-Generating Process", *The Annals of the American Academy of Political and Social Sciences*, Vol. 467, pp.24-38.

Zolberg, A., et al. (ed.) (1989) *Escape from Violence: Conflict and the Refugee Crisis in the Developing World*, Oxford University Press.

Zolberg, A. and Benda, P. (eds.) (2001) *Global Migrants, Global Refugees: Problems and Solutions*, Berghahn Books.

邦文文献

アガンベン・G（2000）『人権の彼方に――政治哲学ノート』高桑和巳訳、以文社

――（2003）『ホモ・サケル――主権権力と剥き出しの生』高桑和巳訳、以文社

浅野慎一・佟岩（2006）『異国の父母――中国残留孤児を育てた養父母の群像』、岩波書店

アドルノ・T（1979）『ミニマ・モラリア――傷ついた生活裡の省察』三光長治訳、法政大学出版局

アパデュライ・A（2004）『さまよえる近代――グローバル化の文化研究』門田健一訳、平凡社

阿部浩己（1998）『人権の国際化――国際人権法の挑戦』、現代人文社

――（2010）『無国籍の情景――国際法の視座、日本の課題』、ＵＮＨＣＲ

阿部安成・加藤聖文（2004）「『引揚げ』という歴史の問い方（上・下）」、彦根論叢、第３４８・３４９号

アーレント・H（1981）『全体主義の起源（１）～（３）』大久保和郎・大島かおり訳、みすず書房

――（1989）『パーリアとしてのユダヤ人』寺島俊穂・藤原隆裕宣訳、未来社

――（1994a）『人間の条件』志水速雄訳、ちくま学芸文庫

――（1994b）『過去と未来の間――政治思想への８試論』引田隆也・齋藤純一訳、みすず書房

――（1995）『革命について』志水速雄訳、ちくま学芸文庫

――（1997）「哲学と政治」千葉眞訳、『現代思想』、一九九七年七月号、青土社

――（2005）『暗い時代の人々』阿部齊訳、ちくま学芸文庫

井出孫六（2004）『終わりなき旅――「中国残留孤児」の歴史と現在』、岩波現代文庫

市野川容孝・小森陽一（2007）『難民』、岩波書店
伊豫谷登士翁編（2007）『移動から場所を問う――現代移民研究の課題』、有信堂
――――（2013）『移動という経験――日本における「移民」研究の課題』、有信堂
伊豫谷登士翁・平田由美編（2014）『「帰郷」の物語／「移動」の語り――戦後日本におけるポストコロニアルの想像力』、平凡社
入山由紀子（2011）「第三国定住の概要と課題」、『難民研究ジャーナル』、第一号（特集：第三国定住）、難民研究フォーラム、65-76頁
呉万虹（2004）『中国残留日本人の研究――移住・漂流・定着の国際関係論』、日本図書センター
ヴェイユ・S（2009）『根をもつこと』山崎庸一郎訳、春秋社
ウォルツァー・M（1999）『正義の領分――多元性と平等の擁護』山口晃訳、而立書房
榎本泰子（2009）『上海――多国籍都市の百年』、中公新書
大久保真紀（2006）『中国残留日本人――「棄民」の経過と帰国後の苦難』、高文研
緒方貞子（2006）『紛争と難民――緒方貞子の回想』、集英社
小野塚知二（2018）『経済史――いまを知り、未来を生きるために』、有斐閣
カフカ・F（1971）『城』前田敬作訳、新潮文庫
カント・I（1976）『道徳形而上学原論』篠田英雄訳、岩波文庫
ギデンズ・A（1999）『国民国家と暴力』松尾精文・小幡正敏訳、而立書房
キムリッカ・W（1998）『多文化時代の市民権――マイノリティの権利と自由主義』角田猛之・石山文彦・山崎康仕監訳、晃洋書房
クラステフ・I（2018）『アフター・ヨーロッパ――ポピュリズムという妖怪にどう向きあうか』庄司克宏監訳、岩波書店
厚生省社会援護局援護50年史編集委員会（1997）『援護 50年史』、ぎょうせい

サイード・E（1995）『世界・テキスト・批評家』山形和美訳、法政大学出版局
――（2006）『故国喪失についての省察〈1〉』大橋洋一他訳、みすず書房
サッセン・S（1992）『労働と資本の国際移動』森田桐郎他訳、岩波書店
――（2018）『グローバル・シティ――ニューヨーク・ロンドン・東京から世界を読む』伊豫谷登士翁監訳、ちくま学芸文庫
佐藤成基（2007）「国境を越える『民族』――アウスジードラー問題の歴史的経緯」、『社会志林』、54巻1号
塩出浩之（2015）『越境者の政治史――アジア太平洋における日本人の移民と植民』、名古屋大学出版会
島田征夫編（2005）『国内避難民と国際法』、信山社
城戸久枝（2007）『あの戦争から遠くはなれて――私につながる歴史をたどる旅』、情報センター出版局
――（2017）『祖国の選択――あの戦争の果て、日本と中国の狭間で』、新潮文庫
小泉康一（2005）『国際強制移動の政治社会学』、勁草書房
滝澤三郎・山田満編（2017）『難民を知るための基礎知識――政治と人権の葛藤を越えて』、明石書店
高谷幸（2019）「『剝き出しの生』への縮減に抗して」、『現代思想』、2019年4月号、青土社、59-67頁
高野麻子（2016）『指紋と近代――移動する身体の管理と統治の技法』、みすず書房
竹内好（1966）『日本とアジア――竹内好評論集　第三巻』、筑摩書房
田中宏（1995）『在日外国人――法の壁、心の溝　新版』、岩波新書
東京の満蒙開拓団を知る会（2012）『東京満蒙開拓団』、ゆまに書房
トーピー・J（2008）『パスポートの発明――監視・シティズンシップ・国家』藤川隆男監訳、法政大学出版局
成田龍一（2010）『「戦争経験」の戦後史――語られた体験／証言／記憶』、岩波書店
西日本新聞社編（2017）『新移民時代――外国人労働者と共に生きる社会へ』、明石書店
ノーマン・H（1978）『ハーバート・ノーマン全集　第四巻』大窪愿二編訳、岩波書店
墓田桂（2016）『難民問題――イスラム圏の動揺ＥＵの苦悩、日本の課題』、中公新書

墓田桂他編（2014）『難民・強制移動研究のフロンティア』、現代人文社
ハサウェイ・J（2008）『難民の地位に関する法』平野裕二・鈴木雅子訳、現代人文社
――（2014）『難民の権利』佐藤安信・山本哲史訳、日本評論社
ハージ・G（2003）『ホワイト・ネイション――ネオ・ナショナリズム批判』保苅実・塩原良和訳、平凡社
バトラー・J、スピヴァク・G（2008）『国家を歌うのは誰か？――グローバル・ステイトにおける言語・政治・帰属』竹村和子訳、岩波書店
ハーバーマス・J（1994）『政治的・哲学的プロフィール（上）』小牧治・村上隆夫訳、未来社
――（2004）『他者の受容――多文化社会の政治理論に関する研究』高野昌行訳、法政大学出版局
バリバール・E（2007）『ヨーロッパ市民とは誰か――境界・国家・民衆』松葉祥一・亀井大輔訳、平凡社
バーリン・I（1997）『自由論』小川晃一他訳、みすず書房
ハンマー・T（1999）『永住市民と国民国家――定住外国人の政治参加』近藤敦訳、明石書店
人見泰弘編（2017）『難民問題と人権理念の危機――国民国家体制の矛盾』、明石書店
平野雄吾（2019）「分断と暴力の外国人政策」、『現代思想』、二〇一九年四月号、8-17頁
広井良典・大井浩一編（2017）『2100年へのパラダイム・シフト』、作品社
フーコー・M（1977）『監獄の誕生――監視と処罰』田村俶訳、新潮社
――（1986）『性の歴史Ⅰ　知への意志』渡辺守章訳、新潮社
ヘルド・D（2002）『デモクラシーと世界秩序――地球市民の政治学』佐々木寛他訳、NTT出版
ベンハビブ・S（2006）『他者の権利――外国人・居留民・市民』向山恭一訳、法政大学出版局
ホッブズ・T（1992）『リヴァイアサン』水田洋訳、岩波文庫
ホーニッグ・B編（2001）『ハンナ・アーレントとフェミニズム――フェミニストはアーレントをどう理解したか』岡野八代・志水紀代子訳、未来社、2001年
ホブズボーム・E（1996）『20世紀の歴史――極端な時代（上）』河合秀和訳、三省堂

本間浩（1990）『難民問題とは何か』、岩波新書
満州開拓史刊行会（1966）『満州開拓史』、満州開拓史刊行会
森千香子（2016）『排除と抵抗の郊外――フランス〈移民〉集住地域の形成と変容』、東京大学出版会
安田浩一（2019）『団地と移民――課題最先端「空間」の闘い』、角川書店
山岡健次郎（2005）「ハンナ・アレントはいつ政治思想家となったのか」、『情況』、二〇〇五年七月号、204-219頁
――（2007）「国民と難民の出会うところ」、『一橋社会科学』、第三号、231-255頁
――（2018）「難民研究への思想史的アプローチ――リベラルな難民観を超えて」、『社会思想史研究』第42号、112-129頁
山田昭次編（1978）『近代民衆の記録〈6〉満州移民』、新人物往来社
山之内靖（2015）『総力戦体制』伊豫谷登士翁他編、ちくま学芸文庫
山室信一（2004）『キメラ――満州国の肖像　増補版』、中公新書
ヨプケ・C（2013）『軽いシティズンシップ――市民、外国人、リベラリズムのゆくえ』遠藤乾他訳、岩波書店
ラスキ・H（1952）『国家――理論と現実』石上良平訳、岩波書店
若槻泰雄（1995）『戦後引揚げの記録』、時事通信社

［著者紹介］

山岡健次郎（やまおか・けんじろう）

1977年生まれ。一橋大学社会学研究科博士後期課程修了。博士（社会学）。
現在、香川高等専門学校一般教育科准教授
主な論文に、「難民不在の「難民問題」」（駒井洋監修、人見泰弘編著『移民・ディアスポラ研究6　難民問題と人権理念の危機：国民国家体制の矛盾』明石書店、2017年、58-61頁）、「「難民研究」への思想史的アプローチ：リベラルな難民観を超えて」（社会思想史学会編『社会思想史研究』No.42、藤原書店、2018年、114-131頁）、「難民の居場所を問い直す」（伊豫谷登士翁、テッサ・モーリス＝スズキ、吉原直樹編『応答する〈移動と場所〉：21世紀の社会を読み解く』ハーベスト社、2019年、68-87頁）などがある。

難民との友情

難民保護という規範を問い直す

2019年11月28日　初版第1刷発行

著　者　山　岡　健次郎
発行者　大　江　道　雅
発行所　株式会社 明石書店

〒101-0021 東京都千代田区外神田 6-9-5
電 話　03（5818）1171
FAX　03（5818）1174
振 替　00100-7-24505
http://www.akashi.co.jp

装丁　明石書店デザイン室
組版　朝日メディアインターナショナル株式会社
印刷・製本　モリモト印刷株式会社

（定価はカバーに表示してあります）　ISBN978-4-7503-4929-9

ポピュリズムの理性

エルネスト・ラクラウ 著
澤里岳史、河村一郎 訳　山本圭 解説
■四六判／上製／416頁　◎3600円

政治理論家ラクラウによるポピュリズム論の金字塔的著作。ポスト・マルクス主義の政治理論を深化させ、侮蔑的に論じられがちなポピュリズムを政治的なものの構築の在り方として精緻に理論化。根源的、複数主義的な民主主義のために、政治的主体構築の地平を拓く。

●内容構成●

序文
第Ⅰ部　大衆への侮蔑
第1章　ポピュリズム――多義性と逆説
第2章　ル・ボン――暗示と歪曲された表象
第3章　暗示、模倣、同一化
第Ⅱ部　「人民」を構築する
第4章　「人民」、空虚の言説的産出
第5章　浮遊するシニフィアン、社会的異質性
第6章　ポピュリズム、代表、民主主義
第Ⅲ部　ポピュリズムの諸形態
第7章　ポピュリズムの遍歴譚
第8章　「人民」の構築にとっての障碍と限界
結　論
解　説――『ポピュリズムの理性』に寄せて〔山本圭〈政治学〉〕

左派ポピュリズムのために

シャンタル・ムフ 著
山本圭、塩田潤 訳
■四六判／上製／152頁　◎2400円

私たちはまさに「ポピュリスト・モーメント」の只中にいる――。「ポスト政治」的状況において左派ポピュリズムの可能性とは何か。「少数者支配」に対抗する「人民」を構築し、民主主義を回復・深化させるためのラディカル・デモクラシー戦略を提示する。

●内容構成●

序論
1　ポピュリスト・モーメント
2　サッチャリズムの教訓
3　民主主義を根源化すること
4　人民の構築
結論
付録
訳者解題

〈価格は本体価格です〉